14歳からの
ケンチク学

五十嵐太郎 編

彰国社

オリエンテーション

五十嵐太郎

本書は、中学・高校で学ぶ授業の枠組にあてはめながら、建築のおもしろさを紹介したものである。大学で建築学科に入ると、設計、計画、構造、材料、環境、歴史など、専門的な教育を受けることになるが、それ以前に習得する基礎的な学問と無関係ではない。古代ローマのウィトルウィウスは、建築家たるものは文章術、描画法、幾何学《きか》、光学、算数、歴史、哲学、音楽、医学、法律、天文学など多様な知識が必要だと述べたが、現代においても基本的にその前提は変わることがない。多くの場合、建築学科は工学部に所属するように、理科系の学問だが、同時に歴史学も内包《ないほう》し、さらにはデザインという芸術的な側面ももつ。また建築は大きな予算を必要とし、施主の要求に対応しながら、法規や耐震の強度を守ることから、社会との関わりが大きい。例えば、劇場を設計するなら、音楽や演劇、あるいは音響や照明の知識が求められるように、プロジェクトごとに、さらに知るべきことは多様である。

大学でAO入試の面接を担当すると、自宅の新築や改築などを間近に見て、建築を志望するようになった学生が少なくない。テレビやネットなどのメディアから、個性的な建築家を知るケースもあるだろう。けれども、そうした個人的な興味と、学校の教科がかけ離れているように思うかもしれない。いや、そんなことはないというのが、本書で伝えようとしていることだ。建築に興味をもった瞬間から、あらゆることは建築を通じて、あるいは建築的に考えることが可能になる。だから、無駄な学問など、何ひとつない。本書は各教科ごとに建築へと導く、入り口を設けている。もしあなたが高校生や中学生だったら、単に大学に合格するための手段としての無味乾燥《むみ》な学問ではなく、生き生きとした学びの基礎として、それぞれの教科を見直してほしい。明快な目的意識を早くもつことで、専門書を読む前から、もう建築の学びをスタートしていることがわかるだろう。

便宜《べんぎ》上、各教科を並べているが、前から順番に読む必要はない。あなたが好きな教科、逆に嫌いな教科から、ページをめくってみるのもよいだろう。気になっている学問の見え方が変わるはずだ。建築はいろいろなモノにつながっており、どこかの回路から関心をもつようになれば、自ずとほかの教科にも興味を抱くようになる。ちなみに、本書の編者として、それぞれに寄稿された文章を読んで、筆者も改めて発見することが多かった。すなわち、大学生や社会人など、建築をすでに学んだ読者にとっても、充分に魅力的な内容であり、昔勉強した教科ごとにもう一度建築のことを振り返る契機になるだろう。実は寄稿した建築家がこんなことを考えていたのか、ということを知る楽しみもある。さて、本書の企画は、編集者の中神和彦さんが発案したことで動きだし、その後に神中智子さんが引き継いで完成へと導いてくれた。この場を借りて、お2人に御礼を申し上げたい。

目次

オリエンテーション　五十嵐太郎　002
数学「幾何学を開放する」　藤本壮介　007
生物「建築は、もっと自然に近づくことができる」　平田晃久　021
美術「つくること、みること、かんがえること」　武藤 隆　035
英語「建築も英語も、コミュニケーションがものをいう」　木下庸子　051
政治経済「建築を動かす社会の仕組み」　山形浩生　069
情報「あらかじめ、つくり方をつくる」　本江正茂　091
算数「小数点がない時代、建築はどうつくられてきたか」　菅野裕子　105
国語「建築と言葉は切っても切れない」　坂牛 卓　129
家庭「住み手の視線で建築を考える」　斉藤 理　147

化学「私たちはマテリアル・ワールドに生きている」今井公太郎 163
課外授業「物語を紡ぎ、空間を形づくる」永山祐子 183
倫理「分からないものへの憧れ」南 泰裕 201
体育「次世代の建築家に求められる運動能力」石田壽一 225
歴史「教科書にのる建物」後藤 治 239
物理「安全と豊かな空間を生み出す構造」佐藤 淳 253
地理「風土と建築の新しい関係」中川 理 271
音楽「聞こえない音と見えない空間を読む」菅野裕子 293
修学旅行「旅に出ることは、建築と出会うこと」五十嵐太郎 317
略歴 333
図版・写真クレジット 335

デザイン　天木理恵

数学

幾何学を開放する

藤本壮介

数学で世界を記述する

建築にかかわる最初の記憶として残っているのは、中学生のころ、自宅の書棚にあった建築家アントニオ・ガウディの作品集を見ておもしろいなと思ったことです。物心ついたころから、何かを描いたりつくったりすることは好きでしたが、建築に興味を持つ子どもではありませんでした。

小学生、中学生のころは、算数や数学は得意でしたね。解き方や公式を覚えて問題をパキパキ解くことが単純に楽しかったのです。ところが高校生のとき、ジョージ・ガモフという物理学者の全集を読んでから、数学に対する意識がガラッと変わりました。ガモフは数学や物理学、科学、生物学のことを一般の人も理解できるよう、とてもわかりやすくまとめています。アインシュタインの相対性理論や重力の存在についても、ほとんど数式を使わず、おもしろい絵を用いて説明していることでも有名です。

第6巻の『1、2、3…無限大』(崎川範行訳、白揚社、1959年)では、整数や素数の話から始まり、ゼロという概念、無限とはどういうものかなど、数学の哲学的な部分が繰り広げられています。何もない状態に対して「0」という記号を与え、「ある」ことにする。

それはインド人が発明したようですが、ゼロという概念がない世界なんて、今では想像もつきません。何もないという状態に対して意識的になれたということは、人間の思考の大きなジャンプだと思います。

ゼロから始まる整数を数えていくと、それは無限にあります。偶数を数えても、やはり無限にある。では、ゼロから整数を数えたときと、偶数だけ数えたときでは、どちらが多いでしょうか？　整数のほうが多いように思いますよね。だって、偶数には1も3もありませんから。でも、実は一緒であることをドイツの数学者カントールが証明しています。1に対して2を掛けると2になる。2に対して2を掛けると4になる。つまり、正の整数と偶数というのは1対1で対応している。それは同じ量だと言えるのです。ガモフの本では、その方法を、数を知らない未開の人間がモノを交換するときに、どうやって数えるかというたとえで説明しています。例えばリンゴと魚を交換するときに、数を知らないから数えられない。であれば1つひとつ横に並べていくしかない。人間が無限の数え方を知らないとするなら、1つひとつ並べていけばよい、という発想です。直感的には偶数全体よりも整数全体のほうが多いように思えますが、その数え方を「知らないかもしれない」と立ち止まることで、とても原初的な方法に立ち戻って新しい数の世界を開いたさまに、とても感銘《かんめい》を受けました。さらにいうと、無限には1対1対応しない関係もあり、「大きな無限大」と「小さな無限大」があるという、不思議なことが起こります。19世紀末、カントールはこうした「無限」の数え方を初めて明らかにしたんですね。僕はガモフの著作を通して、数学には、解けない問題を新しい概念で解いていくという世界があることを知りました。数学者というのは、そういう概念を発見する仕事をしていて、それが数学の本当のおもしろさである。自分がテストで満点を取って喜んでいた数学の背後に、こんなにクリエイティブな世界があることを知り、驚いたのです。

このおもしろさを知ってから、僕は数学者か物理学者になって、世界の根底を説明するようなシンプルで新しい概念を生み出したいと思うようになりました。でも実際に大学に入ったら、数学の授業が自分にはとてつもなく難しくて、1日目にして全くついていけなくなった（笑）。これは無理だと思い、建築を専攻することにしたんです。

建築は比率でできている

そんな志向で建築を学び始めたので、ミース・ファン・デル・ローエやル・コルビュジエなど、新しい考え方を見出し、今までにない建築の世界を切り拓いた建築家の存在を知ったときの喜びは大きかったですね。数学や物理学でやりたいと思っていた「新しい概念によって世界を切り拓く」ということが、建築の世界でもできるのではないかと思えたのです。

コルビュジエは、床を浮かすことだけで建築はできると提案し、ミースは、壁を少し離して置くことで空間を生み出している。これまでなんとなくつくられてきた建築のエッセンスを抽出し、建築を新しく記述する公式を発見して、建築の新しい見方を提示する。彼らの試みには、そういう鮮やかさがあると思います。

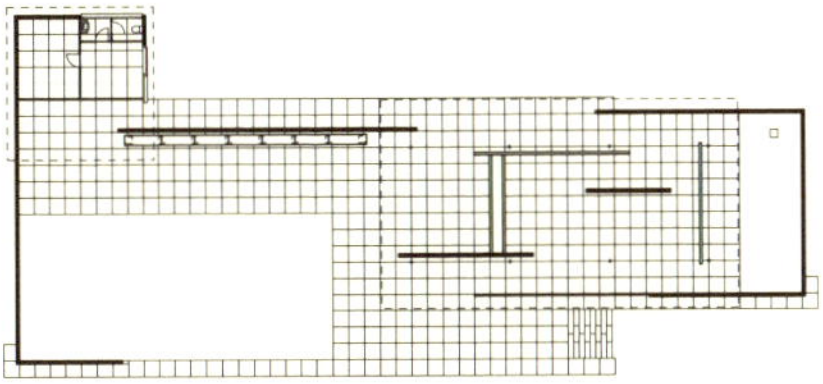
ミース・ファン・デル・ローエ「バルセロナ・パヴィリオン」1929年

コルビュジエは「モデュロール」という妙な寸法体系を見出しています（次頁）。人間の寸法と黄金比（$1:(1+\sqrt{5})/2$）を使った比率を体系化し、それにもとづいて建築を形づくろうとしたのですが、これはまさに数学です。それを最初に知ったときには、コルビュジエは変なことをやっているなと思っていたけれど、自分で実際に建築をつくり、いろんな建築を見るようになって、空間というのは比率によって決まってくると思うようになりました。

それは、空間と空間の比率だけではありません。壁に入れる目地や窓枠の太さ、さらに人間が座るところの高さと開口部の大きさなど、あらゆる関係をつくり出す

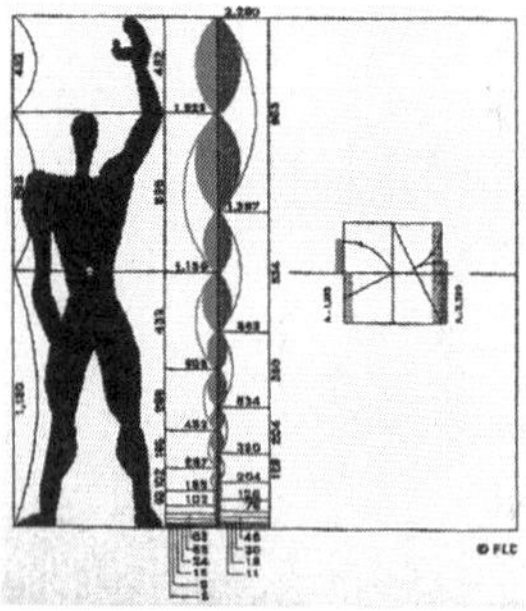

ル・コルビュジエ「モデュロール・マン」（出典：Le Corbusier, *Œuvre Complète Volume 4*, Les Editions d' Architecture, Zurich, 1964）

のは比率なんです。さらにいえば、建物は街や自然の中に存在していますから、人間の身体が持つ寸法の比率と建築が持つ比率、周りの環境が持つ比率を調和させることで、いい環境をつくり出せるかどうかが決まる。モデュロールがうまくいっているかどうかわかりませんが、その全《すべ》ての関係を司る原理を発見しようとしていたとすると、コルビュジエは壮大なことをやろうとしたんですね。

　コルビュジエが例に挙げていますが、ギリシャのアクロポリスは、幾《いく》つもの建物が複合していて、複雑な彫刻がくっついていたりするのに、それも含めて全体が調和しています。黄金比で構成されているから、古くて少し崩れかかっていてもきれいなんです。ゴシックの大聖堂なども、柱の彫刻から全体の大空間、そしてそこに付属する小さな凹みやステンドグラスのフレームまで、さまざまなスケールが共鳴し合って空間の豊かさを生み出しています。その多様さの中にシンプルさが潜んでいて、単純さと複雑さの驚くべき共存が実現していることも、数学に似ていると思います。

　ユークリッド幾《き》何《か》学では、点は部分を持たないものであり、線は太さがないものと定義されています。そうしないと、数学の公式は成り立ちません。何もないのに「ある」とされた「ゼロ」と同様、部分を持たない点と太さのない線というものは、僕にとって、とてつもなくミステリアスな存在でした。

でも、大学4年生のとき、コルビュジエの「ユニテ・ダビタシオン」（1952年）を初めて見て、コンクリートでつくられた造形の上にモデュロールにもとづいたグリッドみたいなものが、太さのない線としてピシッと描かれていることに気がついたんです。物質性のない点や線が、建築という物質を通して現実世界にスッと現れてきた。コルビュジエはこういうことをやろうとしたのか、太さのない線というのはこういうことだったのかと、すごく納得し、感動しました。

ル・コルビュジエ「ユニテ・ダビタシオン」1952年

建築の答えは1つではない

数学の問題には、答えに至る筋道を立て、それを証明していくプロセスが求められます。建築の問題を解くときも同様のプロセスを踏みますが、建築の場合、答案を書いているうちに違うアイディアが出てきたりするので、答えだと思ったものがまた別の問題を提起

藤本壮介建築設計事務所「サーペンタイン・パヴィリオン」2013年

したり、ある問いに対する試行錯誤から別の体系が生まれてきたりします。数学の世界でも、本当に革新的なアイディアは、単なる問題の答えではなく、新しい体系や新しい世界を切り拓くものですよね。先ほどお話しした無限の概念もそうだし、歪《ゆが》んだ空間の幾何学であるリーマン幾何学がアインシュタインの理論の基礎になったりしている。建築でも、ある問題に対するアイディアが、そこで採用されなかったものも、別のプロジェクトで生きてくることだってあるのです。答えるためのアイディアが別の問題を生み出したり、大きな世界の出発点になったりするのです。

ロンドンの「サーペンタイン・パヴィリオン」（2013年）は、小さなモジュールを重ねることによって成立していますが、このアイディアは「プリミティブ・フューチャー・ハウス」（2001年）にさかのぼることができます（17頁）。ここでは、空間化した床を家具的に組み上げることによって、床が階段になったり、椅子やテーブルになったりして、床と人間との間に具体的なインタラクション（相互作用）が生まれています。

これを考えたきっかけは、1995年に伊東豊雄さんが提案した「せんだいメディアテーク」のコンペ案です（次頁）。柱を分節することによって、柱の中に人が入ることができたり、空気や視線が抜けたりする。これまで物体とされてきた柱というものが空間化されていることに、僕は衝撃を受けて、伊東さんが柱なら、僕は床を空間化してみようと考えたのです。

それをさらに展開したのが、「モクバン」（2008年）というバンガローです（17頁）。ここでは、厚さ35㎝の杉の角材を積み重ねてキューブをつくりました。角材ですから、積み上げられた段差の中に空間はありません。しかし厚みがあるぶん、断熱性や窓枠といった性能や機能を持ち、かつ床や机、椅子として人間と関係性を生み出す段差になっています。

そして、サーペンタインでは、再び床を空間化させています。フレームの重なりによって透明度が変わるので、不透明なところ、徐々に透明になりつつある雲のような場所もあります。人間の周りをゆるやかに囲む空気の厚みみたいなものが建築だとしたら、それをそのまま形にした究極の建築ができるのではないかと考えたのです。

伊東豊雄建築設計事務所「せんだいメディアテーク」コンペティション応募案模型。1995年

床を空間にしていくという最初のアイディアが形になり、また次のアイディアが生まれる。それが積み重なることによって、大きなジャンプが導かれるのだと思います。

建築の問題には、要求される機能や部屋の数、周辺環境との関係、気候、文化的なバックグラウンド、コストなど、さまざまな要素があります。それらをいろいろな方法で組み合わせていくうちに、パズルが解けるようにカチッと合う瞬間がある。それで問題が解けたとも言えますが、それだけではおもしろくありません。まだよくわからない建築の新しさという要素「X」が生まれてくるような余地をつくっておくのです。このXという存在は非常に重要で、僕たちはそこに一番心を砕きます。こういう住み方があるのではないか、こういう建築のつくり方があるのではないかと考え続けるのです。それは問題を解く以上の、新しい体系を発見するような試みです。そうやって得られた建築の発想には、新しい定理を発見したような喜びがあります。建築の歴史の中で、すでにいろいろなことがやりつくされている部分にも、もう一度光を当て新しい視点を発見していく。こうした作業によって歴史につながることができ

藤本壮介建築設計事務所「くまもとアートポリス次世代木造バンガロー（モクバン）」2008年

藤本壮介建築設計事務所「プリミティブ・フューチャー・ハウス」2001年

るし、その新しい視点によって歴史を次のステージに引き上げていくこともできるのです。

単純さと複雑さ

イリヤ・プリゴジンが提唱した散逸構造から端を発していると思うんですが、1990年代、複雑系の理論が注目されていて、僕も当時、プリゴジンの『混沌からの秩序』（伏見康治訳、みすず書房、1987年）に触発されました。局所的にはシンプルな関係性がたくさん集まることで、非常に複雑なふるまいが起こっている状況、つまり従来は無秩序としか見えなかったものの中に、新しい秩序があるのではないか、という考え方だと理解しました。部分と部分の関係性は成立しているけれど、全体としては複雑ではっきりしない、集落や森のような状態というものは、モダニズムにはない新しい場のつくり方なのではないかと思って、とても興奮したのを覚えてい

藤本壮介建築設計事務所「情緒障害児短期治療施設」
2006年。1階平面　S=1:1500

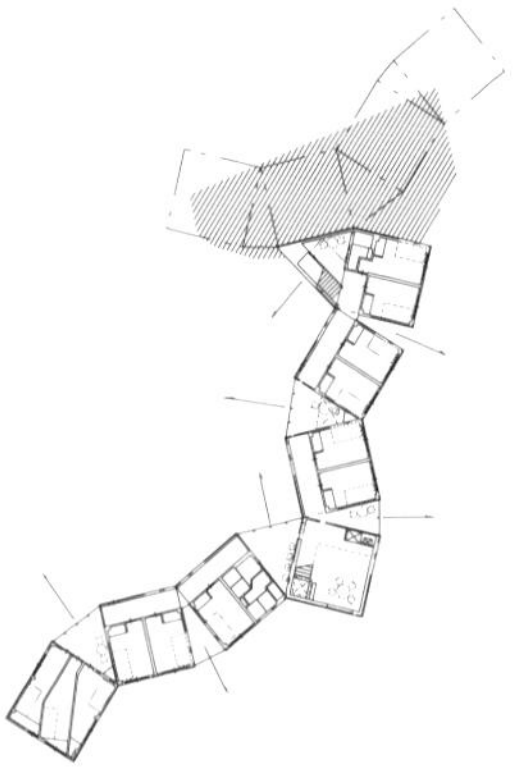

藤本壮介建築設計事務所「伊達の援護寮」
2003年。1階平面　S=1:1000

ます。そういうつくり方を試みたのが、「伊達の援護寮」（２００３年）や「情緒障害児短期治療施設」（２００６年）です。四角形という単純な形の間に、とらえどころのない関係性を幾何学的に見出すことで、全体として複雑な状況を生み出そうと考えました。

でも、幾何学というのはとても拘束力が強いから、人間を自由にするというより、むしろ締めつけてしまうのではないかという意識は常に持っています。古い集落は長い時間をかけて徐々にできていて、その成り立ちにはある種の法則がありますが、その法則の上に、人間の何とも言えない感覚的なものが折り重なっているからこそ、魅力的なものになっている。そこにある法則を見出しシミュレートして集落をつくったとしても、オリジナルほどの力を持ちえないのもまた事実でしょう。

いま設計中のフランス・モンペリエの集合住宅「Arbre Blanc」（２０１８年竣工予定）では、バルコニーが枝葉のようにいろいろな方向に伸びていますが、そこに明確な幾何学的な法則はありません。バルコニーらしきものがたくさん張り出しているという状況自体が1つの原則になっているので、バルコニーの奥行きや向きが多少変わっても成立するんです。つまりとてもシンプルなアイディアで、誰もが理解できる出発点を持ちながら、出来上がった個別のバルコニーの状況は、とても予測不可能で多様性に富んでいる。その単純さと複雑さの共存は、いつも心がけているところです。

藤本壮介+ニコラ・レネ+マナル・ラシディ「Arbre Blanc」2018年竣工予定

理解可能性と理解不可能性

ハンガリーのブダペストで進めている「ハウス・オブ・ミュージック」(2018年竣工予定:次頁)には、蓮の葉っぱのようにうねった屋根が浮かんでいます。当初は、森の木々の下で音楽を演奏するような場として、ガラスの箱のようなものをイメージしていました。でも、音楽ホールとしてのプログラムを踏まえると、大きい屋根が必要であることがわかったので、カチッとした箱や円の一部を切り取ったような幾何学的なものではないほうが、この場所にはなじむのではないかと考えました。そこで、ふわっとした屋根にたくさんの穴

藤本壮介建築設計事務所「ハウス・オブ・ミュージック」2018年竣工予定

が開いていて、そこから木漏《こも》れ日が落ちてくる中に、多目的なエントランスとレクチャーホール、パフォーミングエリアなどがつながっているようなものを提案したんです。この建物も、屋根自体はとても複雑な形をしていますし、そこに開いている木漏れ日の穴もとても複雑ですが、でも「大きな森のような屋根」という意味ではとても単純で理解しやすい出発点を持っているのです。

僕らは幾何学に乗らないような、新しい形を見つけようとしているのかもしれません。もちろん、実際に建築として成立させるためには幾何学は避けられませんが、それだけで決めていくのはつまらない。概念は明快なんだけれど、実物として現れたときに、理解可能性と理解不可能性が両立している。その不思議さみたいなものが、建築の魅力になるのではないかと思っているんです。（談）

生物

建築は、もっと自然に近づくことができる

平田晃久

生き物への強い関心

子どもは誰でも、生き物に関心があると思うんです。僕も虫を捕まえたり、彼らの世界を観察するのが好きな子どもで、近くの山でカマキリやバッタ、クワガタやトンボのヤゴ（幼虫）などを捕ってきては飼っていました。

バッタの類《たぐい》でウマオイという、みずみずしい緑色をしている生き物がいます。丸い葉っぱのような羽根、バッタのような脚を持つ虫で、鳴き声にも特徴がある。小さいけれど肉食なので、植物についているアブラムシをエサとしてやったりしていました。トカゲが交尾しているのを見つけて捕まえたこともあります。彼らの居心地がいいように水苔《みずごけ》を入れた水槽の中で飼っていたら、そのうち大豆のような形をした卵が産まれました。結局それは孵《かえ》らなかったのか、気持ち悪がった親に捨てられたのか忘れてしまいましたが、その白い卵の姿は印象に残っています。

友だちもみな虫捕りが好きですから、一緒にトンボやチョウを捕りに行くんですが、いつも捕まえられるわけではなく、ターゲットを見つけてもパッと逃げられてしまうこともあります。でも、虫たちには縄張《なわば》りがあるから、じつは同じ場所をぐるぐる回っているだけで、

1～2時間待っていれば、戻ってくるはずなんです。僕は執念《しゅうねん》深いものだから、逃した虫が戻ってくるまで待って捕まえたい。それにつき合ってくれる仲間もいるけれど、そのうち、用事があると言って去っていく。本気で捕まえようと思うと、たいてい1人になってしまうんです。ようやく虫たちが戻ってきても、また捕り損ねて、結局あきらめて帰ることも多かったんですが、そういう孤独な状況によく耐えていましたね。

きっと、社会性がなかったんだと思います。僕の親は、幼稚園の先生に呼び出されて、「平田君は授業中1人で窓の外を見ている」と言われたこともあるそうです。僕自身は先生に反抗しようという気は毛頭なく、窓の外でスズメが砂浴びをしていたりすると、そちらに関心を奪われてしまうだけ。要は、社会的なふるまいに対してどこか遅れをとっているような子どもだったんです。

観察と発見

小学校の卒業文集に書いた自分の夢は、科学者になって誰も発見したことのない新種の昆虫を発見することです。「観察」「発見」という言葉に、強い魅力を感じていたんですね。それは今も変わりません。

小学生の男子は、たいてい虫が好きなんだけれども、中学校に入るとだんだん興味が薄れていきます。でも僕の場合、あるところまでその関心が持続していました。中国原産のアオマツムシという、透明感のある緑色の小さな虫がいます。街なかの木の上にも棲《す》んでいるとても身近な生き物ですが、僕が子どものころは、日本では珍しい存在でした。リー、リーという高い鳴き声を聞きつけて、必死に探したこともあります。でも、夕暮れ時に虫を探してうろうろしていると、「家の中をのぞいているやつがいる」と怪しまれるんですね。中学生にもなって虫を追いかけていると、世間的にはかなりヤバイ人になっているんだと気がついて、背中がザワッとした覚えがあります。

当時はあれほど珍しかったアオマツムシも、今ではとても身近な存在です。モンシロチョウだって大昔は日本にいなかった。そもそも人間だって、アフリカ大陸からユーラシア大陸に渡り、世界中に広がってきたわけです。現在、外来種が問題になっていますが、大局的な視点で見れば、本当に問題なのかどうかよくわからない。そもそも生き物というのは、1つの場所にとどまらず、広がっていくものなのかもしれません。

顕微鏡の世界

科学者に憧《あこが》れていたとはいっても、僕は望遠鏡より顕微鏡の世界に惹《ひ》かれていたように思います。望遠鏡で見る宇宙というのは、とても広大で夢のある世界ですが、僕はそれほど夢中にならなかった。でも、小学生のころ顕微鏡を買ってもらって、タマネギだったと思うんですが、プレパラートの上に載せられたサンプルを顕微鏡でのぞいて、初めて細胞を見たときに、ものすごく感動したのを覚えています。

顕微鏡をのぞいた瞬間に、普段接しているものの内部に入る感じがするんでしょうね。子どものころに抱いていた生物に対する関心というのも、動物生態学といった方向ではなくて、どういう仕組みで生き物が動いているのか、脳の中で何が起こっているのか、つまり、生きているということの一番不思議な部分に興味があった。その疑問を解き明かすような科学者になりたいと思っていました。

分子生物学のような分野に進めばそういう勉強ができるのだろうと、高校時代は生物学科をめざしていたんです。小学生のころ、動物学者の日高敏隆さんが書かれた昆虫の本を読んで、日高さんがかつて教鞭《きょうべん》を執《と》っていた京都大学にも憧れました。それなのに、突如《とつじょ》として、工学部建築学科に行くことにしたんです。

原子力もそうですが、科学というのは諸刃《もろは》の剣《つるぎ》という側面があります。当時はバイオテクノロジーがもてはやされた時代であり、もし自分がこの分野の研究を始めたら、倫理を越えて、行くところまで突き詰めてしまう、それが怖いという感覚を抱いたんです。でも、科学者になる人というのは、そこを怖いだなんて言わず突き進むのでしょう。僕にはそういうメンタリティがなかった。たぶん科学者に向いていなかったのでしょう。

自然に近い建築

子どものころは大人になったら巨大な水槽の中に水と魚、そして昆虫の幼虫もいるような、今でいうビオトープみたいなものをつくり、その生態を観察したいと思っていました。そういうことを空想しだしたら眠れなかった。

また、当時は団地に住んでいたんですが、普段、昆虫採集をしている自然の場所と建物の中があまりにも違うことに、違和感を抱いていました。人間が住むところと自然は、もっと近いものにできるのではないかと。今思うと、子どものころに抱いていたそういう意識は、建築とどこかで結びついていたのかもしれません。

何かを発見することの喜びを追求するのであれば、建築という分野でもそれができるかもしれない。ギリシャの神殿やピラミッドなど、古くて巨大な構築物の持つ美しさには惹かれたし、石を積んだだけで巨大なものが成立することの不思議さに対して、純粋にすごいと感じていたから、建築も面白そうだという直感もあったのでしょう。入試の直前になって、農学部や理学部ではなく、建築学科を受けようと決めたんです。

建築学科をめざす人は、建築に対する憧れがある人が大半だと思うんですが、僕はむしろ違和感のほうが強かった。たとえば博物館に行くと、展示物はすごく面白いのに、建物には表現しがたい嫌な気持ちを抱きました。コンクリート打ち放しの空間の中でヴォリュームを操作するようなシステムは、人間という生物と断絶している。そういう違和感があるからこそ、そうではないものを発見してみたいという、強い気持ちが生まれたのかもしれません。

寄生する空間

大学で近代建築を勉強しても、そのよさを理解したり、いいなという感覚が芽生えるまで、

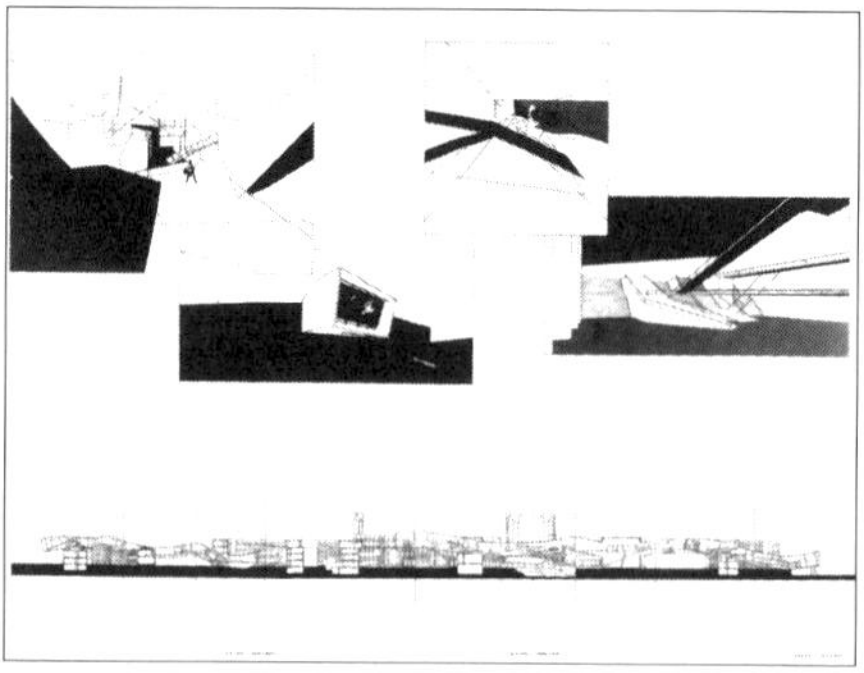

平田晃久卒業制作「MEDIA ROAD」1994年

時間がかかりました。設計演習で課題を出されても何をめざせばいいのか、漠然《ばくぜん》とはつかめても、具体的にどうしたらいいのかよくわからない。最初はなかなかうまくいかなくて、できる生徒ではなかったですね。

4年生になって卒業設計を迎えるわけですが、そもそも卒業設計は実現しないものだから、何のためにやるのかよくわからない。であるならば、実現しないことを前提に、自分が考えていることを表す地図のようなものを描こうと、通っていた大学を敷地に選び、すでにある四角い建物に寄生していくものをつくり始めました。

文学部や教育学部、工学部など大学にはいろいろな分野があるけれど、建物の中で起こっていることはまったく交わっていない。そこで、それぞれをつなぎ、新たな関係を生み出すようなものをつくろうと考えました。建物と建物の間をチューブ状の空間が貫き、地面を這《は》ったり、空中に浮かぶ。建物と建物の間のチューブは移動空間であり、建物に挿入したところはプラットフォームとなって、いろいろな分野が交流したり、それぞれの成果を展示する。四角い建物に対するカウンターパンチみたいなものを、きわめてストレートにつくりましたね。

当時は、図書館は円形、美術館は四角形というふうに、機能ごとに形態を与えて、それらを組み合わせるような卒業設計が多かったんですが、僕がつくったものは有機的な形態をしていて、機能もはっきりしない。あまりにも得体の知れないものだから、だめだと言われるだろうと思っていたんですが、意外にも先生方の票が入り、卒業設計賞がとれました。

生き物のような建築

生き物の世界を見ていると、それらは突然生まれるのではなく、もともとあるものにからまるように生まれています。たとえば、塀と道路の隙間にたまったホコリみたいなところから小さい草が芽生え、そして枯れ、それらが重なり合うところに、新しい草が芽生える。そのうち木の根が伸びてきて、長い時間をかけながら草や木で土が埋まっていく。複雑な分子のかすかなからまり合いが生命の仕組みを生み、そのようにして生まれた生物同士も複雑にからまり合いながらより大きな秩序《ちつじょ》をつくっていく。あるいは、それらを包む環境とから

平田晃久建築設計事務所「ochoalcubo」2017年竣工予定。南米チリで進行中のプロジェクト

まってより豊かな場をつくっていく。

近代建築というのは、すでにそこにあるものをいったんご破算《はさん》にして、ブルドーザーで白紙状態をつくってから建てるという思考ですが、これからの建物のあり方というのは、もう少し違う、生き物の生成に近いようなものではないかと思うんですね。

建築は人工物だから、生き物のような建築といっても、しょせんイメージの中の話でしかない、メタファー（隠喩《いんゆ》）でしかないととらえられるかもしれません。でも、1000年間を1時間に早回しして都市を眺めることができたら、あぶくのように建物が現れては消え、ものすごい勢いで新陳代謝しているように見えると思うんです。人工物は動かないというとらえ方は、人間の寿命という時間の速度感で見ているからにすぎない思考。1万年、10万年、100万年といったスパンで考えると、人間が生きている、生きていないという境界でさえあいまいになっていくのではないでしょうか。

僕たちが建物をつくる行為というのは、あぶくが生じたり消えたりしているような出来事の1つでしかない。建築も「生きている」世界の一部であると思うんですね。

「からまりしろ」をつくる

建築という人工物も自然の一部だから、もっと自然に近づくことができる。そういう建築はどういうものなのか、考えた末にたどり着いたのが、「からまりしろ」という概念です。少し謎めいた言葉に聞こえるかもしれません。

純粋な空間をつくることが近代建築の概念とするならば、逆のほうにシフトして、いろんな出来事や人の行為がからまり合うきっかけをたくさん持つことを大切にしたらどうかと考えたんです。生き物の世界にあるような、すでにいろいろなものがからまっている状態に、さらにからまるようなものをつくっていく。そういう考え方で建築をつくることができれば、それは新しいのではないかと思っています。

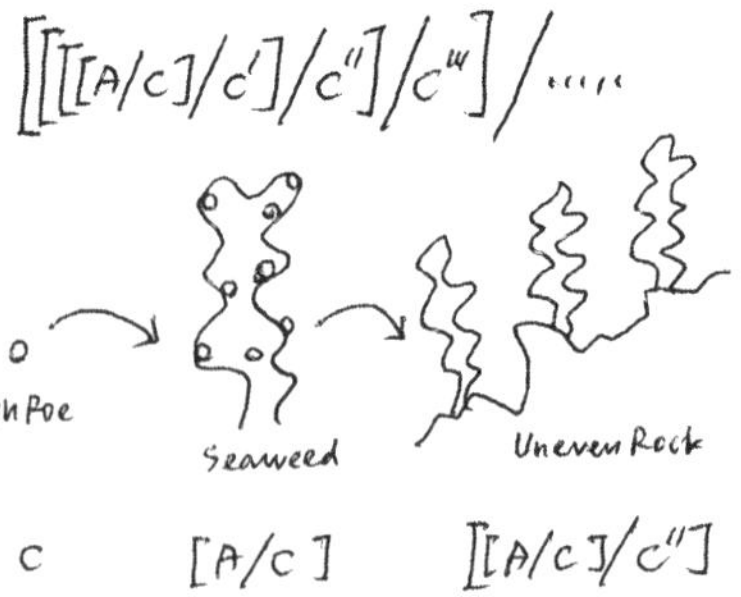

子持ちコンブ生成の原理

たとえば、海の中にいる子持ちコンブ。凹凸《おうとつ》のあるコンブのひだの上に、魚が卵を産みつけ、卵が付着したコンブは、海底の凸凹《でこぼこ》した岩にからまっている。何かに何かが重なり合い、さらにそこに多様なものがからまり合い豊かな世界ができ上がる。そういう成り立ちを1つの理想形として建築をつくれないか。「からまりしろ」というのはそういう概念なんです。「しろ」というのは何かものがからまる余地のことで、のりしろの「しろ」。これからの建築というのは、「からまりしろ」をつくることなのではないでしょうか。

「エコロジー」という言葉は、少し誤解されているところがあると思っています。本来、エコロジーというのは「生態学」、つまり生物同士の持っている関係をとらえた言葉です。いろんな生物が関係を築きながら生きる環境のことを意味していると思うんですが、現在、エコ建物と言われているものは、建物の中でいかに効率よく暖房をするかというような観点ばかり重視されて、建築が閉じる方向になっている。本来の概念と反対のことが起こっているような気がするんです。人間の生きる環境とほかの生き物が生きる環境を切り離さず、一体としてとらえていかないと、本当のエコロジーは成立し

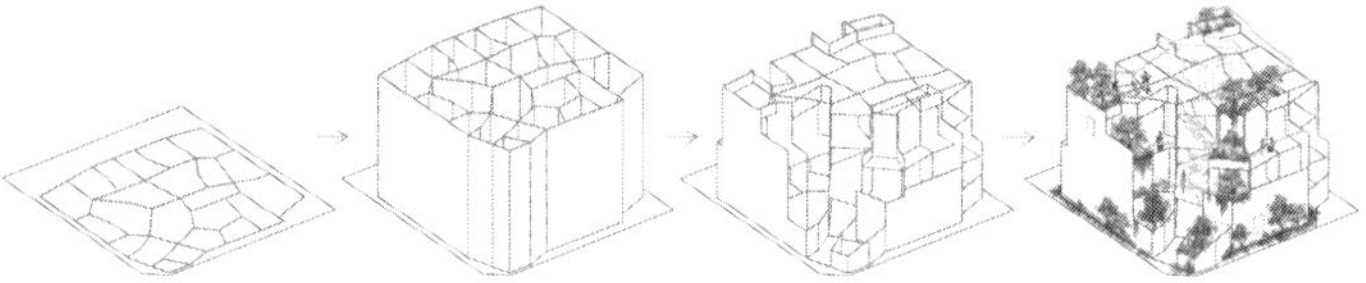

平田晃久建築設計事務所「kotoriku」2014年。上：外観、下：地形とグリッドのダイアグラム。地表面を孔だらけにして、「からまりしろ」をつくり出す

平田晃久建築設計事務所「foam form」2011年。台湾・高雄ポップミュージックセンター国際設計競技案

ないのではないでしょうか。

山の中に数軒の家が建っている風景は、すごく美しいと思うんです。でも、山のように巨大なビルがポンと建ったら、それを美しいと思うでしょうか。おそらく、思わないでしょう。むしろ、ある種のおぞましささえ感じると思うんですね。それはたぶん、ほかの生物と関係を持たずに、人間という種だけが暮らす特殊な場所が、大きなスケールで独立して建ち上がることに対するおぞましさだと思います。人工物であったとしても、ほかの生き物が生きられるような環境が一緒であれば、おそらく違う印象を受けるでしょう。

海に潜って珊瑚礁《さんごしょう》を見ていると、そこはとても自由な世界で、刺激を受けますね。珊瑚礁のまわりで成立している秩序と同じくらいの自由さで建築をつくることが、理想だと思います。時間をかけて何かの上に何かがからまり合い、それが連続して生まれる風景は本当に美しい。人間のつくってきた都市もそういうところがあると思うんです。

人間は、人間だけで生きているわけではなく、ほかの生き物を食べなくては生きていけません。ほかの生物との関係性の中で生きている。そういうことに対してもっと意識を向けた、環境や人工物のつくり方というのがあるはずです。今後もそれを考えていきたいですね。(談)

美術

つくること、
みること、
かんがえること

武藤 隆

描いたりつくったりする気持ち

きみたちにはこんな経験はないだろうか?

アニメやあるいは漫画のキャラクターでもロボットでもいい。とにかく気に入った何かの絵をまねて、時間を忘れて描いては消し描いては消しを繰り返し、ようやくもとの絵にそっくりなものが描けてとてもうれしくなったこと。あるいはプラモデルでもフィギュアでもいい。寝食を忘れてつくることに没頭してしまい、いつの間にか朝を迎えてしまったこと。アニメブーム真っ盛りだった中高生の頃の僕も、学校の美術の授業で先生から言われた通りの絵を描いたり工作などをつくったりするよりも、はるかに楽しいと思えるようなそんな経験を幾度《いくど》となくしたものだ。

何かを描いたりつくったりすることが楽しいと思えること、あるいはその作業をしている時に時間を忘れてのめり込んでしまうこと、何か出来上がったものをみて充実感を得ること。好きこそものの上手なれ、という言葉があるけれども、中高生の頃にそんな経験がちょっとでもあれば、きっと美術という分野を糸口に建築という分野に進むことができるだろう。なぜなら、美術も建築も何かをつくるという点では変わらないし、つくる時の意欲と出来上がったものに対する喜びがあればあるほど、きっと良いものをつくり続けることができるからだ。そしてなんといっても建築は、美術における絵や彫刻などに比べて、はるかにスケールが大きいものが出来上がる。初めて自分が構想し図面を描いた建築が、工事期間を経て完成し、目前に立ち現れた時の感動は、おそらく一生忘れられないものになるはずだ。

スケッチ

美術を通して建築に関心を持ったのなら、大学で勉強する前にでも簡単に始められる、建築に必要な美術的なスキルとしてスケッチを挙げておこう。これは美術における絵画やデッサンのような特別なものではなく、空間のアイディアや建築の新しい発想を自在に表現したり、あるいは出来上がっている建築を記録したりして、それを他者に伝えるための手段としてのスキルである。それは考えを伝える言葉や文字とほとんど同じであるといっていい。汚い文字でも読み取れれば意図が伝わるのと同じように、うまく描かれた絵画でなくとも意図が伝わるスケッチがあればコミュニケーションはとれる。まずは苦手意識を克服《こくふく》して手で描くことに慣れ、見たものやイメージしたものを、そのままスケッチで表現できるようになることが望ましい。絵が苦手だからと避けているよりも、とにかく数を重ねていけば絶対に描けるようになる。眼と脳と手はつながっていて、人間がまっすぐ歩くことができたり、自転車に乗ったりすることができるのと同じように、慣れれば見たものは必ず描けるようになる。そのためには描くことよりも、実は観察することの方がはるかに重要だ。形や色、素材や奥行き、光と影、モノとモノとの関係を注意深く観察した蓄積が、眼から脳、脳から手へと伝わり、見たままに描くことにつながっていく。例えば、大リーガーのイチロー選手が幼少の頃から人知れず繰り返してきた膨大な数の素振りの蓄積が、来たボールをどこにでも打ち返すことができるような現在の活躍を生んでいるように、スケッチは美術的なスキルと書いたが本当は運動神経に近い体育的スキルなのだ。

そんなスケッチをする上で参考になるのが線遠近法、あるいは透視図《とうしず》法と呼ばれる技法だ。実際に見えているものと描かれたものは、実は少し違う。なぜなら、人間の眼は2つだが、人間の手によって描かれた絵は1つのレンズのカメラで撮った写真のようなものだからだ。太古から人は見たものを見たままのように描きとめるため、さまざまな工夫を凝《こ》らしてきたが、ルネサンスの時代にこの線遠近法・透視図の技法が確立された。同じ大きさの物でも、見ている人間の視点から遠くなるほど小さく描くのが特徴だ。そんな技法の知識も吸収しつ

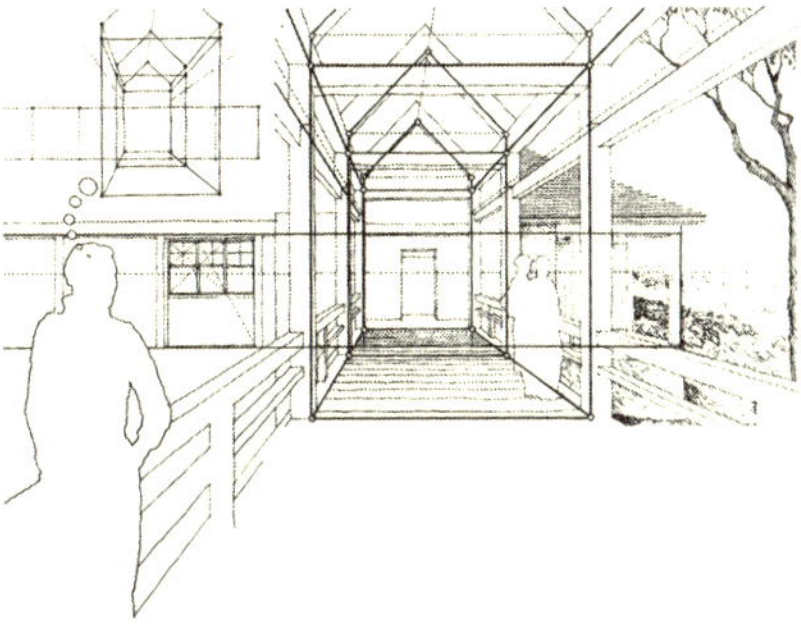

線遠近法で描かれた透視図(パース)(出典:フランシス D.K.チン『建築ドローイングの技法』太田邦夫訳、彰国社、1994年)

つ手を動かすとよいだろう。

実社会ではデジタル化が進み、設計図面を描くにはパソコンでCAD《キャド》やグラフィックソフトを使うのが当たり前になってきているけれども、こうしたスケッチは、設計が始まったばかりの構想時や、建築を実測したり調査したりする時にはもちろん役立つし、何よりもパソコンがない工事現場などで職人さんと建築の細部を決めるやり取りをする時には重宝する。

まずは小さなスケッチブックをいつも手放さずに、建築やインテリアだけでなく、気になったもの、身近な風景などを、日々観察し描きとめていく習慣をつけることをおすすめする。その観察の蓄積は将来かけがえのない宝物になるだろう。

美術側から建築を志した動機

僕が建築を志したのも、この本を手に取っているきみたちとさほど変わらない高校2年生の秋頃だった。当時僕の通っていた高校の学園祭では、グラウンドにマスコットという名のシンボル・キャラクターを制作するのが伝統になっていた。それは高さ約6m、幅・奥行き約3mの巨大な張りぼてのようなもので、解体中の住宅などからもらい受けて集めてきた廃材を骨組みにして、割竹で形を整え、紙を貼りカラフルに塗装をしてつくられた。幹事学年である2年生の時、僕はその制作チームの代表になり、約30名の生徒でチームを組んでそのマスコットを制作した。図面を引いたり模型をつくったりはもちろんのこと、廃材集めや予算に合わせた資材の買い出し、夏休みも含めた2カ月ほどの制作スケジュールの管理や手伝いの後輩たちのマネジメントまで、今思えば、「建築」に必要な経験は一通り揃《そろ》っていた。

この経験から、大勢の人間が協力し、自分の考えを大きな作品として仕上げることやその達成感に魅力を感じるようになり、そうした分野で学べる大学・学部、および職業にはどんなものがあるのか調べてみると、建築の設計分野が最も近いという印象を受けた。しかも、よくよく調べてみると、建築系の学科は工学部だけでなく、藝大・美大などの美術学部にも設置されていることがわかった。もともと美術は得意で、絵を描いたりものをつくったりすることにも関心があったし、学科試験のみの入試で、受験校が偏差値で決められてしまう工学部よりも、実技でも勝負できることにも魅力を感じて、東京藝術大学美術学部の建築科に挑戦してみたいという気持ちが強まっていった。進路を決めるとほぼ同時に地元にあった美術予備校に通い始め、デッサンや立体制作などの実技の受験勉強も重ねていくことになった。

美術学部の建築科の入試では、おおむねどの大学でも学科に加えて実技の試験もあり、美術に関心を持つあるいは得意な人たちが受験していたように思う。当時の藝大での入試には、二次試験に造形と写生という藝大らしい実技に加え、物理と日本史、世界史が必須科目としてあった（現在の入試は、二次での学科試験はなく、実技の空間構成と総合表現のみ）。高校の理系でも文系でも、どちらにいても全《すべ》て学べない試験科目には閉口《へいこう》したが、今思えば建築の、しかも設計を学ぶために必要な科目の素養《そよう》を見ようとしていた試験であることはとてもよくわかる。教育の主眼を「建築設計」に置き、少人数の恵まれた教育環境のもと、建築設計実技を通して建築の知識や技術を学び、建築家として必要なスキルや経験を藝大では学んだ。卒業生のほとんどが、アトリエ設計事務所や組織設計事務所、ゼネコンの設計部などに就職し、文字通り「建築家」として「建築設計」で生きていくことが前提だったといえる。

卒業後には、安藤忠雄建築研究所にて主に美術館や展覧会の会場構成などを担当し、独立した後も国際芸術祭である「あいちトリエンナーレ」にアーキテクトとして美術館やまちなか会場での展示空間に関わるなど、実社会でも建築と美術のジャンルを横断してきたが、建築は時代や社会のさまざまな部分と無関係ではないことがわかってくる。まさにこの本の章立てがそうであるように、あらゆる科目やあらゆる事象が建築と密接に関わっている。

美術史と建築史、デザイン史

藝大での入試には日本史、世界史が必須科目としてあったと書いたが、そこで学ぶ歴史の多くは美術史と建築史とを含めた文明や文化の変遷でもある。美術史の本を見ると過去に遡《さかのぼ》れば遡るほど、建築史と重複しているのがわかる。美術出版社発行の『西洋美術史』の冒頭にはギリシャ・ローマ時代の建築として、パルテノン神殿やコロッセウムが載っているし、『日本美術史』の冒頭には奈良時代の建築として、法隆寺が載っている。その前後に載っている壁画などの絵画や仏像などの彫刻は、建築の一部としてつくられたものが多く、建築と美術は不可分《ふかぶん》であった。時代とともに様式を変えながらも、時の権力者が贅《ぜい》を尽《つ》くしてつくった宮殿や教会、神社や仏閣、

「パルテノン神殿」紀元前5世紀（出典：『西洋建築図集』彰国社、1981年）

離宮《りきゅう》などは現在にも数多く残り、美術史や建築史の重要な一部となっている。

近代以前は美術も建築も、国家や宗教団体などがクライアント（発注者）であったものが、近代以降は産業革命により大量生産が可能になるとともにデザインという概念が生まれたことや、企業や個人なども建築のクライアントになったり、美術でも個人による表現が中心になってきたこともあって、美術史と建築史は完全には一致しなくなった。ただ、近代以降における世界と日本のデザイン史は、建築史とも直結する重要な流れなので、ある程度は勉強して知っておきたい。現代の建築は広義の意味ではデザインの一部であるし、デザインも美術の一分野であるため無関係ではなく、建築に関心を持つのであれば、デザインにも美術にも関心を持ってほしい。

美術とアート／デザインと建築

現代においてアートとデザインの違いについては、さまざまな考え方や議論があるが、一般的には、アートは制作者本人の主観的な表現であるのに対し、デザインは他者のための客観的な表現であるといえる。建築の設計は、他者から依頼されることがほとんどであり、快適さのこと、機能のこと、構造のことなどさまざまな要件を、コストやスケジュール、法律などさまざまな制約の中で、バランス良く解決していくことが求められる。もちろんその上で、空間の美しさや新しさなども盛り込んでいくのだが、建築がアートかデザインかと問われれば、制作者本人の主観的な態度ではなく、他者のための客観的な態度が求められるデザインに属するといえる。

デザインは、人間の生活に関わる小さなものから大きなものまでが対象となるし、そのジャンルは多岐《たき》にわたるが、建築に近い分野として家具や照明器具などのプロダクトデザインや、公園や街路などのランドスケープデザインなどは、建築とは切っても切れない関係にあるだろう。特にプロダクトデザインの分野では、近代から現代までさまざまな建築家が家具をデザインしていることを知っておきたい。素材や形態に特徴があるものや、機能や生産のことを考慮したもの、あるいは座りづらいオブジェのようなものまで、さまざまな家具がデザインされている。ドイツの家具メーカー・ヴィトラ社のデザインミュージアムには、そうした20世紀の家具が集められたコレクションがある。ウェブサイトでも見られるので興味があれば是非一度は見ておいてほしい。

さらに近年では、コンピュータなどに関連した情報分野や映像などを使うメディアデザイン、かたちを生まない仕組みづくりや関係づくりなどもコミュニティデザインと呼ばれ、新たなデザインの対象分野になってきている。建築も時代とともにそのつくられ方も変わり、ものとしてのハードな部分はもちろんのこと、使われ方やあり方、価値観などのソフトな部分は、時代や社会からより一層大きな影響を受ける。時代や社会を冷静にかつ客観的に見つめて、未来に対して提案することが建築やデザインには求められる。

デンマークの建築家・ヴァーナー・パントンが手掛けた椅子。通称「パントンチェア」1967年

「みること」から「かんがえること」へ

小学校での図画工作は「つくること〈表現〉」が主だったのに対し、中学・高校での美術には、それだけでなく「みること〈鑑賞〉」もその授業に含まれているはずなのだが、多くの生徒たちがつくることや描くことに苦手意識を持ち、美術そのものにも関心を持てなくなってしまうと聞く。特に〈表現〉のうち描くことは幼少期から経験しているものの、何かを描いたりつくったりすることが楽しいと思える前に、対象物を正確に描くことを求められ

レンゾ・ピアノ、リチャード・ロジャース
「ポンピドゥ・センター」1977年

たり、正確に描くことを絵がうまいとされたりする誤解から、関心をなくしてしまったという話をよく聞く。つくる意欲や出来上がったものに対する喜びは持っていてほしいが、そうした〈表現〉が自在にできなくても、「みること」を通しても美術を楽しむことができることを是非若いうちに知ってほしい。古今東西のさまざまな美術作品がどうして生まれたか、どこが興味深いかを考えることこそが、美術の存在価値であるとさえいえる。

なぜそんなことを中高生に向かって言うかといえば、「つくること」が好きで建築の道に進んだ僕が「みること」の本当の面白さに出合ったのは建築を始めてずっと後のことだからだ。安藤忠雄建築研究所時代にパリの「ユネスコ瞑想空間」の担当になり、頻繁にパリに行っていた時のこと。現代建築としても有名なレンゾ・ピアノとリチャード・ロジャースの設計による「ポンピドゥ・センター（フランス国立近代美術館）」は、日本の美術館とは違って深夜まで開館していたこともあり、パリに行くたびに必ず通っていた。最初のうちはピカソやマティス、モンドリアンやウォーホルなど予備知識のある作家の作品だけが目に入ってきていたが、何度も通っているうちに、だんだんそうでない作品にも目が向くようになり、興味の範囲が拡《ひろ》がっていくのを実感した。最初は、作品に添えられたキャプションを見ながら作家名や作品名を確認していたものの、何度も見ていくうちにだんだん見なくても作家名がわかるようになってきたり、初見の作品でも向き合い方がわかってきたりした。その経験は身体に付いたフィルターのようなものになり、他の美術館に行って、別の美術作品を見る時の指標になっている。そんな「みること」の経験は、「つくること」の経験とはまったく違う視点を与えてくれたと思う。

美術作品を見る時に、他者と同じ価値観である必要はないし、他者が良いと思ったものを良いと思う必要もなく、その作品を最初から理解する必要もない。わからなくてもいいから、まずは自分がどう思ったか、どう感じたかを大事にして、「かんがえること」を中心とした鑑賞という経験を、是非とも若いうちにしてほしい。

建築から美術へ

建築との文脈で美術のことを記してきたけれど、建築に関心を持って学んだ後には、改めてもう一度美術に向き合ってほしい。それはこれまで記した歴史上の美術だけではなくて、むしろ現代美術と呼ばれる作品にも。パリの「ポンピドゥ・センター」も、是非いつか訪れてほしいが、日本の国内にも建築家が手掛けた建築的に評価が高いだけでなく、現代美術の展示も素晴らしい美術館がいくつかある。「青森県立美術館」「十和田市現代美術館」「東京都現代美術館」「原美術館」「森美術館」「金沢21世紀美術館」「豊田市美術館」「愛知県美術館」「国立国際美術館」「兵庫県立美術館」「ベネッセアートサイト直島」などはその一例だ。それらの美術館で行われる企画展は是非見に行ってほしいし、同時にその建築の空間と展示作品との関係をも見てほしい。

安藤忠雄建築研究所「ベネッセアートサイト直島」1992年

また、日本の各地で行われているビエンナーレやトリエンナーレと呼ばれる国際芸術祭などでも現代美術の作品は数多く見ることができる。大都市型の「ヨコハマトリエンナーレ」や「あいちトリエンナーレ」、農山村や離島などで開催される「大地の芸術祭越後妻有《つまり》アートトリエンナーレ」や「瀬戸内国際芸術祭」などは、美術館だけではなく廃屋や廃校、まちなかの空き店舗など異なった

行武治美「再構築」2006年。大地の芸術祭 越後妻有アートトリエンナーレは、過疎高齢化の進む地域を舞台に3年に1度開催されている国際美術祭。美術家はもとより建築家も数多く出展している

空間の中で開催され、現代美術をさまざまな空間を介してみることで、新たな視点が獲得でき、それぞれの地域の中で作品をみることにより、新たな視点でその地域を再発見することもできる。

世界中のあらゆる国籍の同時代を生きる人たちがつくる現代美術の作品は、時には時代や社会、国家や家族、経済や文化などの問題を痛切に批判したり、問題意識を提示したりしている。美しさだけが評価基準ではなく、時には醜《みにく》さもあり、時には不快なものもある。それらの作品の前に立つ時、ありとあらゆる価値観を揺さぶられて、自問自答せざるを得ない。この作家は何を伝えようとしているのか？　何を表現しているのだろうか？　その

答えは1つではないし、見た人の数だけ異なった答えがあるのかもしれない。作品に対峙《たいじ》して自らに問いを課《か》し、自ら答えを出すそのトレーニングは、実は建築にも必要なとても重要なことなのだ。同時代につくられる建築もやはりさまざまな価値観によってつくられている。そこには正しい建築や間違った建築はなく、つくった人の数だけの問いと答えがあり、決して1つだけの正解はない。現代美術に接することで、時代や社会を冷静にかつ客観的に見つめ、未来に対して何らかの問いを提示しつつ、空間としての答えを出すような建築を、美術を通して考えてみてほしい。

【参考文献】

高階秀爾監修『カラー版 西洋美術史 増補新装版』美術出版社、2002年

辻惟雄監修『カラー版 日本美術史 増補新装版』美術出版社、2002年

末永照和監修『増補新装 カラー版 20世紀の美術』美術出版社、2013年

阿部公正監修『増補新装 カラー版 世界デザイン史』美術出版社、2012年

竹原あき子・森山明子監修『カラー版 日本デザイン史』美術出版社、2003年

熊倉洋介・末永航・羽生修二・星和彦・堀内正昭・渡辺道治『増補新装 カラー版 西洋建築様式史』美術出版社、2010年

太田博太郎・藤井恵介・宮本長二郎・上野勝久・丸山茂・松崎照明・平山育男・後藤治・藤田盟児・光井渉・大野敏・中谷礼仁・松隈洋『増補新装 カラー版 日本建築様式史』美術出版社、2010年

日本経済新聞出版社編『日経 五つ星の美術館』日本経済新聞出版社、2007年

河合塾グループウェブサイト「私と河合塾」OB・OGが語る河合塾――Vol.17（2009年9月公開）

英語

建築も英語も、コミュニケーションがものをいう

木下庸子

日本の制度にあてはまらなかった帰国子女

私にこの原稿の執筆依頼が来たのは、私が他ならぬ「帰国子女」だからであろう。実は、私は日本で中学、高校を卒業していない。アメリカから帰国して早30数年が経ち、自分はすっかり日本に馴染《なじ》んでいるつもりなのだが、何を隠そう、私は「帰国子女」なのだ。

「帰国子女の草分け」というと少々カッコヨクも聞こえそうだが、なにしろ帰国子女の数が今と比べて圧倒的に少なかった40年近くも前のこと、私が受験期を迎えた1973年ごろの日本では、私のような日本の中学も出ていないアメリカの高卒者には、日本の大学の受験資格は与えられなかったのだ。というわけでアメリカの大学に進むという、やや消極的な選択をすることとなった。

よく聞かれる質問なので、ここで先に私の生い立ちを簡単に説明しておこう。私は1963年、東京オリンピックの前年に、父の仕事の関係で渡米した。渡米先はニューヨーク、小学校1年生のときである。その後、小学4年の半ばで一時帰国し、中学2年まで日本で学ぶが、再び渡米。先にも述べたように大学受験の時期に日本に戻るチャンスを失ったままアメリカの大学、大学院で建築を学び、1980年に帰国する。帰国当時は通算12年、それまでの人生のほぼ半分をアメリカで過ごした計算であった。

このような生い立ちの結果、英語で建築を学ぶこととなったのだが、これがとりたてて特別なことだとは思ってもみなかった。ところが、こうして本の執筆を依頼され、英語と建築の関係について改めて考えてみると、英語と建築は目に見えないところで案外関係が深いということに自分でも気づかされたのである。

意思が通じなければ何も始まらない：語学の上達に失敗はつきもの

英語も建築も、知識はデスクワークで得られるが、伝えることが重要である。英語の場合なら、知識はあっても的確な言葉がわからない、あるいは語順が誤っているために会話が通じないと感じたことのある人は結構多いのではないか。建築も、特に設計内容を説明するときは自分の頭の中のイメージを、つくってもらう人に的確に伝えなければならない。つまりコミュニケーション能力がものを言うのである。そしてコミュニケーション能力を養い、的確に伝達するためには失敗を恐れてはいけない。それは英語も建築も（実務においての失敗は許されないが）同じ。私の英語力も失敗に失敗を重ねて培われてきたものなのだ。

言い換えれば、語学ほど失敗を恐れない姿勢が上達につながるものはない。机の上で学び続けた外国語を、いざ実践しようとした人なら誰しも、1つや2つはとんでもない、つまり笑える失敗談を持っているのではないだろうか。そうでなければ、まだ外国語を自在に使えるほど「失敗しきってない」といっても過言ではないだろう。

ニューヨークに移り住んで間もないころの出来事だ。小学2年生の私は昼食後の昼休みが楽しみであった。なにしろ、朝登校しても授業はチンプンカンプン。今思えば、退屈さと、何も理解できないがゆえの精神的ストレスによくぞ耐えたと、我ながら感心する。そこで、昼休みはストレス発散の絶好のチャンス。昼休みの運動場でなら語学のハンディは関係なく自分の実力で勝負できると思ったのだ。とはいえ、私は運動神経が鈍いほうである。日本なら運動場の競技で友達にチャレンジするなど考えもしなかっただろうが、言語の壁を打ち破って友達をつくりたいという一心であった。

1963年当時の日常生活は、食生活にしろ、冷暖房などの設備にしろ、ニューヨークと東京では天と地ほどの差があったのだが、こと小学生の遊びに関しては、鬼ごっこ（Tag）、けんけん（Hopscotch）、なわとび（Jump rope）など、西洋、東洋に関係なく、ほとんど同じであった。運動が苦手な私でも、実は、なわとびには少しだけ自信があった。なわとびを楽しそうにやっているグループのそばに寄っていってはみたものの、何と言って仲間に入れてもらうか全くわからない。「いれて」の一言が英語で言えなかったのだ。その日は、楽しそうに遊んでいる級友を近くで見るだけで終わってしまった。

家に帰って早速母に尋ねる。「ねー、お母さん、「いれて」って英語で何て言うんだろう。今日、なわとびに入れてもらいたかったんだけど、何て言ったらいいのかわからなくて一緒に遊べなかったの……」。すると母親は、「そうねー、「Let's play」って言ってみたら」と教えてくれた。そうか、明日はこれで遊んでもらえるぞ、と私は大喜びだった。

翌日は昼休みが待ち遠しかった。やっと待ちに待った昼休み。私は早速、母から習ったフレーズを使ってみた。「Let's play」と。そしたら、なんと「Let's play WHAT!」と言われ、あっという間にみんなが私の前から走り去ってしまった。今思えば、英語に重要な目的語がなかったのがあやまちだったのだが、小学2年生の私にはそのような文法について考える余裕はなかった。私が発した不可思議な英語のためにみんなが私から遠ざかってしまったという、なんともいえず寂しい思いであった。どうしてよいのかわからず、だからといって誰も相手にしてくれず、私はまたもやその日の昼休みも1人でポツンと運動場に立って、楽しく遊んでいる友達を見ながらしばし過ごした。

でも、これではいけない、なんとかしなければ、と気を取り直し、なわとびをしている級友のそばに寄っていって、仲間に入れてもらうには何と言っているのかを、なんとか聞き取ろうと試みた。そうしたらなんのことはない、「Can I play?」という、私も知っている単語を並べたフレーズが聞こえてきた。そこで私も、つかつかとなわとびグループのそばに寄っていき、「Can I play?」と言ってみた。そしたらなんと反応は抜群で、「Sure!」という返事がすぐさま返ってきて、私も仲間に入れてもらえたのである。そう、「Can I play?」が「魔法の呪文」、つまりキーワードだったのだ。コミュニケーションとはそういうものなのだ。そのキーワードが的確かどうか、響くか響かないかでコミュニケーションは成功も失敗もするのである。そう、的確な言葉の選択こそがコミュニケーションを成功させる鍵なのだ。

アピールすることの重要性：Show and Tellという小2の課外授業

大学で建築設計を学ぶときに「プレゼンテーション」という言葉を耳にすることだろう。設計におけるプレゼンテーションは自分のデザインしたものを説明とともに発表することである。プレゼンテーションという言葉は「プレゼント」を語源に持ち、贈る、贈呈する、進呈するという意味を持つ。だから自分のアイディアを聞き手に、あたかもプレゼントするかのごとく効果的に発表することが重要となってくる。建築を志す学生は、建築の設計演習において自分の設計意図をきちんと伝えるために人前でプレゼンテーションを行うことが重視されている。そもそも建築デザインに正解なるものはない。同じ課題でも、円形のデザインも四角い形をしたデザインも建築提案の解としては可能であり正しいのである。そのようなときにデザイナーは、きちんとした根拠を示し、自分の提案がいかに妥当であるかについて相手を説得し、その人（実社会ではクライアントである発注者）の賛同を得なければならない。

アメリカの小学2年の課外授業に「Show and Tell」という時間が設けられていた。自分がつくったもの、買ってもらったもの、発見したものなどなんでもよいのだが、クラスメイトの前で有志が発表するのである。なんといっても小学2年生でこのような自己アピールの機会があること自体、日本とは大分事情が違う。

「Show and Tell」では、私も発表したくて仕方がなかった。いや、発表しなくてはならないという、ほとんど義務感のようなものを感じていたようにも思う。なぜなら、発表しないとクラスの中で自分の存在を認めてもらえないという雰囲気が漂っていたからである。でも言葉のハンディは否めない。そこで私なりの作戦を考えた。それはヴィジュアルにアピールできるオブジェを使うことである。言語は話せなくてもヴィジュアルでアピールしようという、まさに建築の道に進んでから当たり前となった、プレゼンテーション戦略だった。

プレゼンテーションで見る側の注目を集めるためにはなにがしかの工夫が必要だ。だから誰も見たことがないものをヴィジュアル・エイドとして使用しようと考えた。でも費用はかけられない。そこでお金をかけずに、身近にあるもので工夫し制作することとした。

手先が器用で細かい細工が好きだった私は、生の卵に小さな穴をあけて中身を取り出し、卵の殻の中にピンセットで丁寧に、お花畑とそこに子どもがいる小さな世界をつくってみた。それを「Show and Tell」で自信満々に披露したのだ。英語がたどたどしいにもかかわらず、中を見てもらおうと一生懸命に発表した記憶がある。「言葉で勝負できないときはヴィジュアルを用いる」というのは、こうして子どものころに苦労した経験から学んだことであり、それは建築デザインを生涯の仕事とした今、貴重な教訓として役立っている。

交渉成功の鍵は自分を信じること：Debate という高3の授業

建築設計におけるデザインという創作行為は主観的な側面を持っている。しかしデザインが主観的なものであるからこそ、自分がどんなにすばらしいと思っているアイディアでも赤の他人が100パーセント理解してくれることはない。100パーセント同じ価値観の持ち主なんて、ほとんどいないことくらい、誰もが知っているだろう。

建築提案に対しても、むしろ「ここは自分の考えに合わないのでこうしてほしい」などという注文がくることのほうが常《つね》である。このように相手の要求が必ずしも自分の考えと一致しないときに、そしてそれでも自分の提案のほうがすぐれていると信じて相手を説得しなければならない場合には交渉力が必要となる。しかし、交渉は自分の主観的な意見ばかりをぶつけても合意は得られない。いくらデザインが主観的だとはいえ、交渉の際は少し身を引いて客観的な立場から説明することが交渉で成功を収めるポイントでもある。

アメリカの高校3年では英語の授業は必修だったのだが、授業にはいくつかの選択肢があり、その1つが「Debate」であった。私は少しでも英語が上達すればそれに越したことはないという理由で、あまり深く考えずにこの授業を選択した。自分が苦手な「話す英語」にあえてチャレンジすることで、少しでも自分を向上させることができるのではないか、と考えたのである。しかしそう簡単ではないことはすぐに思い知らされる。

まず与えられたテーマが、1973年当時のアメリカの社会問題であった若者のマリファナ喫煙に対して、賛成派と反対派に分かれ、自分の立場を議論でバックアップするということだった。どこまで逆の派を説得し支持を得られるかという、なかなか難しい課題であった。私はマリファナを吸ったことがないにもかかわらず、マリファナ賛成派のグループになってしまった。アメリカでも当然マリファナは禁じられていたのだが、一方で自然草を原料とするものであるから、一般市場に出回っているタバコとそれほど変わりはないという説も耳にしていた。つまりどちらの派に入れられても、相手に対して充分に異論を投げかけられるようなテーマだったのである。

私はいろいろと調べ、自分なりの論理を組み立ててディベートに臨んだ。しかしマリファナに対して絶対にゆるぎない意見（私が担当となった賛成派のイメージトレーニングができていなかったということだろう）を持ち合わせていなかったために、とても相手方（自分も反対派に一部同意していたからなおさらのこと）の支持を得られるような説得力のある議論ができなかったことは今でも反省している。そしてこのときの経験を通して学んだことは、いかなるときでも自分が押さねばならない議論に対しては確信を持って臨まない限り、自分とは反対の意見を持つ人たちを自分側に引き入れられないということである。

建築英語という授業：リニアーな英語とスパイラルな日本語

私は以前、ある大学で「建築英語」という授業を担当していたことがある。建築を学ぶ学生たちが外国人と英語で建築を語ることができるようになることを目標に考案された授業である。建築用語にはとかく英語に語源を持つものが多い。また、建築を学ぶ上でも英語の文献は非常に多く、日本語に訳された本を読むよりはオリジナル言語で読んだほうがより的確な理解を得られることもある。また、建築を学ぶためには歴史上重要な建物や、話題になっている建物を実際に見て、目を養うことが大変重要である。そのためには外国も旅する必要がある。外国を旅するときはやはり英語が活躍する。

一方で、昨今の日本の建築技術は世界にも引けを取らないほど高いレベルに達しており、外国の興味も日本に注がれているから外国からの訪問者も多い。日本で外国人と話すときも英語は共通語として必要なのである。以上のような理由から、英語は建築を学ぶ上で欠かせないので、英語で建築を学んだ私にこの授業を担当してほしいと声がかかったのである。

設計者である私が教える建築英語の授業であるから、設計を通して学ぶ英語が有効だと考えた。英語でプレゼンテーションを行うことを中心とした内容とすることで、外国人に自分

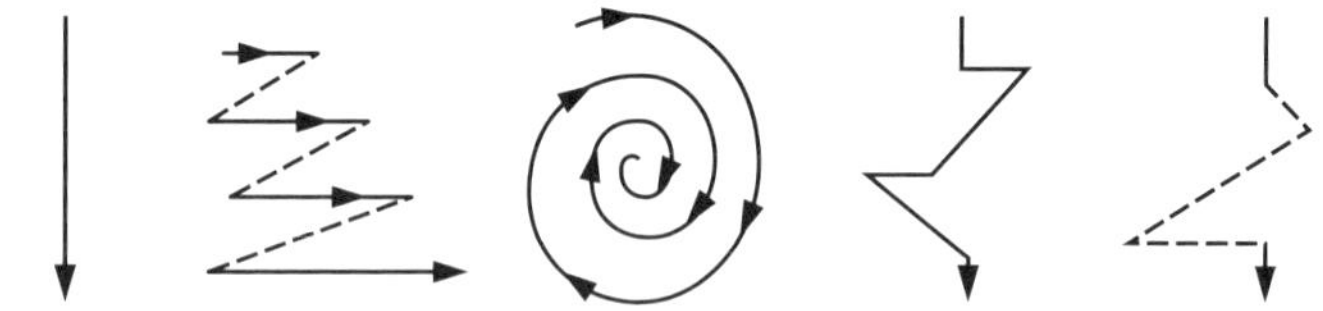

言語パターンのイメージ図。リニアーな英語（左）とスパイラルな日本語（中央）。思考パターンの違いがわかる（出典：Robert B. Kaplan, "Culturai Thought Patterns in Inter-Cultural Education", *Language Learning*, 16, nos. 1 and 2:15, Language Learning Research Club, University of Michigan, 1966／所収：Robert G. Bander, *American English Rhetoric*, Holt, Rinehart and Winston, 1978）

の建築の考え方を少しでも伝えられるようになればよいと思ったのである。しかし教え始めて間もなく、英語と日本語は語順が違うだけでなく、Rhetoricと称する、話し方や書き方の法則が根本から違っており、それをまず学生に理解してもらわなければならないということに行き当たったのである。それは言い換えれば英語と日本語の思考パターンの違いに通じることでもあった。

言語学や情報学の専門家は、英語の話し方のパターンがリニアー（Linear）なのに対して日本語のパターンはスパイラル（Spiral）であると考えているようだ。つまり英語の言語は「直線的＝Linear」という特徴で表現されるごとく、明快で直線的であるのに対し、日本語は「渦巻き状＝Spiral」という特徴で表されるように、ぐるぐると遠まわしに説明しながら結論に達する、あるいは場合によっては最終結論には至らない。ということは遠まわしに語られる日本語をそのまま英訳したのでは、何を言いたいのかさっぱりわからないという結果になってしまう。だから英語で話すときには頭の中をも「遠まわし」モードから「単刀直入」モードに切り替えて話さなければならないのである。言うは易いが行うのはなかなか困難なことであろう。でもこうして、英語と日本語の言語自体に潜む法則も知っておくと、英語を学ぶ上で必ずや役立つのではないだろうか。

主観的なデザインを説明するときには、相手に自分の考えを共有してもらう必要がある。ということは、遠まわしでスパイラルな表現より単刀直入のリニアーな表現のほうがわかりやすいこともまた事実だろう。面白いことに、建築デザインを説明する際にリニアーな思考回路を持つ学生たちは英語も、流暢《りゅうちょう》とまではいかないものの、ある程度通じるのである。つまりリニアーな思考回路を意識して話せば、必ず英語もうまく話せるはずなのである。

日本語そして英語とはどんな言語なのか

２００６年に56歳という若さでこの世を去った米原万里氏はロシア語と日本語の同時通訳者として有名であったが、一方で多くの著書を残している。その文章はいつも実に歯切がよくわかりやすい。少女時代にプラハのソビエト学校に通っていたころのエピソードなどを読むと、なんだか私自身の幼少のころとオーバーラップするような体験談であり、会ったこともない米原氏になんとなく親近感を覚えていた。

複数の外国語を自在に使いこなしていた米原氏のエッセイには言語と文化にまつわるものが実に多い。そんな米原氏のあるエッセイに、日本語は「膠着語《こうちゃくご》」というグループに分類されるとの説明があった。ちなみに膠着語の「膠」の字は「にかわ」という漢字で、ゼラチンのように「粘りつくもの」という意味である。

さて、世界中にどのくらいの数の言語があるかというと、米原氏いわく、少数民族の言語や限られた地域でしか使われていない言語も含めると、大体6000くらいだそうである。ところが驚くことに、これらはたった3つのグループに分類されてしまうというのだ。分類基準は何通りかあるようなのだが、その1つに「単語がどのように1つの文章にまとめられるか」ということを基準に分ける分類があり、それに従うと、およそ6000ある言語がなんと、孤立語、膠着語、屈折語というたった3種類のどれかにあてはまるというのである。

最初のグループの孤立語はその代表が英語と中国語、あるいはヴェトナム語、タイ語などである。孤立語の大きな特徴は、動詞が活用しないこと。そして、文章の中の単語の役割が語順によって決まるということである。言い換えると孤立語では語順を変えると文の意味も変わってしまうので語順がすごく重要なのだ。そう、大学の英語の受験問題にも正確な語順を問う問題が出題されることがあるが、英語のような孤立語の語順はとても厳密で重要なのである。その代わり、言葉はあまり語形変化をしないし、助詞がないのも特徴だ。

2つ目のグループが日本語が属する、先にも触れた膠着語という分類。実は、ハンガリー語やトルコ語などもそうだと聞いて驚いた。韓国語はもちろんのこと、フィンランド語もこの分類に入る。膠着語の「粘りつくもの」とは「て・に・を・は」のことだそうだ。これらの助詞が語末にくっついて文中の言葉の役割を決定づけるのだ。米原氏のわかりやすい例を引用すると、日本語では「私は母に手紙を書いた」でも、「手紙を私は母に書いた」でも、「母に私は手紙を書いた」でも、動詞である述語さえ最後に持ってくれば述語の手前の語順は自由自在なのだ。語順の重要な英語とは大違いである。

それから3つ目のグループが屈折語。屈折とは折れ曲がって方向が変わるという意味であるから、このグループに属するものは変化（活用）する言語、例えばロシア語やフランス語がそれにあたる。この種の言語は言葉の文中における役割が言葉の語頭や語末、あるいは言葉の変化によって決定されるものである。私もアメリカで高校時代にフランス語を外国語として学んだが、動詞の活用を覚えるのに相当苦労した経験がある。今にして思えば、その苦労は英語が孤立語であるのに対し、フランス語は屈折語であるがために、慣れない「屈折」

の法則を覚えるための苦労だったのだ。この種の言語は言葉の役割が変化によって決定づけられるから、語順は日本語ほどではないが、比較的自由なのである。

そういえばかつて、フィンランド語、ハンガリー語、トルコ語などは日本語に似ている、と聞いた覚えはある。だが、その理由が同じ膠着語という仲間ゆえだということは米原氏のエッセイでようやくわかった。そして米原氏いわく、日本語はすごく難しいと一部のヨーロッパ人はいうけれど、一方同じヨーロッパでもハンガリー人は日本語ほど簡単な言葉はないというのだそうだ。言語としては「親戚」だから当然なのだろう。日本人もハンガリー語を勉強するときっと楽だというのだが、果たして私もそう感じるだろうか……。悔しいけれど、英語に関していえば中国人のほうが日本人より得意だと、概《おおむ》ねいえるだろう。それはどちらも孤立語という、いわば親戚関係の言語だからだと説明されると納得する。いつだったかハーヴァード大学時代に日本人の友人が言っていたのだが、ハーヴァード・ビジネス・スクールで英語が最後まで上達しないのが日本人と韓国人だという。それも日本語、韓国語は膠着語で英語が孤立語という、全く違うグループに属しているからだと聞くと、英語が苦手な読者の方たちは少しは気が楽になるのではないだろうか（米原万里『米原万里の「愛の法則」』集英社、２００７年、第二章「国際化とグローバリゼーションのあいだ」より）。

建築に出合う以前から身についている英語の建築用語

私たちが普段なにげなく使っている日本語の日常会話の中に、英語の建築用語が意外に潜んでいるのはご存じだろうか。ここでいくつかを紹介しよう。きっと「なーんだ」と思われることだろう。

みなさんは建築を学び始めるとすぐに図面を描くことを習得しなければならない。建築の図面の中では平面図、立面図、断面図が最も基本の図面であり、「平、立、断」などとセットで呼ばれる、いわば建築図面の御三家なのである。

さて、最初の平面図であるが、英語では「Plan」と呼ばれる。「プラン」は別に建築に限らず日本語で日常使っている言葉ではないか。「計画、案、手順、段取り」などの意味を持つ。そう、建築でも平面図は計画案であり、ズバリ「プラン＝Plan」そのものなのである。

次が立面図。これは「エレベーション＝Elevation」と呼ばれ、中高生のみなさんには少々聞きなれない言葉かもしれない。でも「エレベーター」という言葉は誰もが知っているはずだ。都会に住んでいる人なら、毎日のように利用している移動手段だろう。「Elevate」という英単語の意味は「上げる」、つまり人や物を持ち上げるという意味なのだ。まさにエレベーターの機能がそうであるように。立面図は、建物を上から見た平面図を、持ち上げて立ち上げた図面＝立面であり、これすなわちElevateしたものでエレベーションなのである。

さて3つ目が断面図。これは「セクション＝Section」という。これも聞いたことがあるはず。例えば会社組織などの場合に、全体の一部分を「セクション＝部署」というような言い方をする。セクションは「切り取った部分、断片」などの意味を持ち、建物を上から下に垂直に切った断面を、横から見て描いた図なのである。

英語は暗記するものだと思っている人が多いのではないだろうか。もちろん暗記も重要だけれども、聞きなれたカタカナ用語のオリジナル英単語を探ってみると結構面白いし、丸暗記するよりはずっと頭に残ると思うのだ。英語の言語としてのしくみがわかり、カタカナ用語の先祖がわかると英語も数倍楽しく学べることと思う。

実は私も、丸暗記に頼らない英語の学び方を知ったときに一歩前進した気持ちになったのである。若いときに身につけた語学の知識は簡単にははがれないし、今後建築を学ぶ上でも大いに役立つことは間違いない。是非とも英語を自分のものにするための学びのテクニックを身につけてほしい。本章がそれに向けてのヒントを提供できたなら、私の役割は果たせたと嬉しい限りである。

政治経済

建築を動かす
社会の仕組み

山形浩生

はじめに

ここで書くようなことは、みなさんにはあまり興味がないことかもしれない。中高生で建築に興味がある人というのは、たいてい形のデザインに興味がある人だからだ。

でも実際には、建築や都市は単なるデザイン以上のところで、社会や経済と密接な関わりを持っている。それを理解してもらうために、まずは社会の根本的な仕組み——学校の授業だといろいろな暗記モノに埋もれて見えにくい、社会と経済の全体像から入る。幸い、建築はかなり大きくて重要な分野だから、それをテコに大きな仕組みを説明できる。それができるということ自体、建築という活動を理解するうえでとても重要なことだ。そしてそのあとに、それをふまえた建築の可能性についてまとめてみよう。

建築の経済学：自由と選択とトレードオフ

たぶんこんな本を読んでいる人は、建築に多少なりとも興味があるんだろう。かっこいい建築や美しい都市を見て、自分もこんなのを作れるようになりたい、と思っているはずだ。

さて望ましい建築や都市のあり方については、いろんな人があれこれ説明している。美しい、ユニークな建築がどんなにすばらしいか、構造のしっかりした安全な建築がどんなに重要か、環境に配慮した建築がどんなにいいか、歴史的な建築の保存がどんなに意義あることか。ぼくたちは毎日のように、そういう文章を目にする。読者のみなさんもそう思うはずだ。

そして、それはすべてその通り。ぼくもそれが重要だということには大賛成。でもここで問題。なぜそんなことをわざわざ説明する必要があるんだろう？　そんなことは、言われるまでもなくだれでも知っていることじゃないか？

構造のしっかりした家と、ちょっとの地震ですぐ倒れるボロ屋とどっちがいいか、と言われれば、だれでもしっかりした家がいいというだろう。つまらない型にはまった家と、個性的な美しい家とどっちがいいか、と言われれば、みんな美しい家と答える。

でも実際の街を見てみよう。つまらない、型にはまったオンボロで不便で危険で設備も悪く環境にもよくない家や建物がたくさんあるし、歴史的建築物は次々にぶちこわされている。なぜだろう。みんながいいと思っているなら、なぜすでにそれが実現していないんだろう？

これはとっても重要な発想だ。「それがそんなにいいことなら、なぜみんなとっくに自発的にやっていないの？」。これは、いろんな場面で必ず考えるべきことだ。

さて、これに対する答えは何通りかある。

1．みんなバカ&無知で、何がいいのかわかっていないから。

2．悪い連中がその実現をじゃましているから。

3．これまではなんらかの理由でそれをやるのがむずかしかったから。

4．「いいこと」は実はほかのことと比べるとそんなによくないから。

1．はとてもありがちな発想だ。知識人とか評論家、学者とかいう人たちは（はっきりとは言わなくても）こう思っている。そして、それがその通りの場合もあるだろう。でも専門家はその専門については詳しいが、それ以外のことについてはあまり知らない。それに、いま言ったようなこと――美しく個性的で高性能のしっかりした建物のほうがいいということ――は、専門家でなくても十分にわかることじゃないだろうか？

2．もありがちな議論だ。悪代官や官僚、大企業なんかが悪い。みんな安全で個性豊かな美しい建物が欲しいのに、大企業は儲けのために、危険で没個性の醜《みにく》いアパートばかり作る。官僚は利権のため、変な道路や公共事業ばかり進めている。そんな批判は新聞でしょっちゅう目にする。

確かに、そういう部分もあるかもしれない。でも……だれも人々に、危険で画一的な醜い建物に住めと強制はしない。みんな本当にそれがいやなら、だれもそんなところに住もうとしないはずだし、そうなれば企業だってそんなものは作らない。ところが、実際には醜い没個性のアパートにも人は住んでいる。作るほうもそれが売れるからこそ作っている。

3．これまではそれが技術的にむずかしかった、という可能性はある。新しい断熱材や建設技法が開発されて、これまでは不可能だったスーパー建築が可能になることもある。技術でなくても、人々の活動が変われば新しい可能性ができる。そこには創意工夫の余地があるし、いち早くそういう動向をとらえればおもしろいことがいろいろできる。そういう変化は見逃さないようにしよう。まして、その変化をじゃましてはいけない。

4．でも最後にもう1つの可能性がある。人はあれがいい、これがいいと言う。でも、それは一見したほどよくはないんじゃないか、ということだ。

これは別に、ヤワで危険な建築のほうがいい、ということじゃない。ただ、家を選ぶときには考えるべきことがたくさんある。しっかりした家はお金がかかる。壁を厚くしたり柱を増やしたりで、部屋も狭くなる。歴史的な建築物は、窓が小さいし設備も悪い。

これを経済学ではトレードオフという。広い家がいいか、駅に近い家がいいか？　古い歴史ある家がいいか、新しい設備のある家がいいか？　地震にびくともしないが高い家と、安いがガタのきた家とどっちがいいか？　人はいつもそういう選択をしなければならない。いまの都市は人々がいろんな価値観のもとでそういう選択を行った結果だ。多くの人は、画一的でも広い家のほうがよかったのかもしれない。

そういうトレードオフのいちばんよくある手法は、市場だ。またはお金といってもいい。手持ちのお金は限られている。デザインにお金をかけようか、それともそのお金を家の中の設備に回そうか？　どこにお金をかけるかという選択を通じて、人はそのトレードオフを行い、自分なりの妥協点を決める。それに対して、「いやいまの日本の建築はダメだ、もっと美しい安全な建築にしろ」というのは、人が自分の価値観に基づいて行った選択を否定し、ある人の一方的な価値観に基づいた選択を押しつけることかもしれない。

これは、経済学の考え方の重要な出発点だ。社会や経済では、人がなるべく多くの満足を得られるようにしたい。そして、ある人に何が最大の満足を与えてくれるか、いちばんよく知っているのは、基本はその人自身のはずだ。だったら、なるべくみんなに自分なりの予算の中で、支出を通じてさまざまな要因を好きなように調整してもらおう。それを変な規制で制限するのは、基本的によくない。

でも、そうではない場合がある。人に自由な選択をさせられない場合、させてはいけない場合がある。つまり、人の自由を制限しなくてはならないことがある。そしてそこに登場するのが規制だ。

規制：人々の自由な選択を制限してよい場合

自由な選択がすばらしいというだけだと建築も都市も——そしてそのほか何でも——勝手に放っておけばいいということになってしまう。人々はみんな、自分にとって可能な最高のものを選べばいい。でもそれだけでいいのか？　そんなはずはない。

まずいちばん基本的なところ。人の自由な選択が、決してすばらしくない場合がたくさんあるということだ。

早い話が、みなさんだって、たぶん自分にとって最高の選択が常にできているわけではないだろう。多くの人はもっと勉強しなきゃと思っている。でも、自由な選択に任せると人はついつい目先の誘惑に負けて怠《なま》けてしまう。そんなときには、長期的なよい結果を実現するために、目先の自由な選択は少し制限したほうがいいかもしれない。そのときは恨まれても、「勉強しろ！」と怒ったり、「悪いことは言わないから、かっこいい窓にお金をかけるのはやめて、もっと基礎にお金をかけなさい」と命令したりするほうがいい場合もある。

それに人の知識は限られている。ほとんどの人は、どのくらい丈夫な家にすれば地震に耐えられるかなんて知らないし、丈夫にする方法すら見当もつかない。すると、「人々が自由に選ぶ」というのはむずかしくなる。

また建物のような大きなものだと、その影響は自分だけではすまない。Aさんは、地震がきたら潔《いさぎよ》く死んでやる、と思っているかもしれない。でもその家が潰れたら、まわりに暮らす人まで下敷きになりかねない。するとAさんの趣味だけで勝手な選択をされては困る。

つまり目先の誘惑に負けそうなとき、判断に必要な情報が手に入らなかったり判断が専門的すぎたりするとき、そしてその選択が自分以外の多くの人にも関わるとき、判断はだれか専門家に任せたほうがいいかもしれない。社会全体として「まあ震度6でも潰れない建物にしようぜ」という最低限の決まりを作って専門家にチェックさせ、個人がなんと言おうとそれを守らせるほうがみんなのためだ。これが規制だ。

とはいえ、「最低限」ってどうやって決めよう？　そこに出てくるのが、政治というものだ。

政治の本質：社会のために個人を犠牲にすること

だれもが自由に好きなものを選べればすばらしい。でもそれはむずかしいかもしれない。自由は無制限には認められない。ということはつまり、だれか——あるいはみんな——がある程度は我慢《がまん》しなければならないということだ。それが規制というものだ。

でもだれに我慢してもらうのがいいんだろうか。そして、「ある程度」というのはどの程度？それを決めるプロセスが政治だ。

建築や都市では、これはどうしても避けられない問題になってくる。さっきの例だと、地震に強い家やデザインのかっこいい家を建てようとすれば、建築費が数百万円高くなってしまうかもしれない。そのせいで夢のマイホームを持てない人も出てくる。

みんなが同じ条件で我慢するということなら、まだ話はまとまりやすい。どんな建物も、それだけでは存在できない。野中の一軒家でも、そこにつながる道が必要だ。ほかにも不可欠な、都市基盤（インフラ）は多い。たとえば上水道や下水道、ゴミ処理場、さらには駅や空港、港など。それを作るときには、もちろんみんながお金を出し合う必要はある。これが税金というものだ。だれも税金なんか払いたくないけれど、でも自分一人でこういうインフラを作るのは面倒だから、ブツブツ文句を言いながらも我慢して払う。

でももっと頭の痛い問題がある。インフラは、どこか1カ所に作るしかない。それを作られた場所の人は、ほかよりたくさん我慢を強いられる。どけと言われたり、うるさかったり。だれでもそれはいやだ。みんな道路がないと困るので、それを作ってほしいと思う。税金だって払うだろう。が、「じゃあ道路を作るから、あなたどいてね」と言われたら、みんな顔をしかめる。「こっちじゃなくて、あっちに作ればいいじゃないか、なぜオレだけが犠牲になるんだ」ということになる。ほかの施設でも同じことだ。

こう言うと、「話し合いで解決すべきだ」と答える人もいる。でも、解決しなかったら？　話し合えばなんでも解決するわけじゃない。非常にいやなことだけれど、最悪の場合には無理矢理実力行使で、その人を引きずってでも立ち退かせる必要も出てくる。成田空港はそうやって作られた。

こう書くと、「そんなのは全体主義だ！」と怒り出す人がいる。まったくその通り。でも、だからこそ、それは意味のない批判だ。社会というのはすべて、全体の利益のために個人がある程度我慢して協力するためのものだ。だからどんな社会も、大なり小なり全体主義的な面を持つ。重要なのは、どんな仕組みでその犠牲をお願いするかということだ。無理矢理ど

かせるにしても、そのために必要な手続きはある。その基本は、

1. なぜ自分が犠牲になるのか、ほかに手はないのかをきちんと説明してほしい。
2. 自分の払った犠牲に見合うだけの補償をしてほしい。

この2つだ。

ときどき「ルールだから」と言えば、理由も説明せずに規制をしていいと思っている人がいる。でもそんなバカな話はない。人の自由を奪い、権利を制限し、財産を奪うのであれば、なぜそれが必要なのかという説明が必要だ。そして、勝手に奪い取ってあとは知らんぷり、とはいかない。同じ社会に暮らす者として、犠牲になった人が不当な不利益をこうむらないように、公正な補償は必要となる。

ただし、これはなかなかむずかしい。「公正な補償」ってなんだろう。そもそもその道路は本当に必要なのか？　今後もっと産業を発展させるなら、車が増えるから道路もいるだろう。でも、これ以上の産業はいらないと思うなら、道路もいらない。社会としてどっちを選ぼうか？　道路を通せる場所もいろいろだ。どれを選ぶ？　犠牲になった人に補償する方法

だってさまざまだ。そして、どれがいちばんいいのかは見当がつかない。でも、どれかを選ばなくてはならない。

それを決めるのが政治だ。いろんな選択肢の中でどれがいちばんいいのかを、きちんと経済学的に計算できて、最高のものを文句なしに決定できるのであれば、政治はいらないのかもしれない。でも「最高のもの」というのも、人の立場によってちがう。また「多数決でなんでも決めればいい」と言い出す人もいるけれど、世の中の人はとっても移り気だし、すべてを知っているわけじゃない。気分まかせの多数決だけで決めごとをしていたら、社会の方針がコロコロ変わって世間が大混乱になる。だから一貫性を持ちつつ、でもみんなの意見を反映する決定はどうやればいいのか——政治はある意味で、いろんな選択が合理的にできないので、ごにょごにょと交渉で決めざるを得ないという妥協の産物だ。

だからこそ、政治はいつも割り切れず根拠のない不明確な議論の中で、なんだかその場の勢いやら関係者のお手盛りやらで決まっているような印象を与えてしまう。そしてまた、だからこそ政治家が私腹《しふく》を肥《こ》やすほうに話を動かす余地もできてしまうのだけれど。

建築と政治経済

これまでの話は、経済や政治により建築が制約されるという話だった。でも建築や都市は、人間が作るものの中で最もお金——そして手間——がかかる。そして人の住む場所は、その人の属する社会、コミュニティ、職業、その他すべてをかなりの部分まで規定してしまう。だからこそ、その社会として建築や都市をどう作るかという理念が、逆に政治や経済のあり方を決める面もある。古代中国の社会は、大規模な灌漑《かんがい》を通じた農業の成立が鍵となっていた。だからその政治のかなりの部分は、その灌漑用水の建設と管理をやりやすくするように組織されている。

そしてもちろん、社会が豊かならさまざまなプロジェクトが可能になる。建築や都市は、人工物としては最大級のものとなるので、それがどんなものかは、その社会や経済のあり方を表現するものともなる。

たとえばピラミッドやアンコール・ワットといった古代遺跡、あるいは北京の紫禁城《しきんじょう》を見てみよう。大きな建造物は、その文化の大きな権力と経済力を示す。古代ではもちろん、主要な産業といえば農業だ。だから大きな建築は、非常に大きな権力を使って、とても大きな範囲から農業生産物を集められたという証拠でもある。

そして、そうした建造物を核としたきわめて整然とした都市構造もまた、しばしばそうした強い権力のあらわれだ。平城京や平安京、そのお手本となった中国の古代都市はその典型だし、19世紀のパリだってそうだ。現代のミャンマーは、あるとき突然首都をヤンゴンからネピドーという場所に移し、世界で最大の国会議事堂を持つものすごい人工都市を作った。軍事独裁政権ならではのやり方だ。一方、ロンドンはあまりそうした構造がなく、とてもごちゃごちゃしている。これは、国（王様）と並んで一般の市民が強い力を持ち、一方的な圧政がしにくかった結果でもある。

またニューヨークのマンハッタンは、碁盤の目状で整然としているけれど、宮殿や議会といった中心があるわけではない。セントラルパークという大きな公園が中心となっている。これはある意味で、アメリカが一応は市民の平等をうたって作られたことの反映ともいえる。一方、そのマンハッタンは摩天楼《まてんろう》の街でもあり、高層ビルが立ち並ぶ。お金がある人や企業が最も高いビルを建て、それが街の中心的な存在となるという意味で、これはアメリカ的な資本主義の露骨な表現でもある。香港もそんな感じだ。

もちろん都市や建築はいろんな事情でできるので、こういう理解も完璧ではない。まったく統一感のない建物の並ぶ醜い都市は、社会として決まりを作れない弱さのあらわれとも言える。でも一方では建築の自由が広く認められ、人々が思い思いの建築を建てられた活気ある社会のあらわれかもしれない。そして、壮大な道路や公共建築が整然と並ぶ都市は、都市美を重視する社会のあらわれかもしれない一方で、強権的で独裁的な政治体制のあらわれかもしれない。同じものでも見方はさまざまだ。それでも都市や、そこに建つ建築が、その社会のなんらかの反映だというのはまちがいないことだし、だからこそ、多くの人々は自分たちの都市を自国や自文化のシンボルとして、誇ったり恥じたりする。

いまの日本はどうだろう。日本で建築として話題になるのはどんなもので、それはいまの日本のどんな政治や経済状況を反映しているんだろうか？　実は建築業界には、最近の建築家がチマチマ小さなものしか作らなくなった、大きなコンセプトを持つ壮大な建築がなくなった、という嘆きがある。それも日本のいまの政治経済の反映なのかもしれない。

建築と公共事業とバブル

一方で、さっきちょっと挙げたピラミッドについては、別の説がある。あれは労働を作り出すための公共事業だったという。

古代は（いやいまでも）収穫期にはたくさん取引があって、世の中の金回りがいい。でもそれ以外の時期には、みんな仕事がなくなってしまう。そこでエジプトの王様は収穫期にたくさん麦を徴集して倉庫にためておく。それを農業が暇なときに、ピラミッドというまったく無駄なものを建てる仕事を発注し、その仕事に対して麦をばらまく。これでみんな、季節の変動をあまり心配せずに生活できたというのがこの説だ。

ここでは建築が、まったく別の役割を果たしている。仕事を作り、お金を社会に回す口実として建築が使われている。これが現在も行われている、公共事業による景気の刺激策だ。

この発想自体は決して悪いものではない。同じことだけれど、景気の悪いときに政府が借金をして公共事業をやり、仕事を作ることで世の中のお金を回すこともできる。これがいいとか悪いとかの議論は世の中にたくさんあるけれど、でも理屈のうえでは特に無理のない話だ（いいとか悪いとかいう議論の大半は、それを実際にやる方法をめぐるものだ）。

でもここからもう1つわかる。建築は大きい（こともある）ので、その社会の経済全体をコントロールできるくらい規模が大きくなる、ということだ。

そしてもう1つ、建築や土木が面倒なのは、時間がかかるということだ。

この2つが合わさると、とても面倒なことが生じる。バブルという現象だ。建築活動が盛んになると経済はどんどん活発になる。すると、建築物の値段も上がるのが普通だ。建物を作りたい人は、そうなると借金してでもビルや家を建てる。でもときには必要以上の建築活動が進んでしまうことがある。そしてあるとき、みんなが「あれ、なんか作りすぎてない？」と気がついた瞬間に、建築の値段がドーンと下がる。でも作りかけの建物は途中で止められず、作りすぎにさらに拍車がかかり、値段もさらに下がる。するとみんな借金を返せなくなり、すると経済の中でお金が回らなくなって、不景気が起きる。

これを書いている2014年の世界は、2008年頃のアメリカでのサブプライムローン破綻《はたん》の影響で不景気が続いている。低所得者（サブプライム）向けの住宅を作りすぎ、あるときそれが多すぎるのにみんな気がついて、一気に値段が下がった。その後のユーロ危機も、史上最大の日本の1980年代バブルも、不動産建築が原因だ。

こういうバブルとその破綻は、必ずしも建築の責任ではないかもしれない。が、建築活動がその片棒をかついだのは事実だ。実は建築（それもデザイン的に目立つ建築）の多くは、まさにバブルの産物としてできている。バルセロナにある有名なガウディの建築は、バルセロナの貿易商が大儲けして建てた当時のバブル建築だ。バブルと建築は共犯関係にある。これはどうしようもないことだし、また100年たつとそのバブリーな建築が街のシンボルになったりすることも多いので、必ずしも悪いことかどうか。でも、はしゃぎすぎるのも考え物、かもしれない。

人を動かすには：建築の未来

さて建築をネタに、あれやこれやとかなり広い話をしてきた。最後に建築の将来について考えながら、それを政治経済の話とつなげてみよう。

建築はとてもおもしろい分野なのだけれど、大きな変化が生じつつある。いまや建築のあらゆる部分は工業化が進んでいる。本当に家や建物の形を設計するという、一般に思われている「建築家」の仕事というのは、実は縮小しつつあるのかもしれない。いまの建築は、構造と設備（エアコンとか）が人間に必要な機能のほとんどを提供している。一般に思われている建築のデザインは、その外側や人間が見る内側の設計だけれど、いまや実はそれはお飾りの部分が大きかったりする。でき合いのパネルをカタログから選んで、その組み合わせを考えるだけ——それが建築デザインの大半だとさえ言える。

さて、そうしたパネルの組み合わせは無数にある。そうした中から最適なものを選び出すのは、決してバカにした仕事ではない。ファッションだって同じような布を丸めてつなぎ合わせるだけだけれど、そこから無限の豊かさがあらわれる。一部の建築家も、まさにそれこそ自分の役目だと胸を張る。人や社会のニーズは常に変化する。それに対応した空間や場を作る作業は必ず存在するし、そうしたパネルの組み合わせだって工夫は必要だ。

でもその一方で、建築はそれだけにとどまるものではない。建築は基本的に、人を規制する／動かすものだ。壁を作ることで人の動きを止め、ドアや通路を作ることで人々を流す——これはまさに建築の役目だ。そしてある意味で、それは人を規制／動かす手段としては最強のものだったりする。

これについて、インターネット法学の権威ローレンス・レッシグが、こんな図で説明している。

人を動かそうと思ったら——たとえば子供をゲームセンターにあまり行かせたくないと思ったら、高い入場料や税金をとればいい（これは市場や経済の力だ）。法律で「子供はゲーセン立ち入り禁止」

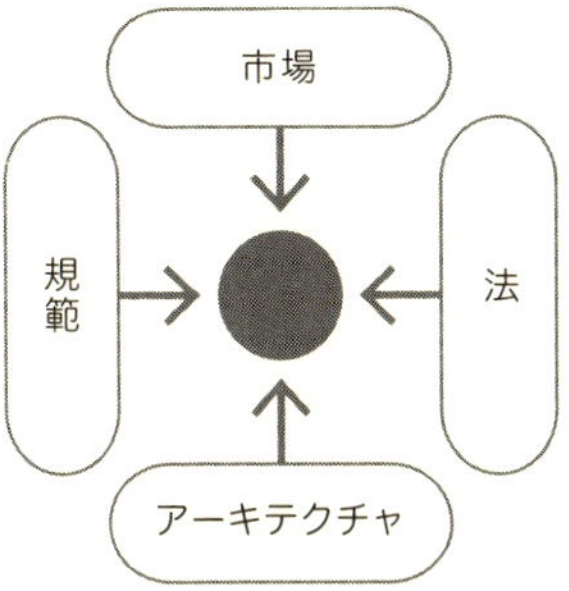

規制する／動かす力（出典：ローレンス・レッシグ『CODE』山形浩生・柏木亮二訳、翔泳社、2001年）

と決めてもいい。あるいは「よい子はゲーセンに行かない」という社会的な規範を作ってもいい（この2つは政治の力と言える）。規範を作るというのは、広告や社会的な議論を通じ、なんとなくよい／悪いという雰囲気を作ることだ。人気アイドルや信頼の高い評論家が「ゲーセンに行くのはダメなやつだ、かっこ悪い」と言うと、なんとなくゲーセン通いがあまりよくないことだとみんな思ったりする。別に違法ではないけれど、でもみんなに後ろ指をさされかねない活動はたくさんある。それが規範だ。

でもそういうのは全部、やる気があれば突破できる。入場料は払えばいいし、法律は破ろうと思えば破れるし、規範なんて無視すればいい。でも、そこに壁を作ったら？　壁は、破りたくても、やる気だけでは破れない。アーキテクチャ、つまり建築による人の規制が、他の規制とまったくちがう点はそこにある。建築が最強だとさっき言ったのは、そういう意味だ。建築は物理的な力、つまりは暴力や武力に準ずるものを行使できる。

そして、こうした人を動かすものとしての建築の範囲も広がりつつある。建築はその建物内部での人の活動を重視し、あとは外観が目立つか目立たないかといったことで評価される。でも、ある建物が、その地域の人の流れや活動を一変させることもある。これまで、それは偶然の産物である場合が多かったけれど、だんだんみんな意識的にやり始めた。まわりの視線や標識が大きく人の流れを変える。スマートフォンのデータを通じた人々の行動把握なんかで、それがどんどん容易になっている。それをどう計画設計しようか？

ぼくはそうした役割に最も近いのが、建築だと思っている。だって……それこそ歴史的に建築の役割だったからだ。Googleなど各種ビッグデータの持ち主もそっちに向かいかけているけれど、そういうコンピュータおたくの困ったところは、自分たちのデータ処理が人をコントロールしている——つまりそれが暴力や武力に近い——という意識があまりないことだ。だからあっさり権力に利用されることもある。

建築はもう少し周到《しゅうとう》だ、と思いたい。建築も歴史的に権力の手先となることが実に多かったけれど、少なくともそれを意識できる（ことが多い）。さっきの図に出てきたいろいろな力のまとめ方を考え、それが人を最終的にどう動かすか考える——あるいは、ある種の動かされ方が絶対に起こらないようにする——建築は昔からその知見を蓄えてきた。それは今後も重要となるはずだ。経済学ではいま、いろんなインセンティブ——ちょっとした名前、色使い、標識の出し方——が人の行動をどう変えるかについての研究が進んでいる。政治も、人が他人の視線にどう反応するか、といった問題を考え始めている。そしてもちろん、スマートフォンを通じてアプリに情報を送ることで、そうしたものを変えられる。これをどうまとめるか？　壁や廊下とどう組み合わせる？

そうしたところに、ぼくは建築の未来があると思う。最近ある人に、建築は形を作るだけでなく、さまざまなものをまとめる能力にも価値があるのだ、と指摘された。そして今後、従来の「建築」以外のものまでまとめる総合力が重要になるはずだ。本稿では、政治、経済、建築のいろんな関わりについて、ほんの一端《いったん》だけ見てきた。でもこれらが独立したものだとは思わないでほしい。むしろ建築をなるべく広くとらえて、それらの接点に、新しい可能性を見つけてほしいと思う。そうなればいずれ経済建築学だのミクロ政治建築学だの、変な分野が登場するかもしれないし、それを実践する人々は、建築家とさえ呼ばれないかもしれない。でも、ぼくはそれこそがこれからの建築の考えるべきことだと思っているのだ。

情報

あらかじめ、
つくり方をつくる

本江正茂

建築《けんちく》と建物《たてもの》

建築と情報の関係を考えるために、まずは建築《けんちく》と建物《たてもの》を区別してみることから、話をはじめたい。

この2つの言葉は字面もよく似ているけれど、私たちはちゃんと使い分けている。たとえば「建築する」とか「建築中である」とは言うけれど、「建物する」とか「建物中」とは決して言わない。

「建物《たてもの》」とは文字どおり「建てられた物」であり、物理的なモノそれ自体のことだ。石や木やコンクリートやガラスなどを組み合わせてつくられたモノそのものであり、重さがあり、体積があり、燃えたり、潰れたりする。

それに対し、「建築《けんちく》」という言葉はモノそれ自体を指すと同時に、それをつくる行為、つまりコトの意味を含んでいる。「建物」が「建てられたモノ」である、のと対比させていうと、「建築」とは「建て築くコト」だ。つまり、モノとしてだけでなく、コトに意味がある場合、「建物」ではなく「建築」という言葉が用いられる。

また、「建物」や「建築」に似た「建」のつく言葉には、他に「建設」「建造」「建立」などがある。ニュアンスの差はあるが、どれも「(構造物などを)つくるコト」で、モノの意味はない。モノを指すためには、それぞれに「物」をつけて、建設物、建造物、建立物と言わなければならない。

「建築」という言葉の面白さは、それが建てられたモノであり、同時に、建てるというコトである点にある。

「建てる」というコト

建物を建てるという作業を思い浮かべてみてほしい。どんな情景が目に浮かぶだろうか。長い材木に鉋《かんな》をかける大工の姿、鉄骨トラスを吊り上げるクレーン、それとも生コン車から送り出されるコンクリートを型枠に注ぎ込むパイプの脈動だろうか。確かにそうした建設現場でのすべての行為が「建てる」というコトであり、その積み重ねによって建物が実現するということは間違いない。

しかしながら、どんなに大量のコンクリートを敷地に運び込んでも、ただ闇雲《やみくも》にぶちまけたのだとしたら、それはただのコンクリートの塊《かたまり》であって、建物と呼ぶことはできない。磨きあげた材木をどんなに揃《そろ》えても、横たわっている限りはただの材木の束《たば》にすぎない。コンクリートの塊や材木の束が、建物になるためには、意味ある位置に、意味ある形で配置され、組み合わされる必要がある。

そこに、「建築家」と呼ばれる人たちが登場する。

建築家は、直接自分で建物をつくるわけではない。レンガを積んだり、ノミをふるったりはしない。建築家は、何を、どこに、どんな形で、どんなふうに置くのか、を決めている。つまり、建物のつくり方をつくるのだ。この、「つくり方をつくる」というコトによって、「建てる」コト全体が統御されているからこそ、コンクリートは壁になり、材木は柱になり、建物になることができる。

このことを、ミース・ファン・デル・ローエという建築家は「すべてのものを適切な場所におき、すべてのものにその性質に従った役割を与えることによって、われわれは秩序を持ちうるはずである」と言った【*1】。

またミースは「二個の煉瓦を注意深く置くときに、建築が始まる」とした【*2】。煉瓦はどうでもよい。2個というのが本質だ。1個ならどう置いてもただの煉瓦だが、2個目を置くときに両者の「関係」が生まれる。

モノとモノの「関係」が「秩序《ちつじょ》」だてられていること。その関係が社会に開かれ、使い手を迎えるとき「機能」が生まれる。一般に「機能」というものはあらかじめ決まっていると考えてしまいがちだが、それはかならずしも正確ではない。たとえば、住宅の場合、敷地の中にさまざまな大きさの部屋をバラバラに置いて、それぞれに居間や厨房《ちゅうぼう》、寝室、書斎などと名前をつけてみたところで、それぞれの部屋がそれぞれの役割をきちんと果たすことができるわけではない。機能もまた、コンクリートや材木と同じように、意味ある位置に、意味ある形で配置され、関係づけられることによって、すなわち秩序だてられることによってはじめてあらわれる——機能する——のだ。そして、諸室として機能しうるよう秩序だてられた物体が、エネルギーの流れの場に適切に置かれ、生じる光や熱や風や音の状態が、そこにいる人間にとって快適な水準で安定していることではじめて、建築が成立する。

そこいらに転がっているコンクリートの塊や材木の束。バラバラに散らばっているさまざまな大きさの部屋。そうした、そのままではわけのわからない複雑で混沌《こんとん》とした状態にある物体と機能に——すなわち「世界」に——秩序を与え、人間にとって了解可能なものにとりまとめることが、建てるというコト、建築というコトなのだ。

「建築とは世界を秩序だてることである」なんて聞くと大げさに感じるが、「建築」をこんなふうにより抽象的な水準で了解しておくことが、建築と「情報」の関係を考えていく上で重要な意味をもってくる。さらに先へ進むことにしよう。

使いたい人が自分でつくる

建築家は自分ではつくらない、つくり方をつくるのだ、と書いた。暗黙の前提がある。「つくり方」はつくる前に「あらかじめ」つくられている、という前提である。当然のように聞こえるかもしれないが、これは決して当然のことではない。

もともと、何であれモノは、それを使いたい人が自分でつくっていた。こんなふうに使いたいというモノのできあがりのイメージは、使用者であり製作者でもある人の頭の中に、ぼんやりとした形である。とはいえモノの加工はイメージどおりに進んだりしない。天然の材料は不均質で癖《くせ》があって狂ったり暴れたりする。つくり手はつくりながら、材料のもつ癖にそってイメージを修正しつつ作業を進める。だいたいできたら、ちょっと試してみる。いまいちだったら直す。満足なら、すぐに使いはじめるだろう。もっと直したいところがあっても、とりあえず使えるし、こんなもんでいいやと妥協《だきょう》したりしながら。あり合わせの食材で料理をしたり、雪だるまをつくったりするときは、今もこんな感じだ。その場で器用につくるのだ。

プロセスが場当たり的に見えても、最終的に物体が秩序だてられているから機能する。素《そ》朴《ぼく》な物づくりのプロセスにおいては、「つくり方」は「あらかじめ」何かの形で外在的に示されているわけではない。すべてはつくり手の頭の中にあり、つくられていくと同時に修正されていく。それが集団によって行われる場合でも、息が合っているなどと呼ばれるイメージが共有されている状態が前提にある。言葉はいらない。このとき、つくられるモノとそのつくり方は一体である。すなわちモノと情報は不可分だ。

しかし、つくる対象が一定の閾値《いきち》を超えて大規模かつ複雑で、多種多様な主体が関わる場合には、そして何より使う人とつくる人が異なる場合には、製作作業にかかる前に「あらかじめ」、達成されるべき秩序の有り様について、何らかの情報によって「つくり方」を外部に記述し、共有しておくことが必要になる。このとき、つくられるモノからつくり方が分離する。つくり方が情報としてモノから独立して操作されるようになる。施工者ではない設計者、「建築家」の誕生である。

最初の「建築家」アルベルティ

では、情報がモノから離れて独立して操作されるようになったのは、具体的にはいつからか。そして、建築をただつくるのではなく、あらかじめつくり方をつくることを意識的に行うようにしたのは誰か。つまり、最初の「建築家」は誰か。

異論を承知でいささか乱暴に答えるならば、それは15世紀ルネサンスの時代にはじまった。最初の建築家には、フィレンツェを代表する「万能の人」、レオン・バッティスタ・アルベルティ（1404〜1472年）の名があげられよう。

アルベルティは『絵画論』の著者として透視図法を幾何《きか》学的に体系化した理論家として知られる。またサンタ・マリア・ノヴェルラ教会やパラッツオ・ルッチェルライをはじめ、歴史的な名建築を残している。それまでの建築家が、叩《たた》き上《あ》げの親方職人であり経験を積んだ棟梁《とうりょう》であったのに対し、アルベルティは科学教育を受け、比類ない文人として知られる知識人であった。

アルベルティは主著『建築論』に次のように書く。

レオン・バッティスタ・アルベルティ「サンタ・マリア・ノヴェルラ教会」15世紀

いくつかの全体形を、あらゆる素材から遊離させて、精神と知性とで前もって描くことが許されよう。それは特定の方向と連絡のもとで、角と線を見きわめ、あらかじめ決定して達成される【*3】。
仕上図やスケッチだけでなく厚板か何かの材料で作った模型によって、作品の全体と各部のすべての寸法を、秩序立った観察を通じて、再三再四熟考し吟味すること。それも支出や監督を検討するといったような他のことに着手する前にである【*4】。

「前もって」綿密な図面と模型で検討し、描きだした形態と寸法の情報をあらかじめ提供しておくことにより、自ら現場で陣頭《じんとう》指揮をとらなくても、建築工事を進めることができるというわけだ。実際、アルベルティはあまり現場に行かなかったようだ。

アルベルティの「彫刻論」はもっと態度が徹底している。彫刻にとって大切な「ディメンシオ」とは「確実でたしかな、計測量の表示のことであり、それによって肉体の各部分相互

身体各部の座標を測定する装置（出典：*Della Pittura a Della Statua di Leon Battista Alberti*, Mirano, 1804／所収：レオン・バッティスタ・アルベルティ『芸術論　新装普及版』森雅彦編著、中央公論美術出版、2011年）

の状態や釣り合いは、肉体の全体の長さとの関係において把握され、数的に表現される」として、男性の身体各部の立体的な3次元座標の長大で詳細なリストを示している【*5】。これに従えば、相似形でどんなサイズの彫刻でもつくれるし、上半身と下半身を別の場所でつくらせて組み合わせることもできるというのである。

物体から情報をひきはがし、あるべき情報だけをあらかじめ秩序だてて示すことこそが、つくることの本質であるという見方。こうした見方を、人類学者ティム・インゴルドは「質料形相《けいそう》論的モデル」と呼ぶ【*6】。質料と形相とはギリシア哲学の概念で、素材と形を別に考える。青銅《せいどう》の球があるとすると、青銅が質料で球が形相だ。アルベルティは建物と図面を分離して後者に価値を置いた。質料より形相。あらかじめ決めておいた形相を質料に投影しさえすればモノはできる。モノである「建物」は、情報の構築物たる「建築」のコピーの1つにすぎないのだから。

ルネサンスは情報化社会のはじまり

モノから分離させた高度な情報の操作は、アルベルティの独創《どくそう》というわけではない。建築の図面に限らず、ルネサンスは情報がモノから自立して圧倒的な流動性を獲得する時代であった。

ヨーロッパ全体の国際的な交易が発達しても、高額な取引を大量の貨幣を用いた直接取引で行うのはリスクが高い。そこでフィレンツェをはじめとする都市の本店を拠点としてヨーロッパ各地に支店網を築き、情報だけを迅速にやりとりして遠隔地どうしの為替手形による決済を可能にした。これが、メディチ家を典型とする近代的銀行のビジネスモデルである。抵当をとって転貸《てんたい》し、公債を発行する。海運、陸運に続いて生命保険が出現する。正確な収支計算のために複式簿記が普及する。情報を制する者が富を制する時代。芸術においても、建築と一体化した壁画中心から、持ち運べる板絵やキャンヴァス画が描かれるようになり、盛んに取引される。音楽の記述方法として五線譜が生まれる。

そして、アルプスの北ではグーテンベルクが活版《かっぱん》印刷を発明する。アルベルティも当時の最先端技術である活版印刷を目にし、「ドイツの発明家〔ヨハン・グーテンベルク〕に、わわれわれは大いなる賛意を表した。というのは、ただ一回のプレスで、大きなシートが書き上がるからだ」と熱狂を隠さない【*7】。希少な手書きの写本のため修道院の書庫に閉じ込められていた聖書が、大量に出版されて広く普及していくことが宗教改革を加速させていく。「活版」とは“Movable Type”の訳語で、そのまま「動く文字」である。

ルネサンスとは情報が自立して躍動する近代情報社会のはじまりであった。アルベルティを嚆矢《こうし》とする「建築家」とは、何よりもまず情報技術者なのである。

ふたたび、使いたい人が自分でつくる

それから500年、コンピュータが登場する。紙に手描きの図面はCAD《キャド》になり、木材を削ってつくっていた模型は3Dプリンタで「印刷」されるようになり、すべての建築情報をコンピュータ内にモデル化し、時系列の変化を織り込んで多次元で統合するBIM（Building Information Model）のソフトウェアを使うようになった。

建築が具備《ぐび》すべき諸要件をあらかじめ整理して記述しておくこと、またはその記述を、建築の「プログラム」と呼ぶ。英語の“program”という言葉は「pro＝前に＋gram＝書く」

ことだ。コンピュータの「プログラム」と同じ言葉である。建築は情報の技術なのだ。

人工知能による建築の自動設計がはじまっている。一挙に生身の人間の建築家にとってかわるわけではない。クルマの自動運転が一気に行われるのではなく、オートマチックから横滑り防止装置、自動ブレーキ、車線維持装置等々さまざまな安全装置という形で徐々に組み込まれていったように、人間にとって面倒なところから徐々に、建築の設計・施工・管理の自動化・機械化が進んでいく。敷地が1つひとつ違うから建築は1つひとつ違うとよく言われるのだが、細部の納まりはだいたい共通なので標準化が進んでいる。同じ形が幾重にも反復する超高層ビルは自動建設に向いている。こういうところから自動化・機械化が進む。あらゆる建築部材にセンサーとアクチュエータが埋め込まれ、「モノのインターネット」に接続する。GNR技術群（遺伝子、ナノテクノロジー、ロボット）によって利用者の身体にたくさんの機械が埋め込まれ、本人の意思とは関係なく勝手に情報のやりとりが行われ、生き物と建物の境界は曖昧《あいまい》になっていく。

建築行為の自動化の進展と同時に、逆説的に聞こえるが、なんであれ建築は、それを使いたい人が自分でつくっていくようになるであろう。関心の高い部分だけを人間が自分で決め、難しいところ、面倒なところは機械がやってくれる。かつて、モノから離脱して自立したはずの情報が、一周まわってもう一度モノと一体になって環境を再構成する。環境とそこに住まう自分との関係を、区別のできないひとつながりのものとして見通して、つくりながら、使いながら、つくり続ける。

情報技術者たる建築家にとって、人類が情報をどう扱っていくのかを大局的に理解しておくことは、これから私たちが生きる環境を設計していくすべてのプロセスの基礎になる。情報の技術を学ぶことの核心は、それをつくれるようになることなのだ。

【註】

【＊1】山本学治、稲葉武司『巨匠ミースの遺産　新装版』彰国社、2014年、98頁

【＊2】デイヴィッド・スペース『ミース・ファン・デル・ローエ』平野哲行訳、鹿島出版会、1988年、11頁

【＊3】レオン・バッティスタ・アルベルティ『建築論』相川浩訳、中央公論美術出版、1982年、9頁

【＊4】同、38頁

【＊5】レオン・バッティスタ・アルベルティ「彫刻論」『芸術論　新装普及版』森雅彦編著、中央公論美術出版、2011年、11頁

【＊6】ティム・インゴルド「つくることのテクステリティ」野中哲士訳『思想』1044号、2011年4月号、192〜194頁

【＊7】池上俊一『イタリア・ルネサンス再考』講談社学術文庫、2007年、76頁

算数

小数点がない時代、建築はどうつくられてきたか

菅野裕子

算数と数学と建築

日本では、中学校に入ると、いままで「算数」だった科目が「数学」になる。名前が変わると急にむずかしそうに聞こえるし、当然、「数学」の方が内容も高度でむずかしいのだが、みなさんは、このむずかしい「数学」というものが、「建築」をつくるのに絶対に必要だと考えているかもしれない。ところが、建築の歴史と比べてみると、現代の私たちが「数学」だと考えているものの歴史は意外に浅いようにも見えてくる。

たとえば、ライプニッツとニュートンが微分積分学を確立させたのは17世紀で、それはルネサンスよりもあとのことだ。つまり、レオナルド・ダ・ヴィンチもミケランジェロも、微分積分なんて知らなかったことになる。

とはいっても、この微分積分というのは、よく「むずかしい」数学の代表格のようにいわれることもあるから、この話も、それほど意外でないという人もいるかもしれない。それでも、レオナルド・ダ・ヴィンチが、微分積分どころか、小数ですら知らなかったと聞いたら、さすがに意外に思う人も多いのではないだろうか。小数といったら、今日の私たちにとっては「むずかしい」数学ではなくて、「かんたんな」算数の範囲でしかない。だから、現代では誰でも知っていて当たり前の知識だ。ところが、実際には歴史を見てみると、小数点なんていうものがなかった時代から、今日ではそうそうつくれないような壮大で美しい建築はいくらでも建てられていた。美しいギリシアやローマの神殿も、あの壮麗《そうれい》なゴシックの大聖堂も、すべて小数のない時代に建てられたのだから。

それでは、小数というのは、建築を建てるのに必要のない知識なのだろうか。それとも、小数があるとないとで、実は、建築の何かが変わったのだろうか。そもそも、私たちが算数だと思っているような内容は、建築にどう関わっているのだろうか。これが、本章のテーマである。というわけで、ここでは「むずかしい」数学ではなく、もっぱら、みなさんが小学校で習った算数の話をすることになる。もう少し具体的にいうと、足し算や掛け算や分数や小数など、私たちがいま、算数だと思っているような内容が、いかに建築の歴史に関わっているかについて見ていきたい。

分数と小数のちがい

分数と小数を知らないという人はいないと思うけれど、分数と小数のちがいについて考えてみたことはあるだろうか？

「分数と小数のちがい」といっても、質問があまりにも漠然としていたかもしれない。そもそも、分数と小数は、同じ量を表すことができる。たとえば、2分の1といっても0・5といっても、あるいは、4分の1といっても、0・25といっても、どちらも量そのものは等しい。これらは、どちらもまったく同一の量を示すから、いってみれば、分数と小数とは、1つの量の別の姿なのだ。

では、まったく同じ量を表せるのだったら、なぜ2つの姿が必要なのだろうか。分数だけでも、あるいは、小数だけでもかまわないのだろうか。

もちろん、そんなことはない。たとえば3分の1は、小数でいうと0.3333333……と続いてしまって割り切れないから正確な数としては記すことができないように、小数と分数には性質のちがいがある。それだけでなく、歴史的に見ると、分数は古くから普及していたのに対し、小数は分数よりだいぶあとに誕生した。ところが、この小数の誕生は、私たちを取り巻く世界を大きく変えてしまった。たとえば、私たちが普段使っているメートル（m）という単位は、小数がなければ今日のような使用はできなかったし、さらには、いま私たちのまわりに普通に建っている建築の誕生にも関わっているといえるのだ。

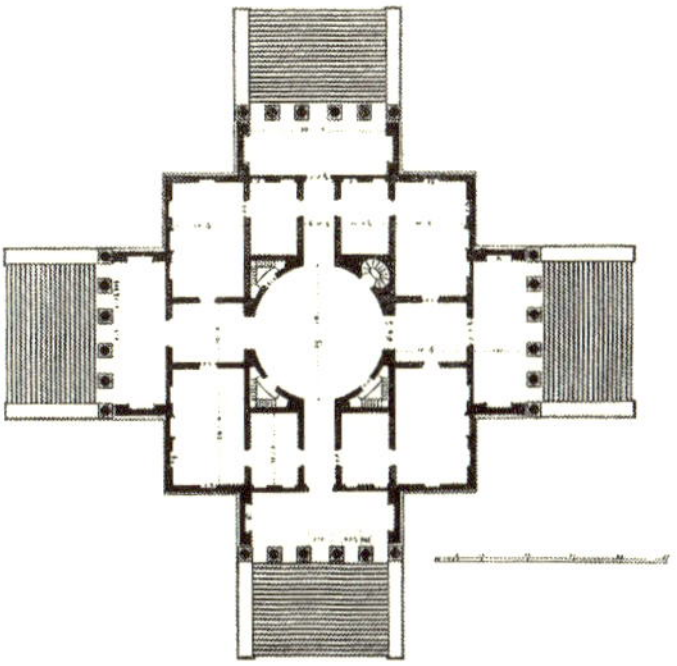

図1　パラーディオ「ヴィラ・ロトンダ」1567年。図2とは補助線の入れ方が異なる

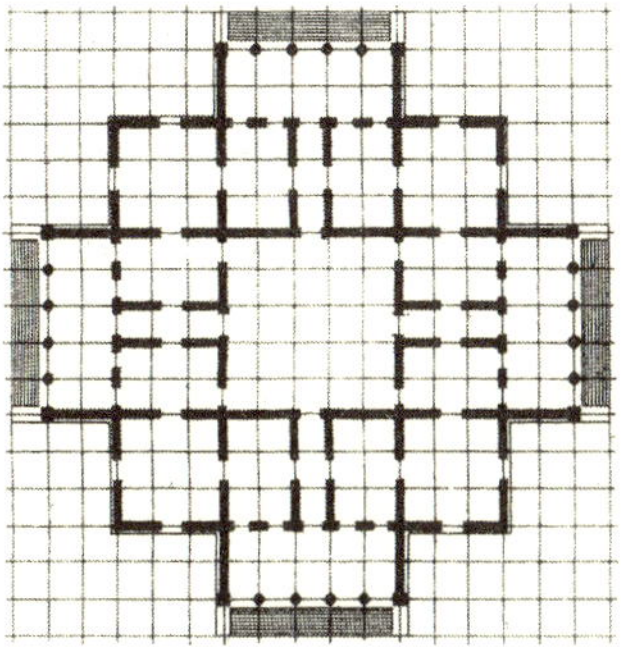

図2　補助線が柱や壁の中心を貫く

2種類の補助線

その話を始める前に、まずこの2つの図を見ていただきたい(図1・図2)。これらはどちらも建築の「平面図」だ。もしかしたらみなさんには、「平面図」といういい方より、「間取り」という言葉の方が、わかりやすいかもしれない。

「間取り」というのは、マンションなど住宅の広告でよく目にするもので、厳密にいえば「平面図」とは意味が少し違うのだが、ここではとりあえずどちらも同じだと思っていい。

図1と図2は、それぞれ、ある建物の平面図だが、この2つの建物の間取りは非常によく似ている。もちろん、それでもまったく同じというわけではなく、階段など、細部にはいくつかちがいもあるが、ただ、いまここで注目したいのは、建物そのもののちがいではなく、もう1つの大きなちがい、すなわち補助線の入れ方だ。

ここで、平面図における「補助線」というものに少し触れておこう。平面図とは、建築の形が描かれているものだが、しばしば「建築そのものの形」ではない線が引かれている。それは、建築本体の形や寸法をわかりやすく指し示すために「補助的に」引かれている線で、その用途によって細かく種類を区別することもできるが、ここではそれらを総称して「補助線」と呼ぶことにしたい。

話を戻すと、要するにこの2つの図面は、建物の平面形は非常によく似ているが、補助線の入れ方はまったく異なっている、ということになる。このことは、それぞれの図面を描いた人にとって、建築の形のとらえ方の何かがちがっているということを意味する。言い換えれば、この図面を描いた人は、形の似ている建物を見ていながら、実は別の方法で、建築を見ていたということになるのだ。

図1を見ると、補助線のところに数字が書き入れられていることからもわかるように、この線は各部分の寸法を示すために引かれている。また、それぞれの補助線は、柱や壁といった建築本体の端部から伸びている。これはどういうことかというと、ここでは、柱の直径あるいは壁の厚みといった「物体」と、柱の間隔などの「すきま」を、つまり、壁なら壁、すきまならすきまを、はっきり区別して計測しているということだ。

一方で、図2はどうなっているだろうか。一見、整然としているようにも見えるこの図面だが、実は、注意深く見てみると、もしここに寸法を書き入れるとしたらやや不自然ともいえることが起きていることがわかる。というのは、この補助線は壁や柱の端部ではなく中心を突き抜けてしまっているのだ。ということは、2本の補助線に挟まれた長さは、壁（や柱）の中心からもう一本の壁（や柱）の中心までの長さを示すことになる。つまり、もしこの図面に寸法を書き入れたとしたら、この補助線によって示される1つひとつの寸法に、「物体（壁や柱）」と「すきま（壁や柱の間隔）」という、2種類の性質の長さがまざってしまうのだ。それってなにか変ではないだろうか。

グラフの上の建築

図2の補助線は、寸法を入れるとしたら不自然にも見えるかもしれないけれど、その一方で、私たちに理解しやすいものでもある。一見して整然としているし、非常に規則的なので合理的にも見える。また、縦と横で垂直に交わっている格子状の補助線は、本数がとても多いので、まるで建物が方眼紙の上に建っているようにも見えると思う。たとえば、数学の授

業で使うグラフの上に建築を建てたら、こんな感じになるかもしれない。

「グラフの上に建築を建てる」だなんて、奇想天外な話に聞こえるかもしれないけれど、もう少し話を続けさせてもらいたい。もし数学のグラフのX軸とY軸の上に空間があるとしたら、みなさんだったらどんなものを想像するだろうか。人によっていろいろちがいはあると思うけれど、おそらく共通するのは、透明で均質で、どこまでも無限に広がっているということではないだろうか。図2に見られる補助線は、そんな透明な空間座標ともいえる。

こういう透明な空間座標の原型になったものが、最初にはっきり描かれたのは、イタリアのルネサンス時代の美術における透視図法《とうしずほう》という技法だった。その基礎はブルネレスキというルネサンスの芸術家が考案したものだ。

図3はレオナルド・ダ・ヴィンチによる下絵だが、これは未完成で、下書きの補助線が見えているからわかりやすい。透視図法での絵の描き方というのは、こんなふうにまず白い紙の上に薄い線でマス目を引いて、人も家具も建物も何もかも、その空間座標の中に描いていくというものだ。まるで、透明なグラフの中に風景を描いていくように。さっき「透明なグラフの上に建物を建てる」という話をしたけれど、まさにそれをそのまま、しかも3次元上で実践しているようにも見える。

図3　レオナルド・ダ・ヴィンチ《東方三博士の礼拝のための遠近法習作》15世紀。床面に多くの補助線が見られる

ここまで読んできたみなさんの中には、「それでは、この透視図法で絵を描いていた時代の人々が、さっき図2で見たような、空間座標のような建築図面を描いたのだろう」と思った人もいるのではないだろうか。たしかに、そうも思いたくなる。画家たちが「グラフの中に風景を描いた」時代に、建築家たちも「グラフの上に建物を描いた」のだったら、話はとてもわかりやすい。ところが、現実はそうではなかった。その時代の建築家たちが描いた建築の図面とは、図1で見たようなものであって、建築の図面において透明なグラフのようなイメージが表されたのは、実際にはずっとあとのことだった。つまり、透視図法の世界では、均質な空間座標が描かれていたというのに、建築の図面では、そうは描かれなかったのだ。それはなぜなのだろうか。

その理由を単純に特定することはできないが、補助線を図2のように引いた場合に、「物体（壁や柱）」と「すきま（壁や柱の間隔）」という、異なる性質の長さがまざってしまうという「不自然さ」も1つの障害だっただろうと考えられる。

というのは、「物体」と「すきま」をまぜるという「不自然」な寸法のとり方は、当時の計測方法では、不可能とはいわないまでも、困難ではあったはずだからだ。

では、なぜ困難だったのか。そこにもいくつかの理由が考えられるのだが、その理由の1つが、その当時は小数がなく、整数と分数しかなかったということだ。

小数のない世界

現在私たちが普通に使っている小数、つまり、1より小さい数を十進法で表す方法は、シモン・ステヴィンという数学者によって『十分の一法』で最初に提案されたが、それは1585年のことだった。ということは、ルネサンスの時代には誕生すらしていなかったし、バロックの時代でも、小数の原型は誕生していたことにはなるが、それでもまだ普及はしていなかった【*1】。

小数がなく、整数と分数しか知らなければ、数を数える方法は、かなり制限されてしまう。当然のことながら、いかに「数を数える」かということは、長さを「測る」という行為に大いに関わってくる。普通、長さを「測る」方法といったら、まず、実際に使用する定規や巻き尺といった道具が思いつくかもしれないが、「測る」という行為に必要なのは、実際の道具だけではない。そこには、「数の数え方」や「長さの単位」がともなう。これは「知的な道具」といってもいいかもしれない。ここからは、この「数の数え方」や「長さの単位」という2つに注目して、長さを「測る」という行為における知的なプロセスを、さらに掘り下げて考えていきたい。

まず、小数のない世界がどんなものなのか、想像してみよう。現代の私たちは、小数というものにすっかり慣れているが、もし小数がなかったら、その世界は非常に不自由だ。

たとえば数直線があったとして、小数がなく分数しかない場合、「1」と「2」の間には、1+1/2（1.5）があり、1+1/5（1.2）があり、そしてその間には、1+1/4（1.25）がある。

たしかに、これくらいなら大小関係もすぐに見分けがつく。

しかし1+1/5+3/50（1.26）となると「1+1/4（1.25）とどちらが大きいのかわかりにくいし、そもそも、こんなやり方で数をとらえると、数直線の持っている「均質性」や「連続性」といった性質が、失われてしまうような感じがしないだろうか。

実は、そもそも、数を「連続したもの」とみなす見方自体が、小数の誕生と無関係ではない。ステヴィンは、数が連続した量であることを述べたが、その考え方もまた、それ以前の数学者たちとは異なる新しいものだった。数を連続体としてとらえる考え方も、小数とともにステヴィンから生まれたのである。

もちろん、私たちの生きている世界は数直線上ではないけれど、家の中を見ても外を見ても、周囲には連続した空間が広がっている。小数がない世界では、周囲の何もかもを1つの単位で測ろうとしても、ちょうど割り切れないという不便が生じてしまうだろう。では、当時の建築家たちはどうしたのか、具体的に見ていこう。

メートルが使われる前の単位

みなさんも知っている通り、かつて単位とは国や地域ごとに異なっていた。たとえば、日本では「尺」や「寸」という単位があったし、「フィート」や「インチ」という単位も聞いたことがあるかもしれない。イタリア半島ではルネサンス時代に、「ブラッチョ（腕）」や「パールモ（掌《てのひら》）」という単位が使われていた。ところが、当時の建築の本の中では、必ずしもいつもこれらの単位が使われていたというわけではない。当時の著名な建築家パラーディオなどは自分の本の中で次のようにはっきりと述べている。

「特定の絶対的尺度、すなわち、いくつかの都市に特有な尺度、例えば、ブラッチョとか、ピエーデとか、パールモなどを用いないようにした。これらの尺度が都市や地方がさまざまであるように、さまざまであることを知っているからである」

そういう理由で、パラーディオを含めてルネサンスの建築家たちは、自身の著作においてはしばしばモードゥロ（またはモドゥルス）という単位を用いた。モードゥロの長さは、その建築家によって異なる。私たちにとってのメートルのような単位とのもっとも大きなちがいは、「モードゥロ」の長さはあくまでもその建築の一部の長さ（多くの場合は柱の直径か半径だがそうでないものもある）からとっているということで、つまり絶対的な長さを示していないことだ。「建築のある一部分の長さ」を単位とすることは、小数がなかった時代には、とても都合がいいものだった。

というのは、当時は、「目に美しい形は耳に美しい比例から生まれる」という考え方があったので、建築家たちは、建築の各部分に、協和音のような単純な整数比を使うように努力していた。もちろん実際には、必ずしもいつも実現できたわけではないはずだが、本では理想的な例について紹介されるものだ。そうすると、理想的な建築とは、つまり各部の長さの比が単純な整数比になっているような建築であるから、その場合はどれか適当な長さを選べば、

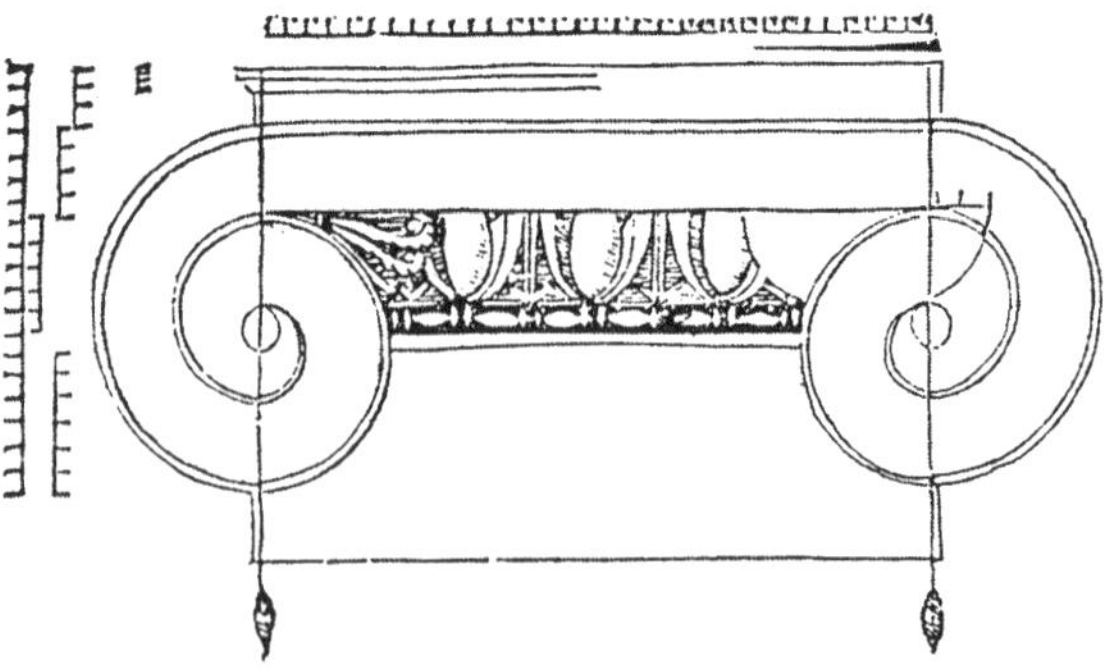

図4　レオン・バッティスタ・アルベルティ『建築論』（1485年）のイオニア柱頭を図化したもの。最も左の小さいメモリが1モドゥルスを示す

他の長さを示す単位として使うのに都合がいい。なぜなら、比例がきちんと成り立っていれば、ちょうどきれいに割り切れることも多く、小数を使わなくても分数で十分にことが足りるからだ。

さらに、著者によっては、それが単一ではなく、複数の異なる長さを意味していることもあった。たとえばアルベルティという建築家の場合、同じイオニアでも柱礎《ちゅうそ》（柱の一番下の部分）の高さを16分割したものも、モドゥルスという、同じ名前で呼ばれている。しかしこれは柱頭のところで使われていたモドゥルス（図4）とはまったく別の長さだ。それぞれの「モドゥルス」は、一方は柱頭、つまり柱の上部付近の長さを規定する際に使われ、もう一方は柱礎、つまり柱の根本付近で使われる。このようにそれぞれ用いる箇所が限定されているから、一応、問題ないといえばないのだけど、それでもなんだかややこしい。

もう1つ、現代の私たちから見て、不自然とも思われる表現がある。

基本的には、柱の直径あるいは半径を基本単位として、その長さを割ったり掛けたりして、それぞれの長さを決定していく。たとえば、○は○の半分とか、○は○の○倍とか、そういった具合だ。ここで使われているのは、主に簡単な掛け算と割り算だが、細かい微調整が必要になってくるときに「AはBよりその1/a大きい（あるいは1/a小さい）」という表現がしばしば用いられる。

これも現代の私たちから見たら、ちょっと奇妙に感じられないだろうか？　そんな細かい計算プロセスなんてぜんぶすっとばして、ダイレクトに「数値」だけを教えてもらった方がよっぽどわかりやすい。

長さを数値で表す

長さを「数値」で統一的に表す方法を最初に採用したのが、ヴィニョーラという建築家だった。彼は『建築の五つのオーダー』（1562年）という本で、すべての部分を1種類の長さ単位を基準として寸法を定めている。そうすることによって、すべての部分の長さというのは「数値」として示すことができるようになり、図には実際に数値が書き込まれている（図5）。

ここで大事なことは2つある。

図5　寸法が数値として記入されているヴィニョーラによるイオニア柱頭の詳細図

まず1つ目は、単位が1つに統一されたということだ。もし単位が統一されていなかったら、長さを「数値」で書いたとしても、それぞれの長さは単純に比較できないから、結局、意味をなさない。

わかりやすい例で説明しよう。たとえば、同じ図面の中に、「2」という数字が3カ所あったとする。ところが、1つは2センチメートル（cm）で、もう1つは2インチで、もう1つは2寸だったりしたら、同じ「2」であっても、その長さは単純に比較できないし、余計に混乱するだけだ。

つまり、数値で表すという表記方法の前提として、単位を統一することが必要となってくる。このように、「数値で書くこと」と「単位を統一すること」は、表裏一体の関係にあるのだ。アルベルティのように「モドゥルス」という単位が、同じ名前なのに、使われる場所によって長さが異なるという問題もなくてすむ。さらに、「数値」で書くことによって、各部分の長さの大小関係が一目でわかるようになる。

長さを数値にする意味

もう1つ大事なことは、「数値」で書くことによって、先に見たような問題、つまり、1つひとつの長さを知るために、いちいち、1/6を足すだの、1/aを引くだのと、面倒な計算をしなければならなかったという問題も解決するということだ。これはつまり、「足し算」や「引き算」をやめて、全部「掛け算」にしたということだ。

ここで、ちょっとした「算数」の勉強をしてみることにしよう。

ある長さLに対し、その「1/5を加える」ことと、その長さLを「6/5倍する」こととは結果的に等しい。同様に「1/5を減じる」ことと「4/5倍する」ことも同じだ。

つまり、このように「+1/a」という「分数の足し算」や、「－1/a」という「分数の引き算」によって表される関係は、1回の「掛け算」として書き換えることができる。計算プロセスを省略して、ダイレクトに「数値」として書くということは、「分数の足し算」や「分数の引き算」を、「掛け算」に書き換えることなのだ。こうすることによって、1つひとつの長さは数値として書くことができる。さらにいえば、そもそも単位を用いている場合には、1つひとつの「数値」は必ず「掛け算」によって「単位」と結ばれている。

建築家のヴィニョーラは、こういう方法への第一歩を踏み出したといえるのだが、ただ、当時はまだ「メートル」という単位はなかった。

メートルの話

では、そもそも現在の私たちが使っているメートルとは何か。

これは「パリを通る子午線の北極から赤道までの長さの10^7分の1」の長さで、18世紀に、世界共通の長さ単位にするために定められたものだ。つまり、「フィート（足）」や「ブラッチョ（腕）」が人体を基準としていたのに対して、「メートル」は地球の大きさを基準としている。だから、メートルによって長さを測るというのは、実質的には地球の大きさと比較しているのと同じことになる。もっとも、1960年に1メートルは「クリプトン86原子の準位$2p_{10}$と$5d_5$との間の遷移に対応する光の、真空中における波長の1650763・

73倍に等しい長さ」と再定義され、さらに1983年には、国際度量衡総会によって、「1秒の2億9979万2458分の1の間に光が真空中を伝わる行程の長さ」と定められた。

こうなってしまうと、もう普通の人には何のことやらさっぱりわからない。しかし、だからといって、私たちがそれで何か困るということもない。なぜなら、そもそも私たちの日常生活では、「メートル」の定義が何だったか意識する必要はないからだ。

メートルとは私たちにとって何か。それは、光波の速度でもなければ地球の大きさでもない。それは現実世界のモノとは関係ない、モノから切り離された「抽象的な量」だ。

空間座標とメートル

ここでもう一度、最初に見たあの2つの平面図に戻ろう。

かたや図1では補助線は「物体」と「すきま」とを区別しており、かたや図2では補助線は「物体」と「すきま」とを混在させていたという話を思い出してほしい。

図2では、平面図の各柱の中心に基準線が引かれ、柱の中心から中心までの距離が示され

ており、つまり、建築の「物体」と「すきま」とは独立して、それらを計測する空間座標が存在していた。それでは、そのような図面によって表される世界において、長さを計測するのにふさわしい単位とは何だろうか。

それは、モノからは独立した抽象的な単位だろう。

実は、この図面を描いた19世紀の建築家デュランは、「抽象的な空間座標」と「抽象的な単位」というこの2つを、見事に使いこなしている。ルネサンスの頃のように、小数がなく分数しか使われていない場合、すべての寸法をメートルという単位だけで測るのは、かなりややこしくなってしまうだろう。そこでは「物体」と「すきま」をきちんと区別して、それぞれの長さがちょうど割り切れるような単位を使うのが都合がいい。

一方、19世紀にはすでに小数も普及していた。小数を使えば、あらゆる部分を統一した単位によって計測することもずっと簡単になる。だから、建築の各部の長さの間に整数比が成り立っている必要もない。比例の拘束から解放されて、まったく自由に寸法を決めることができるのだ。彼が描いた図面には、「物体」と「すきま」という区別からは独立した「抽象的な空間座標」があったが、それは長さをモノから独立した「抽象的な量」として計測する世界観に一致しているのだ。

20世紀を席巻した空間モデル

いま見てきたような抽象的な空間座標は、その後、20世紀の建築において決定的な空間モデルとなった。20世紀という時代を代表する建築の数多くは、抽象的な空間座標に見られる、均質と無限という2つの空間イメージをもとに生み出された。

この章の最初の方で、グラフのX軸とY軸の上に建築を建てるという話をしたが、ここでさらにZ軸も加え、3次元の透明な空間を想像してみよう。そのXYZ軸の空間に建築を建てるとしたら、どのような建築になるだろうか。たとえばそれは、「宇宙空間に立体格子の座標をかけ、すべての位置から場所的な特性を消去した建築」(原広司『空間〈機能から様相へ〉』岩波書店、1987年)のようなものになるのではないだろうか。

これだけ読むと、そんな建築は単なる空想の世界の話に思えるかもしれない。しかし、こういう空間イメージを実現しようとした建物は、実際に私たちのまわりにもたくさん建てられている。たとえば、都市に建つオフィスビルのようなものを想像してもらえばわかりやすいだろう。建物はすべてガラスに覆われていて、屋内と屋外は薄いガラス1枚で仕切られている。さっき示したグラフ上に描かれたような透明な座標空間は(112頁)、この建物の中にも外にも無限に広がっていて、さらに、その空間の質というものはどこも均質であるから、そのように建てられた建築とそれを取り巻く空間においては、「ガラスの外皮は、たまたま設けられた外界との境界にすぎ」ないということになる。

興味深いのは、このような空間イメージとは、単なる物理的な空間の特性を示すにとどまらず、もっと深い意味を持つという考え方もあることだ。続けて原広司の言葉を借りれば、「均質空間は建築的発見であったばかりか、近代社会の要請《ようせい》が生んだ空間形態、近代の文化が必然的に生み出した空間概念ではないだろうか」という。つまり、このような空間とは、それぞれの実際の土地が持つ、気候や歴史といった場所の固有性から、いったん切断するところに表れる均質空間なのだ。みなさんもそういう透明な空間というものを、何となく想像できるかもしれない。

しかしよく考えてみれば、本当は、そんな空間は実際にはこの世のどこにも存在しない。なぜなら本当に均質な平面は、少なくとも地球上にはどこにも存在しないからだ。でも、想像することはできる。だから、唯一、存在するとしたら、それは私たちの頭の中だけだ。それが、いわば世界観というものだ。

私たちの世界観を変える算数の広がり

人間の空間観とは、決して普遍《ふへん》的ではなく、時代によって、あるいはその社会に備わる文化によって異なる。逆にいえば、私たち1人ひとりが持っている感覚というものも、決して「自然」なものでもないし、普遍的なものであるはずもない。だからこそ、私たちは常に自分に見えているものを疑ってみなければいけない。なぜなら、私たちは、普段決して「自然」な「普遍的」な見方で、ものを見ているということはなく、必ず無意識のうちに何らかの世界観を通してしかものを見ていないからだ。

そして、その世界観を支えているのは、様々な社会状況であり、宗教的な思想であり、技術的な知識であり、「算数」の授業で習うような考え方でもある。小数や割り算といった算数の範囲が、私たちの世界観の形成とも関係してきていることがわかっただろうか。中でも、小数の誕生というのは、建築やそれを取り巻く世界を、ほんの少しだけ、それも、小さな見えないようなやり方で変えている。いや、もしかしたらそれは「小さなちがい」なんかではなく、私たちの世界観を根本的に変えてしまった「大きなちがい」だったといってもいいのかもしれない。なぜなら、まさに、この小数とともに、数を連続なものとしてとらえる見方が生まれ、それは近代の建築空間が目指した透明で均質な空間概念と切り離せないものだからだ。

そういう意味でも、「算数」は、私たちの空間認識の根幹に関わっている。だとすれば、当然、建築とも無関係ではありえない。建築をつくるということは、人間の空間認識を具現化することでもあるのだから。

【註】

【＊1】カルポによると、建築理論書で最初に小数が用いられたのは１８５４年だった（Mario Carpo, *Drawing with Numbers*, Journal of the Society of Architectural Historians, 62: 4, December, 2003, pp.448-469）

【出典】

図1 Ottavio Bertotti Scamozzi, *Le Fabbriche e i Disegni di Andrea Palladio*, 1778（邦訳：オッタヴィオ・ベルトッティ・スカモッツィ『パラディオ図面集』長尾重武編、中央公論美術出版、１９９４年）

図2 Jean Nicolas Louis Durand, *Précis des Leçons d'Architecture Données a l'École Royale Polytechnique*, 1819（邦訳：ジャン・ニコラ・ルイ・デュラン『建築講義要録』丹羽和彦・飯田喜四郎訳、中央公論美術出版、２０１４年）

図4 Leon Battista Alberti, *L'Architettura*, F. Franceschi, Venetia, 1565, repr., A. Forni, 1985

図5 ジャコモ・バロッツィ・ダ・ヴィニョーラ『建築の五つのオーダー』長尾重武編、中央公論美術出版、１９８４年

国語

建築と言葉は
切っても切れない

坂牛 卓

教師をしていて思うこと

1　卒論がわからない

日建設計をやめた18年前、僕はいくつかの大学で教え始め、２００５年から信州大学の助教授となり研究室をもって卒業論文の指導をするようになった。卒業論文は４年生になって１年かけて行う研究である。一般に前期は資料を集め、後期にそれを分析して文章、表、写真などを駆使して１つの研究としてまとめる。学生たちは10月くらいまでには研究の大枠を決め、本文を書き始める。それと並行して梗概《こうがい》（要約）もまとめる。論文はＡ４、50枚くらいの分量で、梗概はＡ４、２枚である。本文を先に書くか、梗概を先に書くか決まりはないが、僕は本文の設計図ともなるので梗概を先に書かせている。そして大学に提出する締め切りの１カ月くらい前に最初の梗概を発表してもらうのだが、これが毎年頭痛の種である。彼らの書いている文章が理解できない。Ａ４、２枚の文章が日本語になっていないのである。

2　卒業設計がわからない

信州大学では卒業するためには卒業論文を書くか卒業設計を行わなければならない。どちらをとるかは本人の自由である。僕の研究室では7割くらいの学生は設計を選択していたと思う。設計をする人はまずその設計の考え方（コンセプト）を練らなければならない。このコンセプトを練るという作業はなかなか時間がかかるものである。4月から始めて冬までその作業をしている学生も多い。建築は実際に形を作ることにも増して、その前段階の作るものを言葉で考えるところにも時間がかかるのである。そしてやっとできたコンセプトの説明を受けてもよくわからないことが多々あって愕然《がくぜん》とする。

3　エントリーシートがわからない

研究室の学生はほぼ全員大学院に進み、そして1年の終わりころには就職活動を始める。現在のシステムでは、学生はまず各企業のホームページにアクセスして就職の意志があることを提示し、エントリーシートという志望動機書を書く。時折そういうシートの書き方を相談される。さすがにこれは卒論ほど話が複雑ではないので言いたいことはおおむねわかるのだが、文章があまりに稚拙《ちせつ》で目を覆《おお》いたくなる。僕が審査員ならまず隅っこの方に寄せておくだろうと思わせるようなものばかりである。この文章1つで一生を棒に振るのではと心配になるものが多いのである。

こうして大学で教え始めて数年、学生の書いたもの、話すことを理解できずかなり当惑《とうわく》した。そして日本の建築教育において様々な意味で言葉がないがしろにされていると思うに至った。文化勲章を受章した建築家村野藤吾は新入社員に「国語ができること、掃除ができること」を求めたそうだが同感である。

高校時代

1 現国はつまらない

少し高校時代を振り返ってみよう。僕は現代国語を真面目に勉強していたのだろうか？否である。どうも中学校の時からこの科目には辟易《へきえき》していた。一番参ったのは試験によく出てくる登場人物の心理分析問題である。その時その人がどういう気持ちだったのかという問いである。もちろん常識的な読みからするとこうあるべきという解答があるだろうことは理解できる。しかしそう書かないと間違いとされる採点基準がおもしろくなかった。僕はこの現

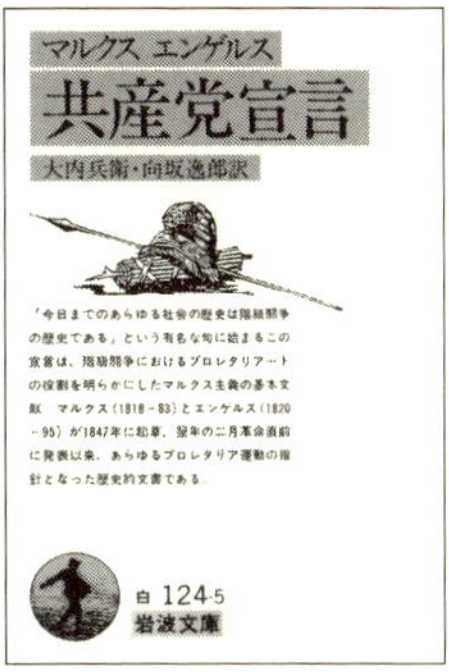

マルクス、エンゲルス『共産党宣言』大内兵衛・向坂逸郎訳、岩波文庫、1951年

マルクスで最初に読んだのは『共産党宣言』である。父親のすすめだったのか、薄くて読みやすそうだったからなのかその理由は覚えていない。冒頭の一句「ヨーロッパにはお化けが出ます」は印象的だった。

坂口安吾『堕落論・日本文化私観　他二十二篇』岩波文庫、2008年(初出:『新潮』第43巻第4号、1946年)

坂口安吾論を書くにあたり彼の本を片っ端から読んではみたが、何が自分に残っているのかよくわからない。とりあえず『堕落論』が最も坂口らしいテキストだった気がする。

代国語の不自由さに腹が立ち、教科書を読む気にはなれず勝手に自分の好みの本を多読していた。

2　評論って何？

そのころたまさか1人だけ僕の納得のいく国語の先生がいた。この先生は試験をせずレポートを提出させた。今でも覚えているのは「坂口安吾論」を書けというもの。○○論とはいったい何か？上述したようなありきたりの現代国語の問いに慣れきった頭には○○論は難解だった。天才的な文学少年は400字詰め原稿用紙に数百枚以上書いて次の年からレポート枚数の上限を作らせた。凡人《ぼんじん》の僕は評論とは何かを知りたく、今まで勉強のことで相談などしたことのなかった父親に評論とは何かを問うた。その時父親はかなり丁寧に説明をしてくれたのだが、何を言われたかは覚えていない。一方で父親の書斎にある本には注意が向いた。そしてこういう本の中に答えがあるのではと勝手に思い込み、そこに並んでいる、マルクス、ヘーゲルなどの哲学の本を読み始めるようになった。これがきっかけとなって僕は学問の基本を少しずつ理解するようになった。「坂口安吾論」を書かせた教師には頭が下がる。

3　藝大に行きたい

さて高校2年生のころ進路を決めるにあたり、僕は小さいころから続けていた音楽をやるか、それとも陶芸をやるかと考えた。いずれにしても藝大に進みたいと思っていたのだが、大学を出たら即座に自立せよという厳格な父親は、音楽も陶芸も食えないからという理由で、それらを将来の糧《かて》とすることを許さなかった。そこでしかたなく、陶芸の代わりに、使えるアートとして建築を学ぼうと思い立った。担任の先生に相談したところ、先輩に相談に行くことをすすめられた。行った先は象設計集団という建築の設計をするチームの代表格である富田玲子さんのところだった。富田さんたちのアドバイスは建築家のいる大学に行きなさいということであった。そしてその時あがった1人の建築家が篠原一男であった。彼らは篠原一男をあげたものの「変わった人だよ」と付け足した（ような気がする）。というわけでなんだかおもしろそうだと思い、篠原一男のいる東京工業大学に進むこととした。

大学時代

1　大学の教育

大学に入って3年生になり、建築学科のメインの授業である設計製図の指導を篠原先生から受けることとなった。先生は外部から一流の建築家を招き共同指導をされた。その先生方は今思えば大変贅沢《ぜいたく》なメンバーだった。我々の代では伊東豊雄、香山壽夫、倉俣史郎、磯崎新、大高正人の5人がいらっしゃった。

篠原一男という建築家は自らの設計において言葉を大変重要視する人であった。『住宅論』などの著書の中で過激なアフォリズムを発信し、当時

篠原一男『住宅論』鹿島出版会、1970年

篠原一男の住宅論は建築家の書いた建築論としては最も長く読まれている本ではないだろうか？　その理由はこの文章が論理的である以上に人間の本能的欲求を見事に活写しているからだと思われる。

の多くの学生を魅了《みりょう》していた。よって先生の批評は作品の造形に対してだけでなく、作品を説明する学生の言葉に向けられることが多々あった。それは篠原先生だけでなく、上記5人の建築家、インテリアデザイナーも同様であった。彼らはそれぞれ建築界の論客であり、コンセプトの意味や論理性などについて厳しく評価を下していた。

篠原一男は言葉に対してエキセントリックなほどに敏感な建築家である。一方、当時の建築家たちは多くを語らず、技を盗めと言わんばかりの方も多かったと思う。その意味では言葉は必要不可欠なものではなかったかもしれない。しかし現代の大学の建築学科では篠原先生とは少々違う意味ではあるが、作品を説明する能力は不可欠である。僕が信大時代に感じたように何を言っているのかわからないような言語能力では大学はもとより、社会に出てからも建築家として使い物にならない人となってしまうのは明らかである。

2　真っ赤になった卒業論文

大学4年の時、僕は篠原研究室に入るのをやめ、西洋建築史を学ぶためにデイビッド・スチュワート先生に指導を仰ぐことにした。スチュワート先生は東工大で英語および西洋建築史を教えられていた。先生は日本語をほとんど話されないので僕らはひたすら英語の勉強をすることになった。週7日、大学か英語学校でとにかく英語を詰め込んだ。そうしてやっと身に付けた英語の力を駆使して書き上げた論文は約3回スチュワート先生に真っ赤にされた。愕然としながらもなんとか3回書き直した。この時に英語の文章とはこう書くのかというおぼろげなイメージがつかめた気がした。

スチュワート先生のもとでは僕を含めた3人がル・コルビュジエの論文を英語で書いた。それを知った日本の建築雑誌『a+u』がコルビュジエに関する連載の機会を与えてくれた。そこで3人は隔月で5回ほど連載を行った。見開き2ページの原稿にひーひー言い、スチュワート研で助手をしてくださっていた元東工大教授の篠野志郎先生に文章を見てもらった。もちろんここでも草稿は真っ赤になった。大岡山の当時の篠野先生のご自宅で明け方まで文章指導をしていただいた。かくのごとく僕の日本での建築修業は実に言葉の修業だったと言っても過言ではなかったのである。

『a+u』1984年2月号

5回の連載「建築家を読む」では近代建築のパイオニアであるル・コルビュジエの反近代的側面を書こうと頑張った。そのために世界中のル・コルビュジエ論を集めて読みまくった。

3　アメリカの大学教育

大学院の2年生になって僕は大学を休学してカリフォルニア大学ロサンゼルス校に留学することにした。スチュワート先生のところで論文を書き、ゼミで鍛えられたおかげで文部省（当時）の給費留学生試験に合格した。アメリカの大学は9月から始まるのだが、2月からUCLA語学学校に通った。そこで得たかけがえのない教えは作文の技術だった。日本の初等中等教育でも作文は書かせるが、おおむね自由作文である。文章術の定型を教えることなどない。一方アメリカでは基本形を徹底して教えるのであった。パラグラフとはいくつのセンテンスで作るべきであり、パラグラフの最初のセンテンスはトピックセンテンスと言って、そのパラグラフで述べることが一言に要約されていなければならず、パラグラフいくつで文章全体を作るなどの厳格なルールを教えられた。そしてそのとおり書く練習を繰り返しやらされた。その文章の作り方は留学中を通してレポートを書くときの基礎となったし、帰国後の日本語を書くときのルールにもなった。

アメリカにおいて学んだもう1つのとても重要なことは書いたり話したりするうえでの論理性である。このことは僕が言うまでもなく多くの人が語るところでもあるが、僕が感じたことはとても単純なことである。イエスなのかノーなのか、主語が誰なのかを明確に表明するということである。いまだに日本において学生と話していて頻繁《ひんぱん》に思う。で、あなたは賛成なの？　反対なの？　それはあなたの意見なの？　誰の意見なの？　というようなことである。

社会人となって

1　書く力

大学を出て就職をした先は日建設計という大きな設計事務所だった。我々はもちろんスケッチの真似事《まねごと》のようなことをやらされていたが、それは練習のようなものでまだ戦力として期待されていたわけではなかった。その意味で最初に責任をもってやらされたのは打ち合わせ記録を書くことだった。施主《せしゅ》との打ち合わせ内容を議事録にまとめる作業である。これが学生時代同様、結構赤を入れられて返された。次にやらされたのは当時の副社長林昌二さんの命で礼状を書くことだった。どこかに見学に行ったらその相手に礼状を書くというものである。これは難しかった。単に正確であればいいというものではない。少々気の利いたご挨拶の言葉も必要だし、その時々の季節感も求められた。今は亡き林昌二さんは建築の達人であると同時に文章の達人でもあり、礼状はやはり真っ赤になった。林さんには建築はもち

阿川佐和子『聞く力』文春新書、2012年

インタビュー術をつづったハウツー本は数多くあるが、その中でもこの書はとても参考になる。阿川さんの本音が素朴に語られているからだと思う。

林昌二『建築に失敗する方法』彰国社、1980年

入社して数年後、林さんからじかにこの本をいただいた。林さんの文章にはどこか毒があった。やさしい言葉で社会を批判的に語る語り口に魅了された。

ろん、上述のとおり書くことを教わり、そしてプレゼンテーションのやり方を教わった。林さんが最も注意を払ったのは話す順番だった。それは論理性にかかわることである。論理的ではないプレゼンには容赦のない叱りの言葉が飛んでいた。

2　聞く力

大学で教える建築と社会に出てから行う建築の一番大きな違いはクライアントと施工者の有無である。よく言われる話だが、いい建築ができる確率は1000分の1で、その理由はいいクライアントがいる確率が10分の1、いい建築家がいる確率が10分の1、そしていい施工者がいる確率も10分の1だからである。建築は建築家1人で作るものではないのである。

では、いいクライアントがいて、いい施工者がいて、仮にあなたがいい建築家だとして、即座にいい建築ができるかというとそうでもない。あなたがいくらいい建築家だとしても、あなたがクライアントから的確な要望を聞き出して、そして設計したものを的確に施工者に伝える能力がなければ、いい建築にはならないからである。つまり、いい建築を作るには人から話を聞く力が必要であり、人に話を伝える力が必要なのである。建築の能力があるのに建築家になりきれない人の多くは聞く力と伝える力が欠けているからだと思われる。阿川佐和子のベストセラーに『聞く力』という本があるけれど、この本がこれほど売れているのは世の中においていかに「聞く力」が重要かということの証しなのである。

独立時代

1　文学部で建築を教える

日建で13年勤めたあと僕は独立した。それと同時にいくつかの大学から非常勤講師の依頼を受けた。その1つとして東京大学の文学部で建築を教えるというおもしろい体験をした。それは文学部美学科が主催する授業だった。高校のころから哲学を独学で少々かじっていたのと美学の教授が高校の先輩だったことが重なりこういうチャンスに恵まれた。そして、そこで教えながら質問やらレポートに書かれている内容を精査する中で自分はますます文学部建築学科みたいな人間へと変貌《へんぼう》した。つまり以前にもまして建築における言葉の重要性を認識するに至ったのである。

2　言葉と建築を翻訳する

東大で僕の授業を聞いていた数名とその後勉強会を開くようになった。ある時翻訳でもやろうかとみんなで決意して本を選び、鹿島出版会に出版のお願いをし、快諾していただいた。選んだ本はロンドン大学バートレット校で美術史を教えるエイドリアン・フォーティーの『言葉と建築（Words and Buildings）』という本であった。この本は第1部と第2部から構成されており、第1部では建築を創作していくときに使われている言葉はいったいどこからやってきたのか？　科学、言語学、医学、社会学など、その出自をひもといている。第2部ではより具体的に近代建築を作りあるいは語るうえで頻繁に登場する単語、「空間」「機能」「構造」「形」など全部で18の言葉をとりあげ、それらがいつから建築の分野で使われ始めたのか、どの分野から借りてきた言葉なのかを明らかにしている。つまり、これらの言葉は近代より

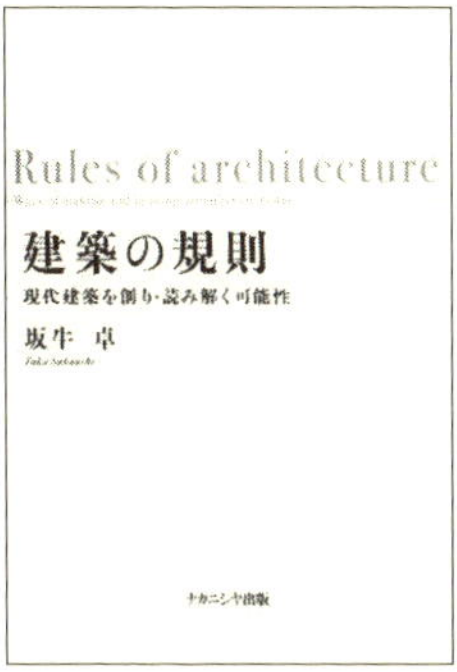

坂牛卓『建築の規則』ナカニシヤ出版、2008年

この本は僕の博士論文の要約版である。建築とは質料、形式、関係から派生する９つの原理を必然的に思考するということをつづったものである。

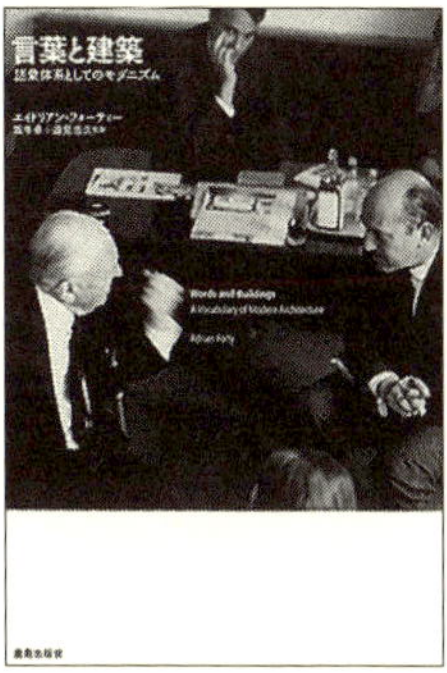

エイドリアン・フォーティー『言葉と建築』坂牛卓・辺見浩久監訳、鹿島出版会、2005年

著者エイドリアン・フォーティーと日本でお会いしたとき、「よくこの本を日本語にできましたね」と驚かれた。美術史、建築史、社会学、言語学などを専門とする方々と共同で作業できたことでこの本の翻訳は可能となった。

前には建築においては使われていなかったのである。たとえば僕らが今普通に使う「機能」という言葉は近代より前には使われず、それは建築に不要で、そういう概念がなくても建築は作れたのである。それはさらに言い換えれば、近代より前においては「機能」の重要性は低かったということである。

現在僕らはここに登場する18の言葉に価値を置き、そうした概念に縛られて建築を作らざるを得ない状況に置かれている。しかし時代が時代なら、そうした概念は建築を規定する力をもっていなかった。そう考えると、常に新たな未来に向かってものを創る建築家は自らを縛る概念の妥当性を疑ってかかる必要がある。それらは時代とともに変化するのだから。そして、そうした概念の中に現代においてはもはや不要と思われるものがあれば丁寧に取り除くことで新しい建築が可能となるのである。その意味で言葉、概念に敏感であることは建築家としては必須のことなのだと、この本を翻訳しながら痛感したのである。

3　日本の建築教育を思う

これは最近の話であるが、知人の紹介で僕のところにコーネル大学で建築を学んだ若い日系アメリカ人建築家がやって来た。拙著『建築の規則』の英訳の可能性を尋ねに来られたのである。彼は丹下健三、磯崎新、メタボリズム以降、日本からのまとまった建築言説が世界にほとんど発信されていないことを嘆いていた。その理由は、まずは発信するモノがないということと、仮に発信されていても読むあるいは聞くに堪《た》えるものがないからだという。たとえば、とある著名な若手の建築家が海外でインタビューを受けそれが発信されたのだが、あまりに非論理的で聞いている方があきれたという。あるいは海外の建築ホームページに多くの若い建築家の写真や文章が掲載されているのだが、文章の（英語の良し悪しはおいておいて）内容が稚拙なので作品全体の質が問われるというのである。

建築は造形であると同時に言葉なのだと僕は再度思わざるを得なかった。建築は1つの強い論理であるはずなのだが、日本では相変わらず以心伝心でふわふわとしたあやふやな言葉の戯《たわむ》れを通してしか説明しない。論理があやふやなことと、あやふやなことを論理的に言うことは異なる。そうした理解不足の責任の半分は学生にあるのだが、もう半分は教育にもある。入学するのに国語も歴史も学ばなくてもいい建築学科はたくさんある。加えて、中高の国語教育では最も論理性を必要とする作文をきちんと教えない。

エンジニアになる人は数式という言葉よりはるかに論理的なツールをもっているので現行の教育でもいいだろう。しかるに、そうしたツールを使わないで建築を作り説明しなければならないデザインや歴史を学ぶ人間が国語も英語も歴史も使えない（加えてそっち系の学生は数理系にひどく弱い。つまり言語的にも数理的にもひどく非論理的）とするならば、戦場に裸で行くようなものである。

グローバル化する世界の中で感覚的な素振りだけで生きる人間となることに意味はない。そもそもそういう類《たぐい》まれな才能をもっている人はほとんどいない。世界と対峙《たいじ》するうえで必要なことは創作力に加え、言葉の発信力である。

さて長々と書いてきたが、僕の建築人生を振り返ると、言葉教育を大学時代にたっぷり受け、そして働き始めて仕事上言葉を書く、話す、聞くがとても重要だと知ることになった。さらに『言葉と建築』という本を訳しながら、建築の創造においても言葉はとても重要な役割を担っていることを痛感し、グローバル時代にますます建築を語る言葉の必要性を実感しているのである。そうした時代に、冒頭記したとおり、今どきの学生は言葉に弱い。理工系大学の建築学科に入るために理系の勉強をしてはくるが、人文系の学力が低い。でもそうした知識の偏りはのちに自分を苦しめる原因になることを知っておいた方がいい。そして大学で学ぶ学問を決めるときに、建築の設計をしていきたいと思うのなら国語や社会が好き、あるいは本を読み、文章を書くのが苦にならないかどうか自問自答してみた方がいいのかもしれない。またすでに大学に入学して建築を学んでいる人であれば今からでも遅くはない。本を読んでほしい。論理的な言語の思考能力を身に付けてほしい。建築と言葉は切っても切れない関係にあるのだから。

家庭

住み手の視線で
建築を考える

斉藤 理

「家庭」の主体は住み手

建築の分野と実際の暮らしの間を取り持つのが、この「家庭」の領分《りょうぶん》である。

簡単に言うと、物体としての「家屋(house)」を、人々の暮らしに適した快適な「家庭(home)」に変えていくためのプロセスが「家庭」の領域、こうイメージすると合点《がてん》がいくのではないか。住宅の図面を引いて、トンカントンカンと建ち上げ、いよいよ完成、というところまでが建築家の仕事だとすれば、それ以後はいよいよ「家庭」の出番だ。

その主体はほかならぬ「住み手」ということになる。住み手がずっと心地よく暮らせるように、いかに家屋の性能を最大限活用し得るか、これを色々工夫していかなければいけない。当たり前のことだが、設計・建設に要する期間よりも、その後の「暮らし」の方が比べものにならないほど長期間にわたるだけに、私たちは「家庭」の詳細を知ることを侮《あなど》ってはいけないし、私たちにとってきわめて身近なテーマだけに、逆にこの探求の面白さを知ってしまったら、日々の暮らしを格段に面白く、創造的にすることができるだろう。

では、「家庭」をどのように学んでいったらよいのか、じつに簡単に始められるヒントを順に示していこう。

住宅に関わる折込チラシをじっくりと眺めてみる

まずは、今朝、新聞受けに入っていた朝刊の折込チラシを手がかりに考えてみよう。住宅に関わる広告。不動産やマンション、建売住宅など様々だが、その個々の間取りを見ると、おそらくは、リビングがその中心にあって、陽光を浴びることができるよう南面している、こういうのが典型的ではないだろうか。ここでどのような暮らしができるのか、想像するだけで楽しい。ただ間取りを眺めるだけのことだが、「家庭」を学ぶうえで、これほど面白い教科書はない。では、このような居間中心のスタイルはいつ頃からどのようにして生まれたのだろうか。

むろん、先人たちの様々な努力や工夫があって今日のような姿になってきたのだが、まずは橋口信助（1870〜1927年）の名前をここに挙げよう。アメリカで学んだ橋口は、帰国後「あめりか屋」という住宅供給会社を興《おこ》したほか、機関紙『住宅』を発行。住宅の近代化、洋風化に邁進《まいしん》した。

橋口率いるこの団体が、大正初期に試みていた「改良住宅懸賞設計

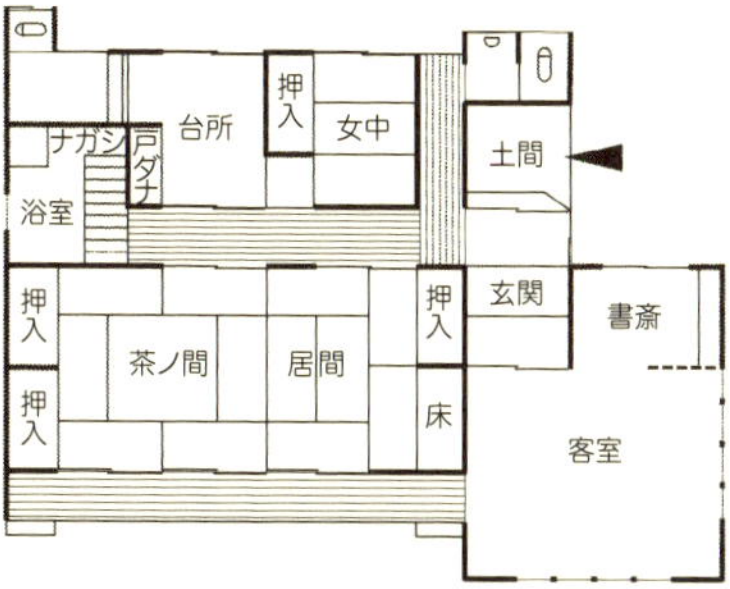

「改良住宅懸賞設計競技　1等案」1916年（出典：『住宅』1917年3月号）

競技」の当選案を見てみよう。南側の庭に面したもっとも快適な場所に家族団らんのための「茶ノ間」と「居間」が置かれ、それまでの家父長中心、接客中心の住戸プランから家族中心の配置に変化している様子がわかる。

　この流れは、庶民の想いが世に溢《あふ》れ出た大正デモクラシーの波に乗って加速し、洋風・椅子《いす》式の居間が、住居平面の中心にどんどん据《す》えられる「居間中心型」住宅を生み出すに至った。ちょうど、都市部での電気、ガス、水道の普及も相俟《あいま》って、住宅の近代化はこの頃から急速に進んでいくのだ。

　戦後になると、建築家西山夘三（1911〜1994年）が『これからのすまい―住様式の話』（1947年）を著し注目された。西山は、人々が居住スペースや各種設備を用いてどのように暮らしているのか、について大規模な住まい方調査を実施。起居《ききょ》の仕方、入浴の方法から、食事の場所、様々な習慣やふるまいまで微細《びさい》にわたって調べた結果を次の住居計画に活《い》かしていこうという訳《わけ》である。とくに人々が慣習的に食事と就寝の場を分けているという生活

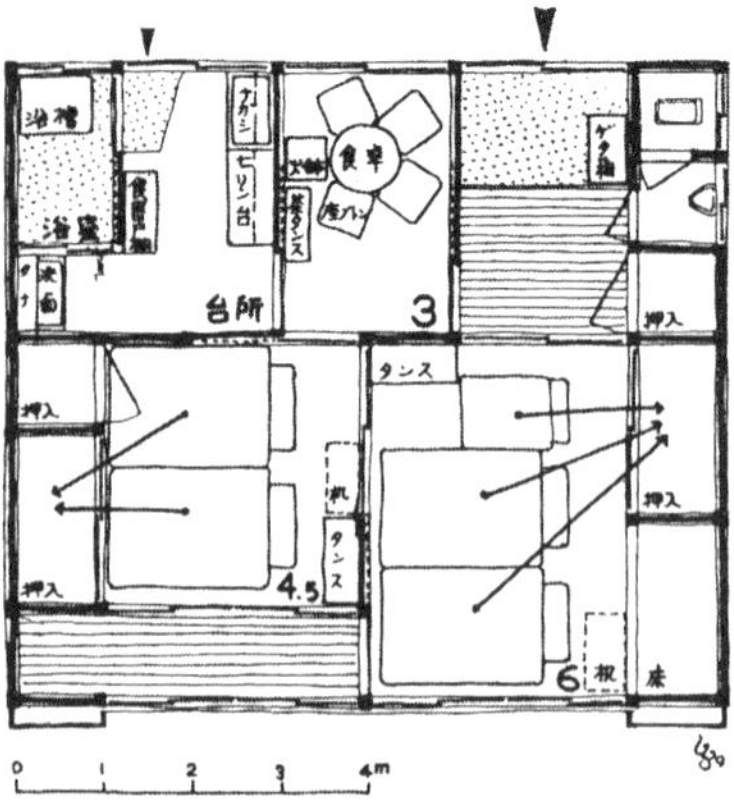

西山夘三が提案した食寝分離論に基づいた標準平面図（出典：西山夘三『現代日本住宅史：すまい考今学』彰国社、1989年）

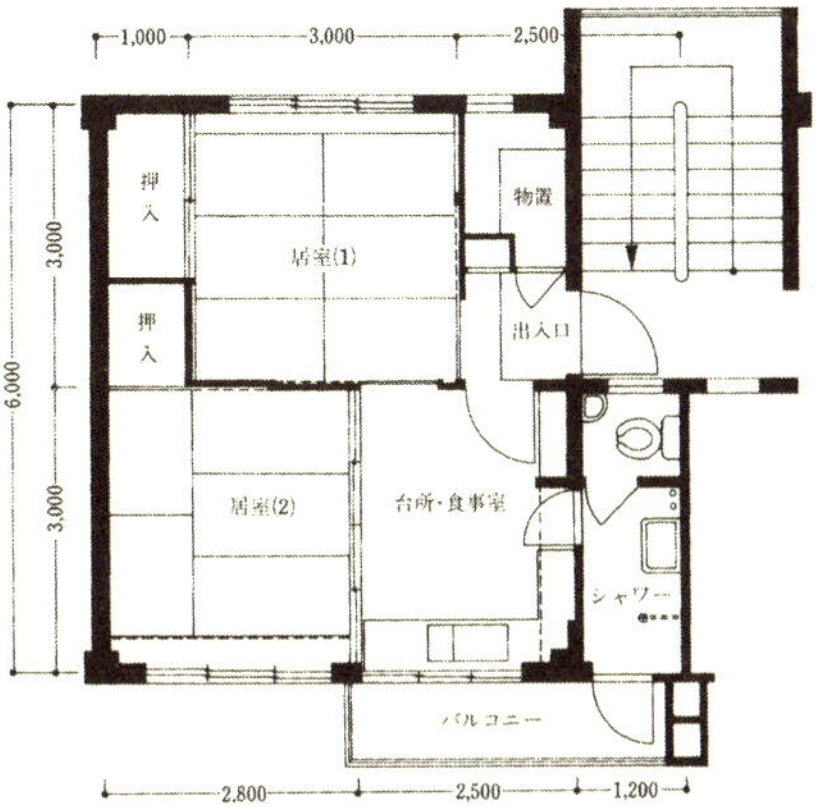

吉武泰水が提案した公営住宅プラン「51C型」（出典：鈴木成文『鈴木成文住居論集：住まいの計画・住まいの文化』彰国社、1988年）

実態を明らかにし、「食寝《しょくしん》分離」という革新的プランを提案している。

このプランを吉武泰水（1916～2003年）が発展させた。1951年、なんとわずかに床面積12坪の住戸において「51C」型と呼ばれる公営住宅プランを提案。ここで「食寝分離」に加えて、家族間も必要に応じて分かれて寝るというコンセプト「就寝分離」を同時に実現させている。その秘策の中心となったのが、食事も調理もできる台所（ダイニングキッチン）の発明だ。この兼用作戦により、他室に回せるスペースを生み出せた。これ以降、今日でもお馴染《なじ》みのダイニングキッチンを中心とする間取り、「nDK」プランが一般的になる。

こうして見てくると、今日見る折込チラシの間取り形態は、およそ100年前から、日本人の生活様式に適応させながらじっくりと形づくられてきたもの、と言えるだろう。間取りの変遷からは、家庭を快適化しようとする様々な葛藤《かっとう》のエピソードを読み取ることができる。

住宅展示場にも興味を持ってみる

ドイツ南西部の街シュトゥットガルトには、ちょっと変わった名所がある。郊外の丘陵に白い箱形の住宅が軒を連ねる住宅街がそれだ。1927年のオープンだから歴史がある。住宅街が観光名所の1つとなっているのには訳があって、ここには、今日の私たちの住宅につながるモダンな住宅群が、しかも、ル・コルビュジエ、ミース・ファン・デル・ローエ、ワルター・グロピウスら、近代建築の先駆者が設計した文化財級の住宅群がなおも現役で遺《のこ》っているのだ。このシュトゥットガルトをはじめとし、20世紀初頭の欧州各地では革新的な改良住宅をジードルング（住宅団地）の形で建設する住宅展が盛んで、人々に新鮮な驚きを与えていた。

華やかな建築家の作品は、インターナショナル・スタイルといって美しい白亜《はくあ》の外観に目を奪われがちだが、じつは、内部には清潔・健康に配慮し快適に暮らせる諸設備を完備し、「家庭」の視点からの内なる近代化にも情熱が傾けられている。

なかでも注目したいのがキッチン・スペースである。この住宅展にオランダから参加した建築家J・J・P・アウトの住宅の台所は満座の注目を浴びることになる。エルナ・マイヤー

現在も現役で使われているシュトゥットガルトの住宅街「ヴァイセンホーフ・ジードルング」の一角に建てられたJ. J. P. アウト設計の住宅（右）と室内に備えられた「シュトゥットガルト・キッチン」（左）（出典：Umberto Barbieri, *J. J. P. Oud,* Verlag füer Architektur Artemis, 1989）

といって、近代住宅の生みの親の1人と言われた人物が設計した「シュトゥットガルト・キッチン」を備えていたからである。食器棚―レンジ―流し―配膳台の間をつなぐ作業動線に従って設計されている。当時、キッチンは主婦の間でも、建築家の間でも関心が高い領域で、最新鋭の技術が導入されていた。

じつは、この前身となった「フランクフルト・キッチン」というプロトタイプもある。建築家マルガレーテ・シュッテ・リホツキーが発明した台所のスタイルで、1920年代に建築家エルンスト・マイが手がけた公営住宅を中心に、じつにおよそ1万戸に導入されたというから、その後の影響力は計り知れない。

ここでリホツキーは、キッチンで行われる様々な作業の種類と、それに関わる人の動きと必要時間を丹念に調べ上げ、一連の作業の流れを効率的に行えるキッチンの配置を考えた。それは数多くの動線図によって表現されている。配置だけではない。例えば、ハエが青色を嫌うという習性からキッチン内の調度品類は青色に塗装されたり、また素材にしても、引き出しには害虫が付きにくいオーク材を、調理台には染みに強いブナ材を用いたりとその配慮は細かい。

ここに見られるような住宅の近代化、とりわけ近代的で、主婦の目線からの様々な工夫が施された集合住宅の建設が進むのが1920年代のことだったが、こうした動きは、19世紀からアメリカで盛んとなっていた家政学の起こりを範《はん》としている。この辺りにも触れてみよう。

「家事アドバイザー」たちの書に触れてみる

数多《あまた》あるアメリカのテレビ番組のなかでも、今なお人気を誇っているものの1つが、マーサ・スチュアート（1941年～）のリビング・チャンネルだろう。ライフ・コーディネーターなる肩書きを持つ彼女のアイディアは多彩で、料理はもちろんのこと、インテリアのアレンジメントやガーデニングなど「なんでもござれ」といわんばかりに、テキパキと誰にでもわかりやすくその知恵の数々を披露《ひろう》してくれるのだ。主婦の感性・アイディアひとつで日々の暮らしがこんなにも楽しくなる、と思えてくるから不思議である。

アメリカのカリスマ主婦マーサ・スチュアートによる雑誌『Martha Stewart Living』

驚くべきことにアメリカでは、すでに１５０年以上も前からマーサのような「家事アドバイザー」と呼ばれる人々が活躍し、それにともない今日でも見られるような婦人雑誌の類《たぐい》も盛んに発刊されていた。家事アドバイザーたちは、科学的な情報、例えば、フレデリック・テイラー（１８５６〜１９１５年）らが発案した科学的管理法なども積極的に援用しながら、家事の合理化による女性の負担軽減を希求《ききゅう》してきたのである。

こうした変遷の筆頭に挙げなければならないのが、19世紀中頃の家政学者キャサリン・ビーチャー（１８００〜１８７８年）だろう。１８４１年に『家庭や学校にいる若い婦人のための家庭経営論（A Treatise on Domestic Economy for the Use of Young Ladies at Home and at School）』を著し、家事作業の快適性、利便性、そして効率性を追求する改革を推進した。ちなみにキャサリンの妹は小説家ハリエット・ビーチャー・ストウで、奴隷制廃止の機運を促したと言われる名作『アンクル・トムの小屋』の作者である。キャサリンも女性の家事労働の負担を軽減させようとする信念から先の書をまとめており、家庭を変革させようとする動向の一端は、ビーチャー家のこうした強い社会改革の意識に源流があると言えるだろう。

時代はやがて、次なる家事アドバイザーを誕生させる。家政学運動のパイオニアと言われたエレン・リチャーズ（1842〜1911年）である。彼女はマサチューセッツ工科大学初の女性学位取得者として知られる進歩派で、様々な家事作業をこれまでの勘や伝承《でんしょう》に頼るだけでなく、より科学的に、合理的に進めるために、主婦の能力開発の必要性を広く呼びかけた。

1899年、リチャーズの呼びかけでレイク・プラシッド会議が開かれ、家政学という学問分野の確立と研究の促進が相互《そうご》確認された。以降、10年間にわたり会議が繰り返され、家庭の領域の専門化（プロフェッショナリズム）と、ふさわしい教育環境の整備の必要性が訴えられた。

この集まりは、やがてアメリカ家政学会の設立へと結実したが、これはその後の家庭管理の理論・実践のスピードと広がりを加速させた。一例を挙げると、1910年代にクリスティン・フレデリック（1883〜1970年）がしたためた『新しい家事―家庭管理における効率性の研究（The New Housekeeping: Efficiency Studies in Home Management）』（1913年）は、台所の効率性について作業動線を示しながら明快に論じた書として、近代の建築家たちも含め世界中で愛読された。日本ではこれを受けて、例えば1922年、日本初のシ

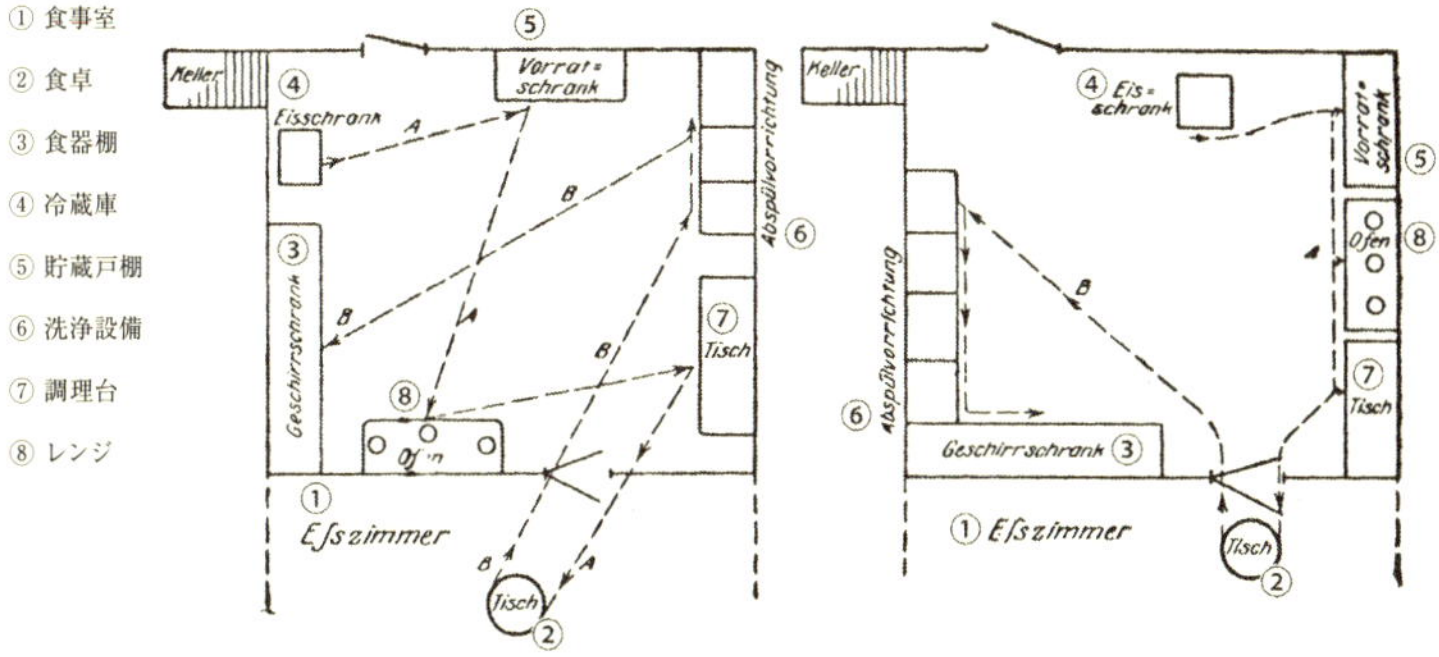

クリスティン・フレデリックが示した台所内の動線。左の動線を悪い例、右を正しい例としている（出典：Bruno Taut, *Die neue Wohnung: Die Frau als Schöpferin*, Klinkhardt & Biermann, 1924）

ステム・キッチンとも呼ばれる「鈴木式高等炊事台」が誕生している。すのこ状の水切り台などを備えたこの装置は、雑誌『主婦の友』で紹介されているほか、当時の住宅展などでも注目を集めた。今日、少なくとも東京・千駄木の旧安田邸に遺っている1台を見ることができる。

ところで、20世紀における家政学の誕生をひもといていくと、これが「各種の科学技術」と「倫理性」とを融合《ゆうごう》する学問領域であると強調されていたことがわかる。家庭の管理には、倫理性が不可欠であると。確かにテイラー・システムといった合理性の導入が家庭の近代化・快適性を促す一方で、それだけでは暮らし手の満足に100%つながるわけではない。なぜなら、各家庭にはそれぞれ住に対しての「こだわり」が存在するからである。家庭の領域が合理性だけで考えられないのは、暮らす人々の文化・民族性によっても価値観が異なるうえ、さらに同じ国のなかでも地域によって暮らし方が大きく異なり、加えて、住み手の社会階層、職業、家族構成、

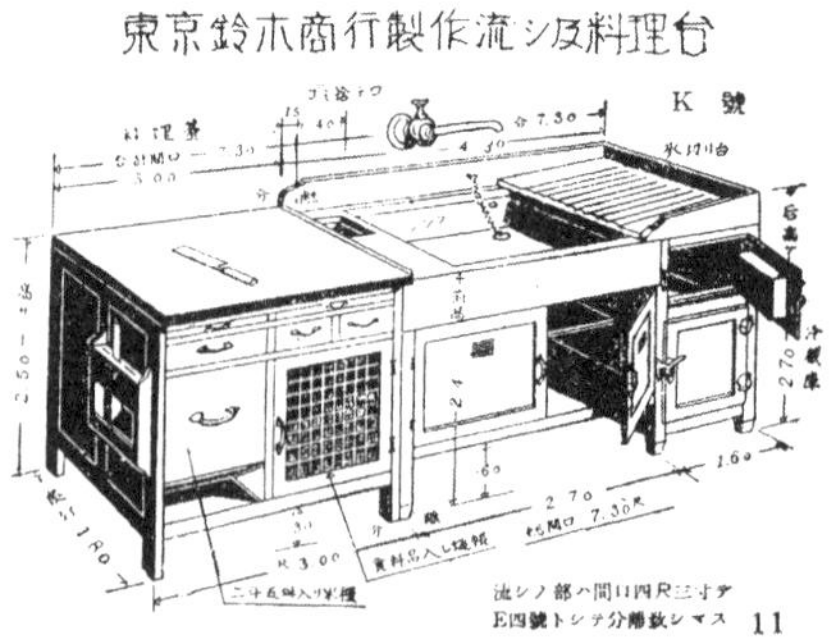

「鈴木式高等炊事台」1922年（出典：増山新平『新時代の住宅設備』巧人社、1931年）

年代などにも左右される。つまり、家庭ごとに求めるものが多種多様に異なるので、それぞれ家族の特質、趣味、審美観、こうした変数に合わせて家庭管理の仕方も都度カスタマイズしていく必要があるのだ。これはきわめて複雑な作業だが、しかし「家庭」を学ぶ奥深さがここにある。

そもそも家庭の機能とは、社会生活におけるストレスから解放され、寛《くつろ》ぎの気持ちを持てる場として整えられること、そのリラックスの時間を通して人間性を回復させ、次の労働の効率を向上させること、にあると指摘されている。したがって、暮らし手の多様な「こだわり」が最優先に尊重されてしかるべきなのだ。複雑だからといって、これを否定してしまっては「家庭」そのものの意味を失ってしまう。建築を建てるプロセスに、家庭の視点に立って「こだわり」の要素をあらかじめ織り込んでいく、この絶妙のバランス感覚が重要で、建築家と住み手とのある種の共同作業によってそれは成立する。

ただ、少し話が厄介《やっかい》なのが集合住宅の場合である。これは施主《せしゅ》の顔が見える注文戸建住宅のつくり方とは異なり、肝心要《かんじんかなめ》の住み手は、建物ができた後から決まる。こうした場合、住人はより一層主体的に、家庭の「つくり手」としての意識を持つことが求められるのだ。これを繰り返し訴えていたのが建築家ブルーノ・タウト（1880〜1938年）である。ともかくにも、家事労働の負担につながる「ガラクタ」の類はお払い箱にして、家の隅々《すみずみ》に至るまで住み手が自ら「つくり手」として設《しつら》えるべし、と。その意図するところは、住人が環境に対して受身にならず、創造的になることこそが、本質的な意味での近代住宅を形づくることにつながる、という考えで、まさに「こだわり」を中心とした家づくりというテーマにおいて示唆的である。

街を歩いてみる

東京・銀座の一角に、一見すると鳥の巣箱のようなボックスがおよそ140個、積み木のように重なり合って建っているユニークな建物がある。1972年に建てられた「中銀カプセルタワー」。黒川紀章（1934〜2007年）が設計し、メタボリズム（新陳代謝）スタイルの代名詞としても知られる集合住宅である。

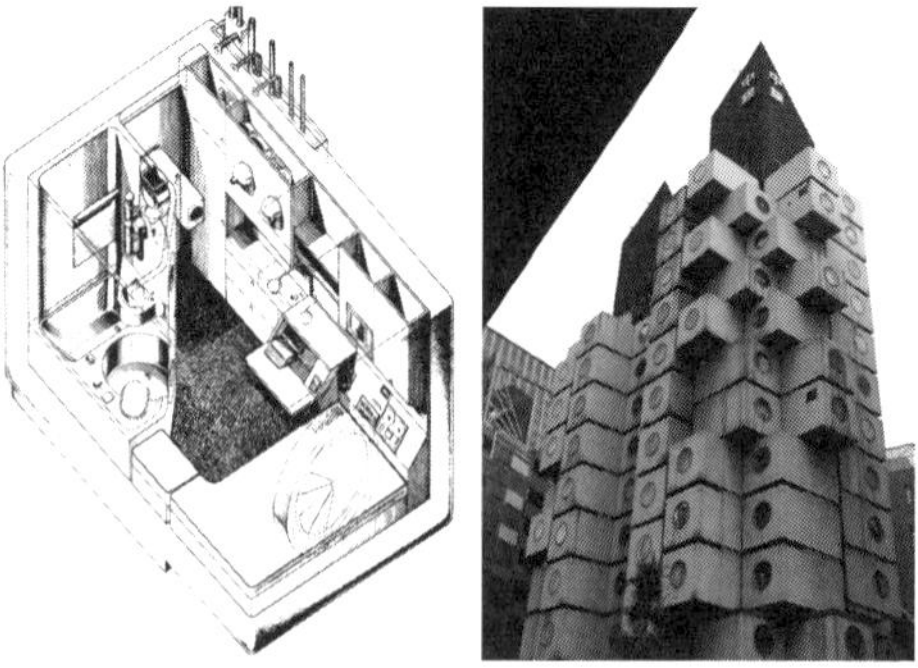

黒川紀章「中銀カプセルタワー」1972年。右：外観、左：住戸アクソノメトリック（出典：『建築文化』1972年6月号）

ここでの1住戸は、およそ2.3×2.1×3.8mのボックスのみ。内部は、ベッド、流し、ユニットバスなどが機能的に配置されている。オール単身者用だ。この住宅は、そのカプセル状の外観からしても、あるいはコンパクトにまとめられた内部にしても、ここが「個」を対象とした住まいであることを声高に強調しているように見受けられる。いわゆる大家族が古くからの慣習に基づいて暮らす従来の日本の家のイメージから、個々人が自立的に、自由に生活する新しい暮らし方、つまり新しい家庭のあり方を提起していたのである。

実際のところ、日本の都市部では、1960年代後半から急速に核家族化が進み、近年の総務省のデータによると、日本の世帯数は約5500万で、これは1968年のざっと2倍である。私たちの身の回りの社会構造は今、音を立てながら大きく変わりつつある。

加えて、昨今の少子高齢化の傾向で急速に増しているのが「単身世帯」で、全世帯の4分の1がやがて単身世帯になるという。そうなると、もはやこれまで「家庭」の領域が想定してきた様々なノウハウは適用できなくなることが懸念《けねん》される。住戸の単位規模が総じて小さくなることは言わずもがなであるし、単身用、とりわけ高齢者への配慮の必要性は倍加《ばいか》の勢いである。

人が、より良く生活するために住宅に求めることがらを「住要求」と呼ぶが、この要求は、様々な身体機能が衰《おとろ》えた高齢者世帯の場合、あるいは、団らんの時間が不足する単身世帯の場合、ますます肥大《ひだい》化してしまう傾向にある。そこで、これまでの「家庭」の枠組みを拡張的に捉え、家庭の本来的な機能を地域社会の中で分散し、相互に補完していこうという考え方が生まれてきている。まるでパッチワークのように各々の個性を輝かせながら、相互に継ぎ足し合い、総体として1つの家庭の機能を成立させようという動きである。

具体的には、「シェア・ハウス」といって、ラウンジ、キッチン、バス・トイレなどをあえて共用にすることで家庭的な交流・つながりを生み出そうという動きや、「コーポラティブ・ハウス」といって、同じく共用スペースを意図的に充実させた集合住宅を建設する動きも盛んである。ここでの入居希望者が期待することは、最新設備や機能性よりも、むしろ入居者相互の温かいつながりや、コミュニティでの交流だという。世界のどこも経験したことのない速度で家族単位がしぼんでいる日本でやらなければならないことは、「家庭」という概念の再編化であり、家という単位と地域コミュニティとを　緩やかにつないでいく作業だと言えるだろう。

残念なデータだが、日本人の住宅への満足度は、じつは先進国のなかでも低い方だと言われている。西欧先進国では、8割近くの人々が住環境に満足感を抱いているのに対し、日本のそれは5割を切っている。今後、人口減少、空家率の増加、高齢化に対応した住まいづくり、地域コミュニティとのつながり、さらには災害の増加傾向と仮設住宅など、社会環境の変化に応じた家づくりは繁忙を極める。その際に、人の快適な住まい方のノウハウが詰まった「家庭」の役割が相対的に重要度を増してくることは間違いない。

化学

私たちは
マテリアル・ワールドに
生きている

今井公太郎

新しい化学・古い建築

皆さんは化学がとても新しい学問であることをご存じでしょうか？　150年程前、産業革命より少し遅れて、化学は劇的に進歩しはじめます。最初のプラスチックであるセルロイドが合成されたのが1869年で【*1】、エジソンが電球のために、竹によるフィラメントを製造したのが1879年です【*2】。こうした人類史上の大発明に並び、決定的な発見がありました。1869年にロシアの化学者メンデレーエフが元素の周期性を見出し、周期表を作成したのです【*3】。表の発見以降、様々な物質の合成が容易になり、多くの材料が発明されました。この150年で、石油から様々なプラスチックを合成し、ボーキサイトからアルミを精錬《せいれん》し、あるいは、シリコンから太陽電池を製造することが可能になりました。そして、ほんの短期間に私たちの身の回りは、夥《おびただ》しい数の物質に囲まれる世界＝マテリアル・ワールドに変貌《へんぼう》しました。

物質文明のめざましい進歩によって、私たちの生活は確実に便利になりました。しかし反面、世界は複雑になり、身の回りのものですら、いったい何でできているのか、直感的に理解不可能な状況に陥《おちい》っています。例えば、今、皆さんが使っている学校の机は、一見木製に

タンベルマ族（西アフリカ）の伝統的集落に建つコンパウンド

思えますが、実はプラスチック製かもしれません。プラスチックは何百種類もあり全部把握している人はほとんどいません。こうした複雑化は、身の回りのほぼ全《すべ》てのものに対して起きています。つまり私たちは未知のものに取り囲まれて生活しており、このことは、人類がいまだ体験したことのない状況になったと言わざるを得ません。化学が進歩する以前の人間は、木、石、土、骨、皮、毛などの自然の素材を採取・加工して、身の回りのものや道具そして建築を構成していました。全ての材料は自然界にあらかじめ存在する素材、すなわち自然素材が基本だったわけです。かつて、私たちは由来が容易に説明できるものに囲まれていたのです。

　建築の世界でも、化学の劇的な進歩が起こるまでは、ゆったりと時間が流れていました。建築の起源を遡《さかのぼ》ってみましょう。メソポタミアの遺跡やエジプトのピラミッドなどでは、石を切り出し、積み上げ、木を製材し、屋根をかけていました。あるいは、土に藁《わら》を混ぜて、日干し煉瓦《れんが》をつくり、これを積み上げることもありました。驚いたことに、こうした方法は今でも世界中で用いられています。写真は、西アフリカの伝統的集落に建つコンパウンド（複合住居）です。外壁は泥に藁を混ぜたものを積み重ねてつくります。建築の進歩はとてもゆっくりしています。日本の伝統的な民家も同様に、木や土壁で素朴《そぼく》な空間を構成します。私たちは自然に属しているのです。

ところが、化学の進歩や急速な近代化によって、建築の世界に劇的な変化の波が押し寄せます。鉄筋コンクリートとスチール（鋼《はがね》）、ガラスを主体的に用いた新しい建築が都市部を中心として大量生産されるようになったのです。現代の都市を構成する大規模な建築は、性能的に優秀な人工材料がなければ、つくることはできません。写真の超高層ビルはそのさきがけの、シーグラム・ビル（1958年）です。ドイツ人の建築家ミース・ファン・デル・ローエがニューヨークに設計しました。このようなガラス張りの超高層ビルは今では世界中で見ることができます。化学の力によって、品質の高いスチールやガラスを大量に効率よく合成することができるようになったからこそ、超高層をはじめとする現代建築、ひいては今日の私たちの世界は成り立っています。

ミース・ファン・デル・ローエ「シーグラム・ビル」1958年（出典：山本学治・稲葉武司『新装版 巨匠ミースの遺産』彰国社、2014年）

そこで、こうした現代の建築をつくるのに欠かせない、鉄筋コンクリート、スチール、ガラスについて、私たちの世界のデザインにどのように関わっているか、順に見ていきたいと思います。そして、最近の建築で使われはじめている新しい素材についても触れてみたいと思います。

鉄筋コンクリート

この150年で最も普及した素材は、鉄筋コンクリートでしょう。皆さんも1日に1回は必ず目にしているに違いありません。鉄筋コンクリートは燃えにくいし、地震に強いので、学校の校舎や病院など至る所で利用されています。ダムや高速道路の橋脚などにも用いられていて、土や石などと同様に地面の延長として、認識されているのではないでしょうか。色もグレーで地味な存在ですし、あまりに普及しているので、普段気にしないで生活しているでしょう。個人的には、母校のプールサイドが鉄筋コンクリート製で、夏の日射で熱を持っていて、プールから上がって、ゴロンと横になると、冷え切った体がポカポカと温まり、とても気持ちがよかった記憶があります。

鉄筋コンクリートは複合材料です。鉄筋という鉄製の強い棒材を曲げながら編んだ籠《かご》状のもののまわりを、コンクリートで固めて一体化することによってできた材料なので、そう呼ばれます。複合材料は、一般に、繊維とそれを固める基材の組み合わせでできています。繊維は、それ自体はやわらかく、形になりませんが、引っ張ってもなかなか切れない性質があります。反対に、基材は形をまとめることができますが、引っ張りには弱く脆《もろ》い性質があります。ただし、押してもなかなか潰《つぶ》れません。つまり、材料を複合させることで、お互いの欠点を克服した強い材料をつくることができるというわけです。ヨットなどに使われているFRP（繊維補強プラスチック）も複合材料で、繊維がガラスで基材はプラスチックです。繊維と基材の組み合わせを変えることで、色々な複合材料をつくることができるのです【＊4】。

基材のコンクリートは、砂利《じゃり》と砂、それらの接着剤の機能を果たすセメント、そして水を混ぜてつくります。最初はドロドロして流動性がありますが、かき混ぜると水にセメントのカルシウム成分が溶け出し、それと同時に溶け出した鉱物イオンと水、カルシウムイオンが反応することで、水に溶けにくい微細な粒子の水和物が析出し、これらが緻密《ちみつ》に結びつくことによって固まり、強度を発現します【＊5】。

コンクリートの利用は、実は古く、古代ローマ時代にまで遡ります。当時のセメントは火山灰を利用したものだったようです。現在用いられているポルトランドセメントの発明は1824年ころのことです。古いコンクリートはイタリア・ローマのパンテオン（128年）

に用いられています。2000年近く前に建てられたパンテオンにはコンクリートと軽石を用いた直径43mの巨大なドームが載せられています。ただし、これは無筋のコンクリートです。鉄筋コンクリートは1900年ころ、割れやすいコンクリートを鉄筋の籠で補強した、植木鉢が最初といわれています。

「パンテオン」128年

鉄筋コンクリートをつくる方法は、非常に単純で、鉄筋を籠状に組み立てた後、そのまわりに木材などで型枠を組み立て、そこにコンクリートを流し込みます。1週間もすれば固まり、時間がたつほど強くなっていき、1カ月で十分な強度を発現します。鉄筋コンクリートという強い材料を使うことによって、石積みや土壁では実現できなかった大きい窓を壁に開けることができるようになりました。また、型枠さえ頑張ってつくれば、鉄筋を組んでそこにコンクリートを流し込むことによって、好きな形につくることができます。こうしたコンクリートのどんな形にでもなれる性質（可塑性《かそせい》）を生かして、自由な形の建築を建てることができるようになりました。

写真（次頁）はパリ近郊の街に建てられた住宅、サヴォワ邸

ル・コルビュジエ「サヴォワ邸」1931年

（１９３１年）です。その姿からは、幾何《きか》学的に整った高貴な美しさが感じられます。サヴォワ邸は上から見ると正方形です。その四周の壁には水平連続窓という横長の窓が設けられています。横長の窓からは光がたくさん入り、室内をとても明るくしてくれます。このように横長の窓を開けることは簡単に思えますが、構造的には非常に難しいことなのです。鉄筋コンクリートの強さがなければ、窓の上部の壁が重力で落ちてきてしまうからです。次の写真は、スイスとフランスの国境付近の街に建てられたロンシャンの礼拝堂（１９５５年）です。壁は湾曲し、奥行きの深い窓が多数開けられた不思議なデザインです。屋根は力強く反りあがって、ダイナミックに宙に浮いているように見えます。このような曲線を用いた力強い造形は、コンクリートの可塑性がなければつくることができません。

この２つの建築のデザインの質は、まったく違う方向性を持っています。サヴォワ邸は幾何学的なバランスを精密に計算した、神殿のような静けさを感じさせるデザインで、もう一方のロンシャンの礼拝堂は、彫刻のようなユニークさを備えた立体的なデザインです。意外なことに、共に、フランスが生んだ近代建築の巨匠ル・コルビュジエによるデザインなのです。コルビュジエは、持ち前の造形力によって、鉄筋コンクリートという材料の可能性を開いた建築家なのです。

ル・コルビュジエ「ロンシャンの礼拝堂」1955年

スチール

建築の空間は3次元で、壁・床・天井など2次元の面と、柱や梁など1次元の線を組み合わせることによってその内部空間がつくられています。そして、これらの部分を構成するために、面材や線材を組み合わせてつくります。こうした部材に対応する材料として、コンクリートは2次元の面をつくるのに向いていますが、鉄の形材は、1次元の部分をつくるのに都合がよい材料です。鉄は何しろ強い材料ですので、鉄筋コンクリートの鉄筋としても利用されているわけです。

主に1次元の鉄材で構成されたパリのエッフェル塔（1889年）の高さは約312m（建設当時）です。これは、当時世界一で、パリ万博のシンボルとして建てられました。鉄が新時代の幕開けとしてふさわしい材料と考えられていたからです【*6】。ただエッフェル塔に用いられた鉄は錬鉄《れんてつ》で、石炭を燃料とした炉により鉄を高温で溶かしながら炭素を燃やして生産されていました。それはスチールが広く流通する前のことで、非効率的な方法でした。スチールとは鋼のことで、ほぼ鉄だと思っていいのですが、若干異なります。鉄は鉄器時代から利用されてきた歴史のある素材です。コンクリートはローマ時代くらいからとされていますから、鉄はそれより古いわけです。ただしスチールとして大量生産されるようになったのは、機械化された大規模な転炉が登場してからです。転炉は、1856年にベッセマーというイギリスの技術者が発明しました。スチールは、鉄鉱石を溶鉱炉で還元した後、転炉によって炭素の含有量を2%以下にコントロールしてつくります。鉄に含まれる炭素が多いと、硬さは増しますが、脆くなります。建物の構造体で使用する鉄は、建物が地震などで突然倒壊しないように、粘り強さが必要になります。H形やL形の断面形状のスチールの形材は、転炉によって得られた溶けた鉄を連続鋳造機に流し、冷やしながら型に通して望みの断面形状に加工し、これをガスで切断してつくります【*7】。

スチールは、標準的に用いられている材でも長期設計で用いられる強度（引張許容応力度）が1.6t/cm^{2}と大変強く、材種にもよりますが木材に比べて15~20倍程度の値です。したがっ

ミース・ファン・デル・ローエ「ファンズワース邸」1951年

て、柱や梁などの断面寸法を小さくでき、大きな空間を細い材料で覆《おお》うことができます。鋼材は自然素材である木材に比べると、材質のばらつきが少なく、性能的に信頼性が高いので、設計の安全率を小さく設定できるのです。

こうした鉄の強さを用いると、スチールの柱とそれが支える床と屋根だけでできた大変シンプルな建築をつくることができます。写真は、最初に紹介した超高層ビルを設計したミースによって設計された住宅、ファンズワース邸（1951年）です。高層ビルの1つの階だけを取り出したような形をしています。柱以外の部分の壁は全てガラスなので、窓の考え方が今までと異なり、そのことによって、もはや住宅には見えないかもしれませんが、スチールの強さがこのように圧倒的に明るい住宅を実現して

R.バックミンスター・フラー「モントリオール万国博覧会アメリカ館」1967年。左はフラー・ドーム（ジオデシック・ドーム）の特許図面（米国特許第2832235号明細書）

いるわけです。

あるいは、これとは全然違う方法によって、ユニークな球形のドームをつくることもできます。写真の建築はフラー・ドーム（1954年特許取得）と呼ばれていますが、アメリカの思想家・発明家・建築家のR・バックミンスター・フラーが考案しました。フラーの思想によれば、最小限の材料によって最大の空間を覆う理想的なシェルターを実現するために、自然界に繰り返し現れる正4面体の幾何学を参照しています【*8】。フラードームは、球形を正20面体で近似して、その1つひとつの面を、さらにいくつかの3角形に分割する方法で、大きなドームを小さな鉄の線材にまで分解しているのです。

ガラス

鉄筋コンクリートやスチールによって建てられた現代建築

と、古い建築との大きな違いは窓のつくり方です。強い構造でつくれるようになった結果、幅の広い大きな開口部ができるようになりました。ただし、これは内部空間を成立させるために大きな面積のガラスが必要になることを意味します。

そもそもガラスが建築に利用されるようになったのは、またしても古代ローマ時代に遡ります。当時のガラスは吹きガラス製法によって製造されていました。その後、1500年以上も用いられてきたシリンダー（円筒）法という、円筒状に吹いたガラスを縦割りにして広げる方法が開発され、比較的安価につくることができるようになったのです【＊9】。しかしこの方法では、厚みを均等につくることが難しく、外の風景は歪《ゆが》んでしまいます。その後、大型円筒法など多くの改良法が開発されました。歴史上初めて、ガラスを全面的に用いた建築として有名なのが、通称クリスタル・パレス（水晶宮）と呼ばれる巨大な温室です。1851年のロンドン万国博覧会で、植物の展示館として建造されました。長さは563m、幅が124mもあったといわれています。現代のガラスは、溶けた錫《すず》の上に溶けたガラスを流し浮かせる方法（フロート法）で製造されています。この方法は1953年に英国で開発されました。フロート法が確立されたので、

ジョゼフ・パクストン「クリスタル・パレス」1851年（出典：S.ギーディオン『新版　空間 時間 建築 1』太田實訳、丸善、1969年）

ガラスを均質な厚みで大量に安価につくることができるようになったわけです。古い建築で、ガラスの表面がユラユラして、向こうの風景が歪んでいるものがあれば、それは、フロート法ができる以前につくられたガラスの可能性が高いです。古いガラスは食器のような手作りの風合いがあり、個人的には貴重なものだと思います。

ガラスの最大の特徴は透明で、光を透過《とうか》することです。建物の中を明るくすることができるということや、ガラスを用いると空間の透明感を表現できて美しいということで、積極的に利用されています。ガラスは表面硬度が高いため、日常的な用途では傷つきにくく、化学物質に対しても反応性が低く汚れにくいので、耐久性があります。また比重が大きいので、意外にも遮音性が高いのです。ただし、硬いことは同時に脆いことであり、つまり割れやすいという欠点があります。

住宅に用いられるような小さな窓のガラス厚は薄いものですと4㎜程度しかなく、遮音性や強度はそれほどよくありません。これに対して、高層ビルで用いられているような大きなガラスは、台風などの強風に対して抵抗するために、15㎜や19㎜、あるいはそれらを貼り合わせたガラスや、熱処理や化学処理を施《ほどこ》して強度を増した強化ガラスが用いられています。ガラスの中には鉄イオンが含まれており、分厚いほど緑色になります。デザイン的には、この緑色が邪魔に感じられることがあるため、鉄イオンを取り除き透明度を3倍程度にした高透過ガラスが開発されました。さらに透明感を追求する場合、ガラスの約10倍透明なアクリルが用いられます。アクリルは、有機ガラスともいわれ、継ぎ目を溶着して消すことができます。透明度が高く、厚みを増して強くできるため、水族館の水槽にも用いられています。ただし、アクリルは表面硬度がやわらかく傷つきやすいうえ、有機化合物なので燃えやすいのが欠点で、残念ながら建築の外壁に利用するのは簡単ではありません。

透明感を追求したデザインは現代の建築の傾向の1つですが、それだけでなく、むしろガラスの物質感・存在感を意識して、不透明なガラスのデザインを追求する方向性も存在しています。完全に透明でスケスケのものが美しい場合もありますが、半分見えたり、見えなかったりするものの方が魅力的に感じられることがあるということでしょう。例えば、色のついたステンドグラスや、ハーフミラーのガラスなどを用いた建築があります。冒頭で紹介したシーグラム・ビルのガラスは、茶系の色ガラスが使用されており、方立て（連続窓の縦桟《さん》）のブロンズメッキと馴染《なじ》んで1つの塊《かたまり》に見えます。最近のミラーガラスは、真空チャンバー（部屋）で金属粒子のビームを叩きつけて表面に皮膜をつくるスパッタリングという方法で、薄膜を形成して製造しています。このガラスを外壁に使うと熱を反射し、空調負荷を小さく

ヘルツォーク&ド・ムーロン「エヴァースベルデ技術学校の図書館」1999年

する効果があります。同時に、デザイン的にその表面には空や雲などの風景が映り込む効果があります。

写真はとてもユニークな外壁のデザインのエヴァースベルデ技術学校の図書館（1999年）で、スイス人の建築家ヘルツォーク&ド・ムーロンによるものです。この窓ガラスの表面には外壁のコンクリートパネルと共にセラミック印刷が施されており、建物全体を連続したグラフィックパターンの装飾で覆っています。現代建築が、シンプル・モダンで装飾を排除したものが多い中、古い建築のように壁画や彫刻などのグラフィックで建物表面を覆うことで、装飾の効果を蘇らせるような意図が感じられます。

新素材

現在、世界的に普及している鉄筋コンクリートとスチール、ガラスという材料が、建築にとって中心的な位置にあることは間違いありません。ところが、材料の進歩はめざましく、これらの欠点を補うような新しいアイディアが数多く生み出され、次々に実用化されています。

鉄筋コンクリートの欠点は、コンクリートの中性化、ひび割れといった劣化の問題です。ひびが入ると、そこから入った水によって中の鉄筋が錆《さ》びてしまいます。これに対して、プレストレスト・コンクリートといって、内部の鉄筋にあらかじめ張力を入れて、ひびを入りにくくするだけでなく、強度を増す構法があります。また最近、ひびを自分の力で治癒《ちゆ》してしまうコンクリートが開発され話題になっています【*10】。

スチールの欠点は熱に弱く、火災の時の熱で溶けてしまうことです。これに対してはFR鋼（耐火鋼）が開発されています。通常のスチールは400℃くらいまでしか耐えることができないので、火災の時に建物が倒壊しないように、耐火被覆《ひふく》という発泡系の素材でスチールのまわりをぐるりと巻いて仕上げる必要があります。しかし、これでは、スチール形鋼の直線を生かしたデザインにはなりません。これに比べてFR鋼は耐火被覆なしで約600℃まで耐えられます。火災時の温度は最終的に1200℃程度まで達してしまうので、この性能では不十分に思われますが、人々が避難する時間を十分に稼ぐことができます。

ガラスの欠点は、割れるだけでなく、断熱性が低いということです。大きなガラスを用いるると、そこから多くの熱が建物あるいは外部に流出入してしまいます。そこで断熱性を上げるために、二重ガラスとし、その間にガスを封入し、二重ガラスの内部の表面を、スパッタリングによって反射面でコーティングし性能を飛躍的に向上させる方法などが実用化されています。これらはほんの一例ですが、鉄筋コンクリート、スチール、ガラスという主要な材料は常に改良され進歩し続けています。

さらに、まったく新しい材料を用いる試みがあり、それによって新しいデザインの建築が生み出されています。例えば、高分子の膜やフィルムの利用例が最近増えています。2008年の北京オリンピックの会場になった水泳施設では、多面体のスチールの構造体の表面をETFEと呼ばれるテフロン系の高分子の素材でつくった座布団状の空気膜で覆っています。ETFEは厚みが3㎜しかなく、とても軽量につくることができます。こうした薄くて広い膜で空間を覆う新しい方法は、これからも実験的に探究されていくことでしょう。

PTWアーキテクツ+中国建築工程総公司+アラップ「北京国立水泳競技場」2008年

自然から人工へ（なかなか進歩しない私たちの感受性）

以上のように、鉄筋コンクリート、スチール、ガラス、新しい素材の例について、お話をしてきました。これらの人工素材の普及は止まりませんが、一方で、昔からある石や木といった自然素材を用いる方法は、自然回帰という形で趣味的に志向されています。残念ながら、自然素材による方法が快適な空間をつくるからといって、全面的にそこへ回帰するのは、なかなか難しいことです。もしもそれを実現しようとすれば、私たちの経済活動は、あっという間に自然環境のポテンシャルを使い果たしてしまい、木材や石はとりつくされてしまうという事態を招くでしょう。つまり、人間の感受性としては、自然素材に囲まれていたいが、環境を維持するという観点からは、人工的な素材を使わざるを得ないのです。

そうした時に、問題になってくるのは、自然素材＝本物、人工素材＝化学合成品＝偽物という認識が、私たちの潜在意識には存在しているということです。例えば、学校の机の天板は、プラスチック製なのに、表面に木の模様のプリントが施されていたり、かばんは、ビニールの合成皮革なのに、表面に動物の皮膚《ひふ》の肌理《きめ》を模したしわ加工がされていたりして、こういうものが人々に好まれて多く利用されています。たしかに、自然素材がよいということは理解できますが、人工素材を自然素材の模《も》倣《ほう》品として位置づけていたのでは、いつまでたっても、人工素材の地位は向上しません。そこで、こうした先入観によって、人工素材を見るのではなく、むしろ新しい素材の中に別の価値を発見し、私たちの感受性を鍛えることも必要でしょう。それがたとえゆっくりであっても、人間が素材へ知的に歩み寄ることも求められているのではないでしょうか。

【註】

【＊1】桑嶋幹・木原伸浩・工藤保広『よくわかる最新プラスチックの仕組みとはたらき』秀和システム、２００５年

【＊2】ヘンリー幸田『天才エジソンの秘密』講談社、２００６年

【＊3】梶雅範『メンデレーエフの周期律発見』北海道大学出版会、１９９７年

【＊4】日本複合材料学会『おもしろい複合材料のはなし』日刊工業新聞社、１９９７年

【＊5】田中享二・三上貴正・横山裕『新・建築材料〈1〉構造材料編』数理工学社、２００４年

【＊6】フレデリック・サイツ『エッフェル塔物語』松本栄寿、小浜清子訳、玉川大学出版部、２００２年

【＊7】高遠竜也『「鉄」の科学がよ〜くわかる本』秀和システム、２００９年

【＊8】R・バックミンスター・フラー、ロバート・W・マークス『バックミンスター・フラーのダイマキシオンの世界』木島安史、梅澤忠雄訳、鹿島出版会、１９７８年

【＊9】黒川高明『ガラスの技術史』アグネ技術センター、２００５年

【＊10】Tae-Ho Ahn and Toshiharu Kishi, "Crack Self-healing Behavior of Cementitious Composites Incorporating Various Mineral Admixtures", *Journal of Advanced Concrete Technology (ACT)*, Vol. 8, No. 2, pp. 171-186, June 2010.

課外授業

物語を紡ぎ、空間を形づくる

永山祐子

絵本の魅力

誰しも小さな頃、絵本を見たり、読み聞かされたりした覚えがあるのではないだろうか。自分の住む日常世界とはちょっと違う世界。その世界との接点の1つとして、絵本は小さな子供たちにとって大切なツールだ。今の子供たちにとってはアニメーションの方が馴染《なじ》みのあるツールかもしれない。でも、絵本の良さは自分のリズムでページを繰《く》り、ページの中に美しく展開する単純化された絵を見て、自由にイマジネーションを働かせられるところだ。アニメーションのようにいたれりつくせりではない。目の前の単純な絵からその先に続いているだろう空間、登場人物の声、時の流れ、それらを頭の中で補足していかないと完成しない。だから、読む人によっていかようにも膨《ふく》らませられる。小さな頃、色々な絵本を見て育った。その後、大人になった今でもその絵のワンシーンを鮮明に覚えていたりする。読み返してみると少し記憶とくい違っていたりする。頭の中でイメージした絵が勝手に付け加えられているからだ。時には少し違った物語になっていることもある。絵本は誰かの描いた世界への入り口であると同時に、自分の中にある物語への入り口にもなる。ポケットに入ってしまう程の、ほんの小さな1冊の絵本に多様な世界への入り口がある。それが絵本の魅力だ。

お気に入りの絵本

ここでお気に入りの絵本3冊を紹介したい。

『ものぐさトミー』（ペーン・デュボア作／松岡亮子訳）

この物語は機械仕掛けの家に住む「トミー・ナマケンボ」（ネーミングのセンスがすごい）の物語。朝、ベッドが機械によって持ち上げられ、トミーの体がバスタブにすべり落ちていくところから物語がはじまる。トミーの体は落下しながら日常の行動、お風呂に入ったり、歯を磨いたり、自動的に服を着替えたり、食事をしたり、といった一連の行為をコミカルにこなしていく。そして食事が終わり、見上げると目の前には上へと続く、長い長い階段。階段の先にはベッドが見える。そう。今まで落下してきた分だけ登らなくてはいけないのだ。そこだけは機械を使わずに自力で。ところがある日、嵐で停電になり、トミーは眠り続ける（オール電化の家だから）。やっと7日目に電気が通り、ベッドがいつも通り起き上がり、バスタブへ。

ペーン・デュボア作『ものぐさトミー』松岡亮子訳、岩波書店、1977年

しかしバスタブのお湯は停電の間に冷たい水になっている。驚いたトミーは飛び上がり、その拍子にバスタブが起き上がり、真っ逆さまになって次の乾燥室に落ちていく。そこからの一連の行為を、すべて逆さまに落下しながらこなしていくことになる。

ものぐさは痛い目にあいますよ、という教訓めいたものなのだが、逆さに落ちていく絵がとても魅力的に描かれている。足の裏にキレイに並んだスクランブルエッグとベーコンの絵は今でもまぶたの裏に焼き付いている。この物語の不思議な時間の流れと空間性は大人になって読み返してみても新鮮だ。上から下へとスクロールするように時間と空間が一緒に進んでいく。まるで縦書きのスケジュール帳をそのまま進むように。そして下にたどり着いて、リバース。そこに現れた長い階段の絵によって、今までの時間が物理的な長さを持って現れる。時間と空間が単純化された完結した世界。その世界を破るのは外界との唯一のつながりである電気である。そこだけはなんだかとってもリアルだったりする。そういうリアルとアンリアルのさじ加減が絵本の魅力をつくり出している。その微妙なバランスによって物語は完全な世界観を獲得できる。これは空間をつくる時にもちょっと共通している感覚のような気がしている。

『NELLA NEBBIA DI MILANO』（ブルーノ・ムナーリ作）

直訳すると「ミラノの霧の中で」（邦題は「きりの中のサーカス」谷川俊太郎訳）。この本は大人になってから、ミラノのとある本屋さんで出会った。イタリア語で書かれているので言葉の意味は分からなかったが（そもそもあまり言葉が書かれていない）、言葉がなくても十分にその世界観は伝わってくる。この本は3部構成になっている。1場面目は霧の中のミラノの街。何枚ものトレーシングペーパーが重ねられ、見事に霧の中にぼんやりと浮かぶ街の姿が表現されている。1枚のトレーシングペーパーの表裏に絵を描く、という発見的な手法によって、コミカルで微細な表現がなされている。例えば人のシルエットの描かれたページをめくると、その裏にギロッとした目だけが印刷されていたりと。次の2場面目は色彩豊かなサーカスの場面。色とりどりの色紙をくりぬき、次々に開けられた穴をきっかけに次のシーンへとつながっていき、楽しい色合わせでリズミカルなサーカスの様子を表現している。3場面目はサーカス小屋からの帰りの暗い森の中。華やかな色彩の世界から一変、またトレーシングペーパーで表現された、今度はうす暗がりの世界。最初の街のシー

ブルーノ・ムナーリ『NELLA NEBBIA DI MILANO』1968年

ンに出て来た水平垂直の機械的なモチーフとは対照的な、木や草などの有機的で柔らかな絵が描かれている。最初から最後まで、心地よい緊張感とリズムを持ったすばらしい構成だ。何枚もの紙が束ねられてできていること、紙をめくることで次のシーンが現れてくること、このあまりにも当たり前の絵本の特性を使い、単純で効果的な表現を生み出している。

この本に出会ったことですっかりブルーノ・ムナーリのファンになってしまった。限られた条件の中で最高の表現を考える、ものづくりの姿勢を改めて教えてもらった気がする。ムナーリの絵本に関してはほかにも魅力的なものが数多くある。イタリアの子供たちはこんな絵本に小さな時から触れているのかと驚かされた。ムナーリは絵本だけでなくプロダクトデザイン、グラフィックデザインも手がけ、アーティストとして作品をつくり、教育者でもあったというマルチな人物だ。彼の表現者としての哲学が絵本の中にもふんだんに盛り込まれている。それは多分子供たちにも十分に伝わるはずだ。どうりで色彩感覚に優れ、美しいフォルムを生み出すデザイナーがイタリアから多く生まれる訳だ。

『POWERS OF TEN』（チャールズ・イームズ、レイ・イームズ作）

もう1つとても大切な思い出の本がある。建築家であり、プロダクトデザイナー、映像作家でもあるアメリカのイームズ夫妻のつくった本、『POWERS OF TEN』である。この本の題名は10の10乗という意味である。この作品は映像作品としてつくられたものだが、最初に出会ったのは映像作品を書籍化した本だった。小学生の頃、父が私に見せてくれた。公園でのどかにピクニックをして寝そべっている男性の絵からはじまる。視点が徐々に上空に向かって引いていき、だんだんと見ている範囲が10倍ずつ広がっていく。公園全体、街全体、そのうちに地球が見え、銀河系が見え、星屑《ほしくず》の世界になる。そこまで来て今度はどんどん見える範囲が10分の1ずつ小さくなっていく。そのうち、寝そべっている男性が再び見えてくる。どんどん近づいて男性の手の甲に視点が入っていき、体内のミクロの世界が広がっていく。体内細胞からさらに小さい陽子、中性子の世界にまで入っていく。最後のシーンも星屑の世界。

チャールズ・イームズ、レイ・イームズ
『POWERS OF TEN』1982年

　この頃の私は自分がこの世に存在しているとはどういうことなのか、また存在していることをいったい誰が証明してくれるのか、突然不安になって眠れなくなることがあった。自分の意識はここに確かにありそうだけれど、その意識の外側の世界がどうも疑わしいと思っていた。もしかしたら虚構《きょこう》の世界かもしれないと。外側の世界を疑いはじめると、今度はここにあると思い込んでいる自分の意識も疑わしい気がしてきた。そんな堂々巡りの空虚な海にぽっかり浮かんでいるような漠然とした不安感の中で、確かなものをこの本の中に見つけた気がした。ある意味この頃の私にとって救世主のような本であった。

この本は最も広大な宇宙と、最もミクロな世界が同じ星屑の絵になっている。それで私は私の体の中に宇宙がありそこに住む人がいて、また、私も誰かの体の中の宇宙に存在しているんだと思い込んだ。そんな風に、入れ子状に世界はできていて、私はその循環の中の1要素なんだと思った。そう思ったら急に腑《ふ》に落ちてしまったのである。世の中の根源的な構成原理であるフラクタルな世界観を感覚的にとらえていたのだと思う。もちろん今は私の体の中に誰かが住んでいるなんてことがないことは理解しているけれど、この自分の体からフラクタルに無限にどこかにつながっている感覚はまだ持っている。

この3冊の絵本は今でも事務所の本棚に並べられている。時おりそっと、本棚から引き出してページをめくって、つかの間、もう1つの世界にエスケープするために。

ファンタジーの要素

実は私は小さい頃、絵本作家になりたいと思っていた時期があった。先にすばらしい絵本を紹介した手前、とても恥ずかしいのだけれど、ちょっとその中の1つを簡単にここに紹介しようと思う。小学生作なので稚拙《ちせつ》な面もあるが大目に見て頂きたい。

見習いの魔法使いがお月様のバースデーパーティーに呼ばれて、どうやって月に行こうかと思案するところから物語がはじまる。本当は月にひとっ飛びで行ける魔法の箒《ほうき》を出す呪文をとなえたはずが、何度かの失敗の末、巨大な滑り台が出現する。月まで届きそうなほど大きな滑り台。仕方なしにその滑り台を登っていくことにする。到達するまでに色々な試練があり、やっと月にたどり着く。もうすっかり夜だ。プレゼントは明日の朝のお楽しみ、と見習い魔法使い。最後のページは皆で連なって滑り台を地上へと一気に滑り降りて来る、という落ちだ。

後から自分なりにこの話を思い返してみると、ファンタジーの基本的な要素の1つが見えてくる。上昇と下降。多分、小さな頃から接していた物語の中にあった、この要素が、自然と刷り込まれていたからだろう。先に紹介した『ものぐさトミー』『POWERS OF TEN』しかり、『不思議の国のアリス』ではウサギを追いかけ穴に落ちていくところから不思議の国がはじまる、『天空の城ラピュタ』の城は雲の中にあり、最後は大気圏を超えてさらに上昇していく、etc……。基本的に水平移動しかできない翼のない人間にとって、垂直方向への移動は、言ってみれば非日常的行為だ（ものぐさトミーではその落下と上昇が日常となって展開するところが面白い）。そこに強い憧《あこが》れがある。人間の体では容易には届かない場所がその先にあるような気がする。だから何か重要な物語のきっかけとして、この上昇と下降が物語の中にしばしば現れる。

物思いに耽《ふけ》る時、天を仰ぎ見たり、また伏《ふ》し目がちに道路の白線を目で追っていたりした覚えがあるのではないだろうか。ここにも非日常的思考回路への入り口として、意識上の上下運動がある。また、茶室に入る時のにじり口は小さくかがんで入らなければならない。ここにも非日常空間への入り口に、小さな上下運動を見ることができる。そんな風に物語の一大トピックと上下運動という観点で私たちの行為を見回してみると、何かほかにも発見できそうな気がしてくる。

建築にも、この垂直方向への志向性がある。建築はどうしても重力と切り離せないから垂直方向にのびていくことは簡単ではない。それでも、都市のビル群は天に向かって高く高くのび、その下には地下道によってつなげられた地下街が広がる。もちろん合理性から求められていると言えるけれど、その名目とは別に、やっぱり垂直方向に対する憧れがあるのではないだろうか。ガラス張りの外の見えるエレベータに乗っていると言いようもない高揚感に包まれる。高層ビル群の風景はまさにファンタジーそのものにも見えてくる。

最初に設計した住宅の住人

思い切って、私がこの世に生み出した、たった1つのキャラクターもここに紹介しようと思う。その名も「うさぎむし」。私はそのキャラクターのおかげでしばらくの間、小学校で「うさぎむし」というあだ名で呼ばれていた。顔がうさぎで体が蝶々《ちょうちょう》。まず、なんでそんなスケールのまったく違う、ほ乳類と昆虫が混ざってしまったのか（胴体が人間でその下が馬、これはほ乳類同士なのでそんなにかけ離れてはいない。でも有名なマーライオンは顔がライオン、体が魚。これは結構離れている……なんて考えてみるといい加減なキャラクターは世の中に結構ある）。
工作の時間だった。その課題は「虫の家」。美しいストライプ模様の工作用紙で、あろうことか虫の家をつくれという。私は虫が嫌いだった。なんでわざわざ虫の家なんか！　そこで、先生のところに、私は自分が好きなうさぎの家をつくります、と直談判に行った。しかし、決まりだから、皆も虫の家をつくっているのだから、と心ない返答。ならば、と「うさぎむし」という新種の虫を生み出し、その愛しい「うさぎむし」のために家をつくった。それがこの奇妙なキャラクターの生まれたきっかけである。人生で最初に設計した家の住人は人ではなく、なんと「うさぎむし」だった。これは世界広しといえども、世の建築家の中で私だけに違いない。

正真正銘オリジナルの「うさぎむし」（！）

考えると私たち建築家はつねに人間という1種類のほ乳類のための空間をつくっている（ペット事業が盛んな今、わんちゃん用ケーキがあるように、そのうち犬小屋専門の建築家も生まれるかもしれないけれど）。世界の名建築の中にはロンドン動物園のペンギンプール（オブ・アラップ、バートホールド・ルーベトキン設計、１９３４年）のように人間用ではないものもあるが、大抵は全長１００～１８０㎝の2足歩行の人間用なのである。だから建築のスケール、移動に対するツールなどは多分これからもそう大きくは変わらない。それでも人間の空間に対する認識はどんどん変わってきている。物理的に目の前にある空間以外に仮想空間も手に入れ、より多層で多様な認識ができるように訓練されている。だからおのずと建築も変わっていくだろう。

建築の中の物語

私は小さい頃、先に書いたように、絵本作家、物語をつくる人になりたかった。その夢は、実はある意味果たしている。私は今、建築で物語をつくることができる。

私は何かをつくり出す時にストーリーを組み立てながら考えていく。それはきちんと整理された言葉で順序だてて構成されたお話とは違って前後関係も曖昧《あいまい》な散文調のことが多い。イメージを喚起させせられるいくつかのフレーズを、頭の中のイメージとともに吐き出してみる。ちょっと無理矢理に。そうするとまったく無価値な言葉の群れの中にいくつかは原石みたいな言葉が埋もれている。それは言葉にもなっていない、感覚の核みたいなものだったりするのだけれど。それを拾い上げ、磨き、ほかの言葉とつなぎ合わせていく。例えば私が設

永山祐子建築設計「丘のある家」2006年

計した住宅「丘のある家」。最初に敷地に行った時にその場所に光が届きにくいことが強く心象に残った。そこで最初の重要なフレーズは「光」になった。その光というフレーズから全体のフォルムを考えながら小さな模型をつくる。今度はその模型をのぞき込みながら、そこに見えてくるだろう風景に思いを馳《は》せる。空に抜けていく一連の風景が頭をかすめる。「空に抜ける」「向こうが見えない」「永遠に向こう側に続いていく空間」。そこからまたそれらのフレーズに合わせてフォルムを変形させていく。またそこで新しく形づくられた小さな模型を眺める。そこには真っ白な丘のような面が見える。「誰も届かない氷河」「山裾《やますそ》から見上げた時に見える空」そんな言葉が浮かんでくる。そうやって言葉と形を連想ゲームのようにつないでいって、形が決まっていく。もちろん、その間には建築が持つ様々な条件や制約、例えば、敷地、法規、予算、施主の要望、などと照らし合わせていく必要がある。でもその制約もストーリーのプロットの一部のように扱ってみる。そういった諸条件が物語の複雑さを自然と生んでくれる。自分の中にはない要素がおのずと含まれていく。そこが建築の面白いところでもある。

「手乗り模型」で検証する

模型のお話

私は最初に案を考える段階で手に乗るくらいの小さな模型、通称、「手乗り模型」をつくって検証することが多い。そのくらいの大きさだと手に乗せてのぞき込みやすいし、机の片隅に置いておいてふとした瞬間にのぞくことができる。小さな絵本を持ち歩いて好きな時にページを開くように、小さな手乗り模型から、私は新しい物語を読み、考える。小さいので細部はもちろんつくれない。でも、すでにその小ささの中に世界観を表現できているかを確認できる。絵本もそうだけれど、少ない情報の中で表現できた物語は人の心に届きやすいと思う。

すでにそこにある物語

先に建築という手段で1から物語を考えていくという過程をお話しした。でも、実は私たちをとりまく空間はすでに沢山の物語を含んでいる。だから、今までと違った読み方を示したり、ほかのお話とつな

手乗り模型の数々

いだりすることで、新しい物語を鮮やかに浮かび上がらせることができるのではないかと思えてくる。

東京・谷中にある大正5（1916）年築、木造2階建ての町家の1階にある、昭和13（1938）年創業の「カヤバ珈琲《コーヒー》」のリノベーションのプロジェクトでも、そんなことを考えていた。そこにはすでに琥珀《こはく》色に熟成された空間があった。古い喫茶店を想像してほしい。うす暗い店内と、明るい窓の外の風景。そんな強い光のコントラストを持つ店内のイメージが思い浮かぶのではないだろうか。カヤバは2面を通りに面しているので、特に強い光のコントラストを持っていた。そこで、カヤバではこの光の生み出すイメージを増幅したり、形を変えたりして、新しい物語を描き出そうとした。物語の最初のとっかかりにしたこの光は、実は私が空間を考える時、

永山祐子建築設計「カヤバ珈琲」2009年

どんなプロジェクトにも登場する普遍的な「登場人物」だ。カヤバでは天井に黒いガラスを置いた。そうすると、その黒いガラスの表面に店内の様子や窓の外の緑や、通りの賑わいが映り込む。この黒いガラスはマジックミラーのように明るい側が透けて見えてくるので、天井裏に光がつくと、大正時代の古いつくりが見えてくる。店内の内装は、ほぼオリジナルのままだが、この黒いガラス天井という要素が入ってきただけで空間はガラリと変わる。そういう空間の読み替えが面白いと思う。そこに生まれてくる物語は都市の中に偶然生まれた空間のように多層的で心地よい複雑さを持ち合わせている。新築の時のように1からつくる物語とは違い、つくり手の想像の範疇《はんちゅう》を超えてくれる。そんな風に私たちをとりまく空間を見つめ直してみると、読み替えてみたら、きらめきはじめそうな空間が眠っているのかもしれない。

絵本と私

こうして思い返してみると私の根底にある世界観をつくっていたのが、昔手にしていた絵本であったように思う。今もモノをつくる時にこの感覚が無意識に影響している。物語とは絵本の中に限らず私たちの身の回りに存在している。歩いているとたまに不思議なものが道に落ちている。私は落とし物から勝手に物語をつくることがある。いったい「それ」は以前にどこの誰の手にあって、どのような運命を過ごしていたのか。そんな些細《ささい》な日常の中に物語の糸口がある。また、誰かによって生み出された作品を見た時、今度は「それ」がどんな風に生まれたのか、その過程を想像してみる。そんな風に目に映るすべての裏側に何かしら物語が隠れている。

建築をつくるとき、まだ存在していない空間の中でどんな物語が生まれるのか想像してみる。そこに訪れた人の1日を想像したり、子供の目線から見える世界を想像したり、そんな小さな物語の集積によって1つの建築が形づくられていく。絵本の世界のように時間、空間、次元から自由になって想像してみる。そのうちまだ誰にも発見されていない魅力的な物語に出会うかもしれない。

倫理

分からないものへの憧れ

南 泰裕

ザ・ミーニング・オブ・ライフ

かつてミュージシャンの佐野元春が、「ニュー・エイジ」という歌の中で「ザ・ミーニング・オブ・ライフ」ということを言っていて、つまりは「人生の意味」ということなのだが、ずっと昔に繰り返し聴いていた、大げさのようでいてストレートなそのフレーズは、いつまでも、不思議と耳に残っていた。

何かの拍子にふと、おりに触れてその「ザ・ミーニング・オブ・ライフ」という言葉が、反芻《はんすう》されて心の内側の空間で木霊《こだま》し、寄せては遠のく波のように、意識の片隅のどこかで、遠い残響となって響き続けるのだった。

ワッツ・ミーニング・オブ・ライフ?

もちろん、その答えは一様ではないものの、最初に言ってしまえば、その問いかけに答えようとするのが、哲学というものなのだろう、たぶん。

人生の意味を問う、というのは、あまりに大げさで大仰《おおぎょう》で、正直なところ、こんな問いを

佐野元春「ニュー・エイジ」1984年

発すること自体、ひどく格好悪いし、気恥ずかしく、もっと言うと馬鹿らしくすらあって、老若男女を問わず、おそらくは日々の生活の中で、昨日への悔恨《かいこん》と明日への不安と精いっぱいの現在を生きている私たちの多くにとって、そんなことはどうでもいい、と言いたくすらなってしまうほどの、何だか能天気で浮世離れした言葉のように聞こえる。

「花の美しさがあるのではない、美しい花があるだけだ」と喝破《かっぱ》した、とある文芸評論家に倣《なら》って言えば、「人生に意味など、ない。大事なのは充実した人生であるかどうか、ということだ」と言いきれるのであれば話は簡単だが、もちろん人生はそれほど単純にはできていない。人生の意味を問うてみても、その答えは出ないものの、しかし、そうであってもやはり、生きている限り、人生の意味を考えないではいられないときが、誰にも必ずやってくる。

その1つは、人が何かを選択し、決断しようとするときだろう。

佐野元春は、「ニュー・エイジ」という歌の中で「ザッツ・ミーニング・オブ・ライフ」と歌っていた。それがラブソングであったのだとしても、「新しい時代」についての歌の中で「人生の意味」が歌われたことは、言い換えれば、新しい時代への選択と決断のさなかにおいてこそ、人生の意味といったものが立ち現れてくる、ということなのではなかっただろうか。

日々の出来事に追われている私たちは、日頃、「人生の意味」を考えるいとまもない。私たちは誰でも、明日までにやらなければいけないことに追われ、今うまくいっていない人間関係に悩み、お金がないことに不満をもらし、恋愛がうまくいかないことに落胆《らくたん》し、ときに偶然のおかげでうまくいったことに喜びを覚え、ときに自分だけが損な役回りとなっていることに不平を重ね、将来に不安と期待を抱き、しかしそれでもなお、何か漠然《ばくぜん》とした希望を持ちながら、日々の時間をすりつぶして生きている。

けれども、そんな濁《にご》った日常に裂け目を入れるように、あるときに決断を迫られる。自分の意志で、何かを決め、選択することが求められる。

そのときに、「ザ・ミーニング・オブ・ライフ」という不可思議な感触をもたらす言葉が、ひどくリアルな手応えをもって、私たちの中に染み込んでくるのだろう。

のっけから、なぜ、こんな話をするのかと言えば、この「ザ・ミーニング・オブ・ライフ」ということの手応えを、はじめに深々と感じ取るきっかけを与えたのが、哲学と建築であったからであり、それらが決断と選択というものの核心にかかわっていた、と言えるからである。

科学者は文学の夢を、小説家は芸術の夢を見る

はじめは科学者になりたかった。中学生の頃である。

いや、小学生の頃には、すでにそう思っていたかもしれない。アインシュタインや湯川秀樹といった稀代《きたい》の物理学者に憧れ、彼らが理論物理学の華麗な世界を自在に泳ぎながら、その中から光り輝く鉱石としての方程式を探り出して、世界の成り立ちを一挙に表現してしまう手さばきのすごみに魅せられた。そのプロセスを自分も体験できたら、これ以上に素晴らしいことはない。そう思ったものだった。科学者こそが、世界の成り立ちを、透徹《とうてつ》した眼差《まなざ》しで見通すことのできる予言者であり、神であり、スーパースターのように見えていた。

しかし、失望と現実はほどなくしてやってくる。告白すれば、中学での勉強は、ほとんどすべて、面白くなかった。才能がなかったのだろう。物理の授業も、そうした輝きと憧れを感じさせることは、ほとんどなかった。熱が、冷め始めていた。今にして思えば、別段、教えてくれた教師は悪くなかったと思う。むしろ、情熱を持って教えてくれていたのだと思う。要は、自分が凡庸《ぼんよう》であっただけなのだと思う。

その頃、数学者の広中平祐の本を読んでいて、「理論物理学はどうも、なかなか先行きが

見えない」と言ったような文章に立ち会って、やはり科学者というのは難しいのかもしれない、と思い始めてはいた。ちょうど、ビートルズのジョン・レノンがファンに射殺されて世界に衝撃をもたらした頃だった。何かになりたい、という憧れ。その憧れがあるからこそ、人は未来になにがしかの希望を持って、明日に向かって進むことができる。だから、憧れるというのは大事なこと。

けれど、人間は錯覚の産物でもあるので、憧れはすぐに失望へと変わり、理想は現実の前で、たやすく崩れる。世の常だ。そう思い始めてみると、だんだんと、科学者という職業はまったく自分に向いていないように思えてきて、乾いた紙の上だけの世界のように見えてきて、何だか違うのかな、と思い、文学に逃げた。

ドストエフスキーやスタンダールや日本の近代文学やその他もろもろ、脈絡なく読みふける中で、文学の世界に、非常な磁力でもって魅惑されていった。ロマン・ロランの『ジャン・クリストフ』も、面白かったな。延々と長い小説だけれど。

無謀《むぼう》にも、不遜《ふそん》にも、尊大にも、小説は、何だか書けそうな気がしたし、物語を作ることの醍醐味《だいごみ》は、他の何ものにも代え難い行為として、魅力的なものに映った。高校生になったばかりの頃だったろうか。

が、それもまた、簡単に夢崩れる。北杜夫の『幽霊』という小説を読んで、心底、衝撃を受けた。言葉も出なかった。あまりに、すごすぎた。寄るすべのない、才能というものの確かな塊を、まざまざと見せつけられ、こんな作品を生み出すことは、才能のない自分には絶対にできない、と読了の直後に、ただちに悟った。夢見るより前に、巨人の手のひらで、赤子が瞬時にひねりつぶされた。小説家は、無理だ。跳ぶ前に、挫折したのである。しかしなお、そのようになれるかもしれない、という一縷《いちる》の希望と錯覚の糸はつないだままで。

北杜夫『幽霊』新潮社、1965年

　移り気だった、ということなのかもしれない。多くの人と同様に。音楽家になるのはどうだろうか、と思うこともあった。ピアノをしばらくやっていたこともあり、トランペットを吹いていたのもあり、楽器をいろいろ試しながら、見よう見まねで、作曲のようなことをやってみると、それなりに良いメロディを紡《つむ》げているような気もした。また、小説家が無理だとしたら、厳密な学問としての数学はどうだろう、と再び理数系の世界に戻ることを夢想したりした。

　たぶん、いい加減だったのだろう。だから、何でもできるような気がしていた。欲張りだったのだろう、何でもやりたい、ということもあった。あれも、これも、どれも、すべての分野が魅力的に見えて、そのうちの1つを選ぶ、という地点にたどり着けなかった。

そんなふうにして、決断し、選ぶ、という行為をひたすら先延ばしにし、迷い続け、いろいろな世界に足を踏み入れることを夢想し続けた先で、哲学ということと、建築というものが、何か不思議な流れと縁の中で、自分の目の前にいつの間にか現れて、コツン、と頭をたたきにきたのである。

建築は複雑で、哲学は分からない

「人生の意味」を、高校生のときに考えようとしたのかどうか忘れてしまったが、キェルケゴールの『死に至る病』という究極のタイトルの本を読んで、哲学はどうやら奥深く分け入る意義がある世界であるように思えた。が、デカルトやニーチェやその他もろもろの哲学書を、無理矢理、崖によじ登るように、いろいろと読んでいくうちに、どんどん分からなくなっていった。難しすぎる。一行も、理解できない。面白くない。何を言おうとしてるのかも分からないし、そもそも、この人たちはなぜ、現実の世界とまったく関連がないように見

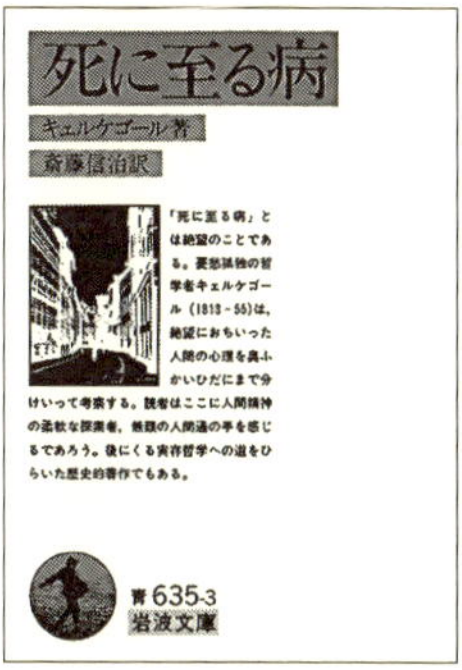

キェルケゴール『死に至る病』斎藤信治訳、岩波文庫、1939年

える「真」とか「善」とか「実存」とか「超越性《ちょうえつ》」とか「時間」とか「空間」とか「主体」とか、そうした、イメージすることすら難しい言葉を、さらに難しく言い換えて延々と語っているのか、まったく理解できなかった。

分からない。こんなことは、それこそ人生において、意味がない。こんなにわけが分からない言葉の羅列につき合うのは、時間がもったいない。得るものが、ない。役に立たない。どうでもいいことだ。そう思った。

しかしそうであればあるほど、哲学というものの全体に惹《ひ》かれ、いつもどこかしらで気にし続けていたのも確かだった。哲学は、分からないものの究極の分野。だとしたら、哲学者は、分からない謎の人物のシンボル。どうやって生きているのか。何を考え、何を食べて、どんな生活をして日々を過ごしているのか。分からないからこそ、かえってその分からなさに憧れを抱いた。そう言えば、野球やサッカーの選手になりたいと思ったことは、なぜか、あまりなかったな。サッカー部にもいたんだけれど。

ともあれ、科学者も小説家も音楽家も数学者も、その実際の仕事はともかく、どういうことをする人たちなのか、ということは、中学生でも高校生でも、漠然とイメージすることはできる。けれど、哲学者というのが何をする人なのかは、ふつう、まずイメージできない。なぜか。それはもちろん、哲学というもののイメージ像を簡単に創り出すことができないからである。

そもそも、哲学という言葉は「フィロソフィー」という西欧発の言葉の訳語で、言わば人工的に生み出された、日本語として新しい言葉である。最初にこの言葉が出てきたときは、たぶんほとんどの人が、意味をつかめなかっただろう。そしてその感覚は、きっと今も、残り続けている。

そうして、決断はいつも先延ばしにされ、「人生の意味」を問うことは先送りにされ、ディレッタントよろしく、未来を自分の都合のいいように夢想して、あれこれの表面をかじり続けた。庄司薫の『赤頭巾ちゃん気をつけて』に心奪われ、五木寛之の大衆小説を読んで自分に重ね合わせた。授業をさぼって、ときどき、ふらり、映画館に入って時間をつぶしたりしていた。

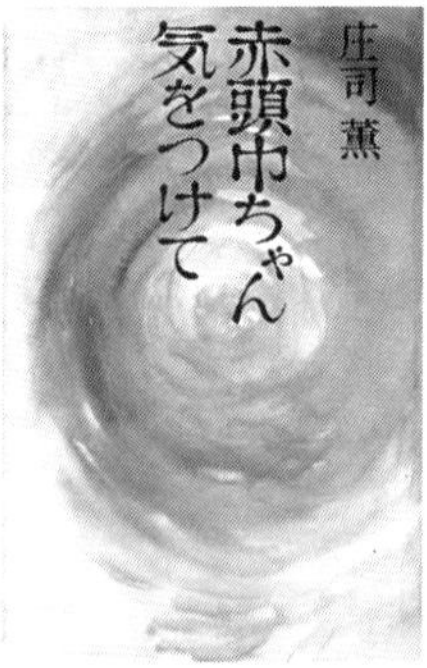

庄司薫『赤頭巾ちゃん気をつけて』
中央公論社、1969年

結局のところ、そのように欲張りで移り気で不純で怠《なま》け者だったから、建築にたどり着いたのだろうか。

建築は少なくとも、哲学ほどにイメージしにくい分野ではない。

いやむしろ、街を歩けば誰もが多くの建物を目にするし、家は人間の衣食住の重要な要素の1つだ。だから建築は、ある意味で、ほかのどの分野よりも具体的なイメージを持ちやすい。けれど、では「建物」と「建築」がどう違うのかと言えば、多くの人は答えに窮《きゅう》する。「経済的な合理性だけで作られたのではない、思想や芸術性があるものが建築だ」と言ってみたとしても、それはまた「思想」や「芸術」という定義の難しい言葉を使って、本来の説明を回避していることにしかならない。それでは、何も答えていないのに等しい。もっとも具体的であるように見える建築は、その実、もっとも説明が難しい領域の1つなのである。

建築が、どうやら複雑な物事を取り扱う分野であるらしい、ということは、おぼろげながら分かる。建築を創るには、それを使う人々のことを考えるのはもちろんだし、法律やお金のことも考慮しないといけないし、美的な問題や耐久性や構造的な安定性も考えないといけない。伝統や周辺環境との調和もあるし、インテリア・デザインの側面もあるので、照明デザインやカラー・コーディネートなんかも関連してくる。力学が必要となるので物理もできないといけないし、寸法を扱うので数学も関係するし、材料を扱うので化学も必要だ。要は、多岐にわたるいろいろな事柄を、同時に、一気に、エレガントに、考えないといけない。

そう思うと、建築はとても自分がアクセスできる対象ではなく、すべてを同時に考えることのできる万能人だけがやることを許される、近寄りがたい高度で複雑な対象であるように見えた。

哲学が分からないのと同様、建築が取っ付きにくいのは、これもまた本来は、西欧発の概念だからである。「アーキテクチャー」という言葉は、明治になってようやく、「建築」という言葉に翻訳された。それまでの日本では、もともとは、建物を扱う分野のことを、「造家」と言っていた。それ以前には、「KENCHIKU」という語感がもたらす概念のイメージを、もともとは誰も持っていなかったのである。その違和感が、今もなお、どこかに残り続けている。だからこそ私たちは、「建築」なる言葉と概念に微妙な齟齬《そご》を感じると同時に、かえってそれ故にこそ、そこに魅了《みりょう》され続けてしまうのである。

遠い異国の、はるかな未来の、憧れの塊としての、建築。

紀元前、2つの三位一体

哲学者の代表と言えばふつう、西欧ではプラトンやアリストテレスあたりから始められることが多い。プラトンは「プラトニック・ラブ」の語源ともなった、紀元前における古代ギリシャ時代の哲学者で、アリストテレスの先生でもあった。

そのプラトンが提唱した有名な理論が、「イデア論」である。「イデア」とは一言で言えば、「理念」や「理想」といったものを指す概念である。「イデア論」とは、「現実の世界」と「イデアの世界」とを分けた上で、理念としてのイデアこそが本来の理想的な世界であり、真実であり、現実はそれを不十分に写し取ったものでしかない、という考え方である。

そうすると、例えばインターネットや映画や小説の中で描かれる理想的な世界は、イデアということだろうか？　ユートピアということだろうか？　穢《けが》れのない平和で喜びに満ちあふれた、理想の社会ということだろうか？　嘘のない真実の、悪行のない善き人々による、汚れのない美しい世界ということだろうか？

さしあたり、それに答えるのはやめておこう。ともかくもプラトンはそうしてイデア論をベースとして、そこから国家論や芸術創作論やそのほか様々な問題を考え抜き、それを世に残していった。

それらの考えを引き継ぎながらも、独自の考えを展開し、哲学を哲学たらしめたのが、その弟子であるアリストテレスである。アリストテレスは、言わばミスター・フィロソフィー、哲学者の中の哲学者であって、誰もがそこから始め、そこに立ち戻るほかないような、知の巨人だった。彼は世界のすべてに目を向け、人間社会のすべてに思考の眼差しを注ぎ、あらゆるすべてを語り、考え抜いた。人間の社会も、芸術も、愛と憎しみも、世界の成り立ちと起源も、人の生き方と幸せも、国家と家族も、男と女の問題も、政治と正義の問題も、民主主義についても、動物と植物のことも、論理学と数学のことも、天文学のことも、倫理学のことも、何もかも、ともかくすべてのことを細大漏《さいだいも》らさず、くまなく「考えること」の対象にして、想像をはるかに超えた異常な知力でもって、すべて語り尽くそうと欲望したのである。

そのすごみに対抗できる人は、人類史上、基本的にいない。だから本当を言えば、哲学の祖と言えるアリストテレスの出現によって、実は哲学はすでに終わっている。その始まりをなした、万能人としてのアリストテレスが、あまりにすごすぎたのだ。だから哲学は、彼が活動した紀元前4世紀頃に、すなわち2400年近くも前に、人類の文明と文化が花開くその後の歴史を先取りして、アリストテレスが始め、アリストテレスが終わりを宣告したと言っても過言ではなかった。その後、人類はただひたすらに、アリストテレスを解釈し続けてきたのだ、と言ってもいい。

始めにすべてありき。と同時に、始まりは終わりとも言えたのだった。

しかしともあれ、哲学の始まりをなしたプラトンやアリストテレスによって、哲学というものが何を扱う学問であり、分野なのかということの方向性が、大方、決まっていくようになる。それは要約して言えば、「真・善・美」ということだった。

誤謬《ごびゅう》と錯覚を取り除いた、「真」なるものの追究。徳と倫理を突き詰めた、「善」なるものへの接近。人々の心を揺り動かす、「美」なるものの創造。

三位一体とも言えるこれら3つの観念に目を向け、その実現と思考を共有することこそが、哲学なるものの使命であり、領分である。そんな考え方が、古来、繰り返し語られながら、多くの哲学者を駆り立ててきたのである。

この、人間にとって本質的とも言える三位一体の観念を受け止めながら、それを巧みに読み替え、書き直し、変化球にして投げ返した分野こそが、建築だった。

建築の歴史をどこから始めるかは、いろいろな考え方があるものの、建築理論の始まりは、ふつう、ウィトルウィウスという古代ローマ時代の建築理論家から語られることが多い。ウィトルウィウスは紀元前1世紀にローマで活動した建築家であり、建築理論家である。その彼の業績でもっとも有名なのが、『建築十書』という建築理論書である。彼はこの書物の中で、多くの哲学者の考えを引用しながら、建築にとってもっとも重要だと思われる3つの要素を取り上げ、それによって建築を定義づけた。

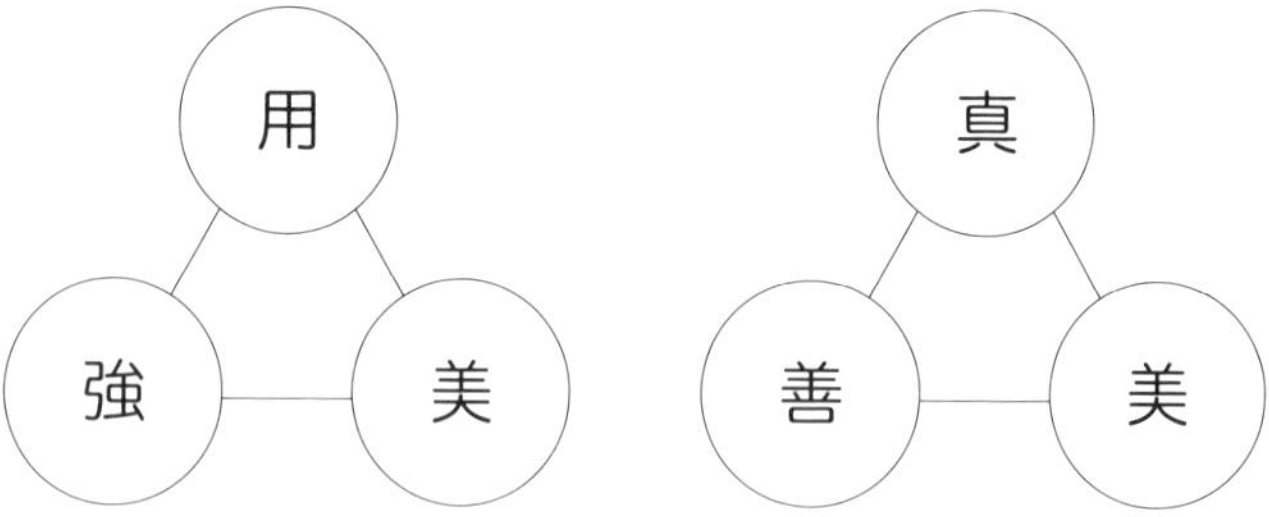

建築における「用・強・美」　哲学における「真・善・美」

図1　建築と哲学の三位一体理論

それが、「用・強・美」という3つの要素だった。つまり、建築は人々が使うのだから、当然ながらその利用上の「用」に即して機能に応じなければならず、一方で人々を守るシェルターとして、「強」固に頑丈に堅牢に創られる必要があり、さらには社会における文化的存在として「美」しく創られなければならない、というわけである。そして哲学同様、この「用・強・美」という建築の定義は、その後の西欧において、多くの建築家たちに多大な影響を与え、教条的な指針として、連綿と受け継がれることになったのである。

哲学における「真・善・美」と、建築における「用・強・美」。各々の三位一体理論、何だか似ているようで微妙に異なっているものの、どちらにも「美」が入っているのが不思議な感じもする。「美しさ」というものは、やはりどうしても、外すことはできなかったんだな。

歴史的に振り返れば、アリストテレスやプラトンが、ウィトルウィウスの数百年前に「真」も「善」も「美」もいろんな形で考えて語っていた。だから大まかには、哲学の三位一体の方が先だろう。つまり、残念ながら、その著作権はもともと、哲学にあったと言っていい。だから、「用・強・美」という建築の三位一体理論は、本家取り、コピー、ヴァージョンアップであって、哲学の考え方を見本として、建築を理論づけるために生み出されたのである。

だとしたら、建築はその始まりにおいて、哲学に憧れ、哲学に嫉妬《しっと》し、哲学を模《も》した、と言うべきなのだろうか？

20世紀、哲学者が建築家を演じる

例えば多くの芸術家が、自分自身の幼少期や故郷や生い立ちを振り返って、それが自分の活動や作品に多大な影響を与えた、という物語がある。幼いときの、自分の原風景が、自分の創作に大きな影響を与えている、といったように。

建築家の場合にも、そうした物語はよく見聞きする。でも本当は、それは違うと思う。少なくとも半分は、嘘をついているのだと思う。もっと正確に言うと、そう語っている本人たちが、嘘であることに酔っていて、自分自身、気づいていないということなのだと思う。そのように口当たりのいい話をする人たちは、自分をそうした物語に当てはめて、ストーリー化しようとしているのだと思う。

なぜそう思うのかと言えば、建築は多くの人にとって、言ってみれば後天的に学び取る人工言語のようなものであって、もともと、情緒や本能や生理的な欲求に直結したものではないからである。

少し難しく言い換えれば、建築は、人間が高度に、事後的に再構成する事象の総合なのである。

これは、哲学や建築という概念が、一見、イメージしにくいものだということと、深く関係している。学習と素養が必要とされ、五感に訴えるものだけでない、目に見えにくい要素を考慮し、それらを含めて総合的にイメージする想像力が要求されるのである。

哲学も、建築も、人間が生み出した高度な概念の総合体だ。それは、単純に五感によってのみでは感得できず、語感だけで全体の輪郭を知ることもできない抽象的な概念である。だから、一見、分からない。そして分からないからこそ、私たちはそこに、憧れを抱き続けるのである。だから哲学者や建築家を目指そうとする人は、自分自身のあやふやさに業を煮やして、自分の決断力のなさにうんざりしてしまっている人だ、きっと。選びたいものが多すぎて、逆に何も選べない優柔不断な人が、決断を先送りにすることの先で、時間切れのため、結果的に哲学者や建築家を選んでしまっているのである。正直、フリーターと、紙一重かもしれないな。

その、決断の揺れをもっとも極端な形で体験した人物が、20世紀初頭のウィーンにいた。ウィトゲンシュタインという男である。20世紀最大の哲学者の1人と見なされているウィトゲンシュタインは、裕福な家庭に生まれ、論理学などを学んだ。その後、『論理哲学論考』という、とても風変わりで、ずいぶんと難しい哲学書を出版して、世の中に衝撃を与えた。

まるで世界の謎を、論理的に証明するような体裁で書かれたこの本によって、彼は世界を代表する、押しも押されもせぬ哲学者になったのである。そして彼は、この本の最後の文章で、「語り得ぬものについては、沈黙しなければならない」と言いきり、文字通り、そこでいっさいについて沈黙してしまう。世界の成り立ちについて、すべてを語りきったと考えたのだ。ウィトゲンシュタインはそうして、徹底的な悩みの末に、哲学を放棄してしまう。目的を失った彼は哲学者をやめ、苦悩し、やりがいをなくし、無気力になり、若くして隠居生活に入ってしまったのである。

しかし、まさにそのときに、彼に転機が訪れる。そのきっかけをなしたのが、ほかならぬ建築だった。ウィトゲンシュタインの苦悩を見かねた彼のお姉さんが、自宅の設計を彼に依頼する。そこで彼は、ウィーンで活動する建築家と協働して、ストンボロウ邸という姉のための住宅を設計した。

この住宅がまたすごかった。ウィトゲンシュタインはここで、あたかも精密機械を作り上げるように、すべての部位にわたって非常に厳密な寸法で設計を行った。そのため、「住宅の形をした論理」と呼ばれたこの建築作品は、場所によっては2分の1ミリの誤差さえ許されないような精度で、緻密に作り上げられることになった。この設計の過程で、ウィトゲンシュタインは設計図の中に、「建築家・ウィトゲンシュタイン」と自らサインしている。

個人的には、そのように気軽にサインされることには、一言、文句を言いたくなる。何しろ、初めて設計にかかわった建築で、そう簡単に「建築家」と名乗ってもらっては困る。それでは、世界のあちこちで日々、精進して努力し続けている、多くの建築家が浮かばれないじゃないか。

が、ともかくも、20世紀ヨーロッパを代表する哲学者は、哲学をやめた後、建築家になったのである。いや、正確に言うとそうではない。ウィトゲンシュタインはこの住宅の設計を終える頃、精神的などん底から回復し、ふたたび哲学の世界に舞い戻り、重要な成果をあげていくことになる。彼にとって、建築家とは自分を救済するための、一瞬の役作りだった。

裕福な家庭に生まれ、人生の決断をどこまでも先送りにし続けていた、大人になりきれなかったひ弱な20世紀初頭の哲学者は、そのどん底において、たった一度だけ建築家を演じ、それによって自分自身の哲学的思考を飛躍《ひやく》させたのである。

〈知を愛する匠《たくみ》のワザ〉ということ

こうして、哲学と建築の、紀元前の始まりを振り返ってみても、そのずっと後の20世紀に焦点を当ててみても、建築はどうやら、王道としての哲学に寄り添って育ってきた、支流の分野であるらしいという感じがしてしまう、のだが、でも実は、そうでもない。

哲学の原語である「フィロソフィー」は、語源的には「知（ソフィア）を愛する」という意味。また、建築の原語である「アーキテクチャー」は、おおざっぱに説明すれば、「諸原理に基づいた匠やリーダー（アルケー）による、技術やワザ」ということ。

つまり、「フィロソフィー」も「アーキテクチャー」も、もともとは、ある意図を持って生み出された合成語だった。だから仮に、「建築哲学」または「哲学的建築」といったように、2つの言葉を重ね合わせて、もう何だかよく分からないような言葉を作ってみたとしたら、それは語源的には「知を愛する匠のワザ」といった、ごくまっとうな意味になるのである。

要するに、「知恵と教養がありながら、それを巧みに利用して、何か複雑なものを作り上げることができる頼もしい人」ということだろう。簡単に言い換えれば、すぐれた理論家であると同時に、すぐれたクリエイター、ということだろうか。だとしたら、たとえどんな職業についているとしても、「知を愛する匠のワザ」を望み求めようとする者は、すべからく、哲学者と言え、建築家と言えるのかも、しれない。

小説家も、建築家。数学者も、哲学者。音楽家も、建築家。美術家も、哲学者。そういうことなのかも、しれない。

建築と哲学の関係は、その始まりから深く、でもねじれて絡まり合っている。恋人どうしのように、従兄弟どうしのように、どうやら、お互いが相手を必要とし、互いに憧れつつ嫉妬し、離れていながら意識し、ときに共犯関係でもって密かに顔を見合わせてそっとほくそ笑む。

ほかならなぬ、哲学の巨人としてのアリストテレスが、そのことを最初に、呟《つぶや》いてくれていた。彼は『形而上学《けいじじょうがく》』という、世界を探求する究極の書物の中で、建築のことを語っている。彼はそこで、「始まり」や「事物の出発点」を意味する「アルケー」の重要性について述べ、「善」も「美」も何もかも、すべてがそこから生み出されるのだ、と言っている。そしてその延長線上で、建築のワザについて述べている。

このアルケーこそが、建築を意味するアーキテクチャーの語源をなしているのだから、哲学はその始まりにおいて、建築を通してもっとも重要な概念を描き出そうとしていたのである。

アリストテレス『形而上学（上・下）』出隆訳、岩波文庫、1959・61年

そんな経緯はつゆ知らず、いつしか建築を選んでいたのは、高校の終わり頃だった。建築には、すべての分野が詰め込まれているようで、逆に言えば何か1つに絞り込まなくても、将来、何とかなるように思えたのである（甘かったか）。

相変わらず、高校の授業はつまらなく、将来への焦りと不安でいっぱいで、希望は持てなかった。たんたんと、自分の進路を早々に決めてそれに向かって邁進《まいしん》しようとしている友人たちを見ていると、余計に焦った。選ばないことを選ぶ、という逃げの一手、だっただろうか。分からないものへの、分からないからこその、海の向こうの水平線を見るような、遠い憧れ。

それから、幾ばくかの歳月が流れた。あっという間に。いくつかの建築を創り、何冊かの書物を出し、小説も書いて出版した。ウィトルウィウスの向こうを張って、建築理論書も世に問うた。

かろうじて、建築家、と言えるのかもしれない。では建築の何たるかを、哲学の何たるかを、分かったと言えるだろうか。

はなはだ心もとないことに、正直なところ、今も分からない。「人生の意味」が分からないのと同じように。もっと言えば、建築家や哲学者という人々が、何を考え、どのように生きているのかということの核心は、今もってなお分からず、探索中である。長いミステリーだ。

分からないものへの、憧れ。ささやかに、建築家という主体を生きながら、哲学のなにがしかに触れながら、今もなお、この、「分からない者」たちの謎に、憧れ続ける日々。

体育

次世代の
建築家に求められる
運動能力

石田壽一

スペース思考と運動神経

体育から建築を考えると言われても、あまりピンと来ないかもしれない。実際、体を動かして運動をする体育は、スケッチを描いたりモノを削ったり練《ね》ったりして作品を作り上げる美術や、過去にでき上がった建物や地域について詳しく知る歴史の授業と重なる部分はあまりないように思われる。保健体育の教科書を手にしても、建築の専門分野につながるヒントは見当たりそうにもない。体育について考えることが、いったい建築にどうつながるのか？

体育と建築の関係についてこのような疑問をもつことは至極《しごく》当然の反応である。中等義務教育を監督する文部科学省の学習指導要綱《ようこう》という固い規則集に書かれた保健体育教育の目的を読んでも、建築に関係する項目はあまりない。唯一建築とつながりそうな記述は、「運動競技を観賞する楽しみを発見する場所」の箇所であろうか。

たしかに、器械体操、陸上競技、水泳、球技、武道などが行われる場所は、建築設計の主要なターゲットである。それぞれの種目に応じた練習場や公式試合会場は、特殊な寸法や仕様が厳格に定められている。スペックに適合した運動環境は、建築空間として設計・施工され、小は卓球場から、大はマラソンコースの都市景観まで意外にバリエーションは多い。世界中に中継されるマラソンルートは都市のイメージを左右する。印象的な建築や町並みが形成する都市景観は人々を誘うツーリズムメディアとしても重要で、体育競技と都市イメージは意外なところでつながっている。競技の歴史的な名場面は、それが繰り広げられた都市や建築空間とともに人々の記憶に残される。ギリシャのオリンポスの丘で開催された古代オリンピックしかり、格闘技空間の原型、ローマのコロッセオしかりである。もう少し身近に球技空間を例としても、テニスのウィンブルドン、サッカーのウェンブリー、ラグビーのトゥイッケナム、ベースボールのフェンウェイなど、各競技での聖地と呼ばれるスタジアムは時代を超えて都市の重要な建築モニュメントとして存在し、中心的な祝祭の場を形成してきた。

スポーツ観戦中にプレーヤーが「ここは観客と一体になれる良いスタジアム」と語ることがある。競技者、観客、競技空間の距離感がプレーの技の質や観客の満足度に影響を及ぼすことは、スポーツ経験者であれば否定しえない感覚ではなかろうか。この感覚はプレーヤーのみならず建築を設計する建築家にとっても重要である。運動競技の違いはプレーヤーと観客の間に独特の場を醸《かも》し出す。これもテニス、サッカー、ベースボールの順に比べればよくわかるし、球技以外の柔道、陸上、馬術、トライアスロンなどの競技ごとに、そこに集まる観客のテイストもだいぶ違う。一般論として、サッカー観戦の応援は、テニスとは全くスタイルが異なるし、イニングごとに攻守が切り替わる野球と、45分連続するサッカーの観戦スタイルも違う。ゲームルールと観戦スタイルの違いが、スタジアムを独特の雰囲気に変える。物理的な環境の違いではなく、それぞれの運動競技が醸し出す空間的な構造の違いかもしれない。このように見れば、建築・都市・ランドスケープと体育競技の施設環境は密接に関係しており、双方にとって重要な主題となりえるのではなかろうか。

ここまでの前説で、建築と体育の距離が少し縮まったかもしれないが、本題に入る前に体育と建築の意外に深い関係を考える際に2つの重要なキーワードを挙げたい。1つは「スペース思考」、もう1つは「運動神経」である。スペース思考、すなわち空間を考えることは建築を設計する上でも最も重要な概念の1つである。建築に関わる者の共通認識だと言えるだろう。「構築体は光を与え、光は空間を与える」（香山壽夫『建築意匠講義』東京大学出版会、1996年）と言ったのは20世紀の偉大な建築家の1人、ルイス・カーンだが、カーンの設計した傑作には、そのことば通り「光と空間」の巧みな関係が規模や用途の異なった美術館、研究所、大学、住宅等の作品に共通して観察される。おそらくカーンは物体と光が創り出す理想的で本質的

ルイス・カーン「キンベル美術館」1972年

な空間の関係を直感的に体得しているのだろう。要求機能や規模の違いを越えてどの作品にもカーン特有の空間（＝光）が生まれるのかもしれない。あくまで1つの仮説にすぎないが、本題に引き寄せて言えば、カーンにとっての光のような空間思考の鍵を、運動競技、とりわけチームプレーのサッカーや野球といった球技スポーツは与えてくれるのではなかろうか。これについてはサッカーと野球を比較しながら少し掘り下げたい。

もう1つの「運動神経」だが、これも直接的な身体能力というよりは、タフで俊敏なマインドの問題というべきかもしれない。建築との関係で言うと空間系よりも時間系に関わる。建築を現実に設計し、現場で完成させる作業はタイムリミットとの闘いである。いったん決まった施工スケジュールは基本的に変更できない。コンクリートを流し込む前に配筋《はいきん》工事や型枠《かたわく》工事があり、電気や設備の配線、配管工事も型枠工事と連動する。そのため、現場で建築家が設計変更をしようと思うと一悶着《ひともんちゃく》起きる。施工者側は何段階も先の工程に対して準備をしているので変更したくない。建築家も現場の具体的な細部が見えてくると、設計図面に載っていない「ああすればよかった」ことが見えてくる。現場は不可逆な事象の連続である。いったんコンクリートを打ったら壊せない。それゆえ各工程で現場の職人や監督と意思の疎通《そつう》を図り完成を目指す建築作品は、プロセスごとの一瞬の「やる・やらない」の判断がとても重要である。それをしくじると残念な結果が待っている。ちょうどサッカーでロスタイムに不意にカウンター攻撃を受け、それをどうかわすのかを限られた時間内に判断し、チームメイトに戦術をアイコンタクトで伝達する際の運動神経（＝マインド）に近いというべきか。

しばしばサッカーは空間のスポーツであり、野球（ベースボール）は時間のスポーツだと言われるが、建築の空間を考える上ではチームプレーの球技スポーツにおけるゲーム展開を考える能力や、追い込まれた危機的状況に応答する瞬時の運動神経は意外に重要な素養《そよう》なのかもしれない。ともあれ前説はこれくらいにして、サッカーと野球の比較に駒を進めよう。

フットボールとベースボール

近代オリンピックの父と呼ばれるクーベルタン男爵は、英国パブリックスクールの教育と指導法を学ぶために渡英した折、訪問したラグビー校で「手を使うフットボール」に魅せられた。後にラグビーの審判資格も取得し、パリを中心に試合で笛を吹くほどラグビーに熱中したと言われる。「手を使うフットボール」と「手を使わないフットボール」の違いは、英国の二大パブリックスクールであるラグビー校とイートン校のフットボール・ルールに端《たん》を発する。ライバル校同士であったためか、各々《おのおの》ルールを支持する団体が融合するよりは独自の展開を目指し、19世紀半ばから別の協会を立ち上げ、異なる球技種目として普及活動を始めた。「手を使うフットボール」すなわちラグビーは、その後アメリカに渡り、20世紀を通じてアメリカン・フットボールとして国内で最もメジャーなスポーツに成長する。

　フットボールの欧州と米国ルールの差異は、建築の「スペース思考」を考える上で興味深い。それは競技ルールの進化と空間構造の対照性に観察される。アメリカン・フットボールのフィールドを見れば自明だが、競技空間はサッカー場には見られない数字や目盛り、線分に溢《あふ》れている。これはプレーヤーのみならず、誰もがボールの移動距離や攻守の状態を瞬時に理解できるデータの「見える化」手法が活用されたデザインだと言えよう。

　この特徴は、フィールドのみならず、アメリカン・フットボールのゲームルールや応援形式に顕著《けんちょ》に認められる。例えば、攻守の明確な分離、ポジションごとの役割分担、スクリメージ（両チームが向き合うフォーメーション）に要約されるプレーの明示、すべてが10秒前後のセットプレーの反復、プレーヤーの自由交代、ロスタイムの不在、

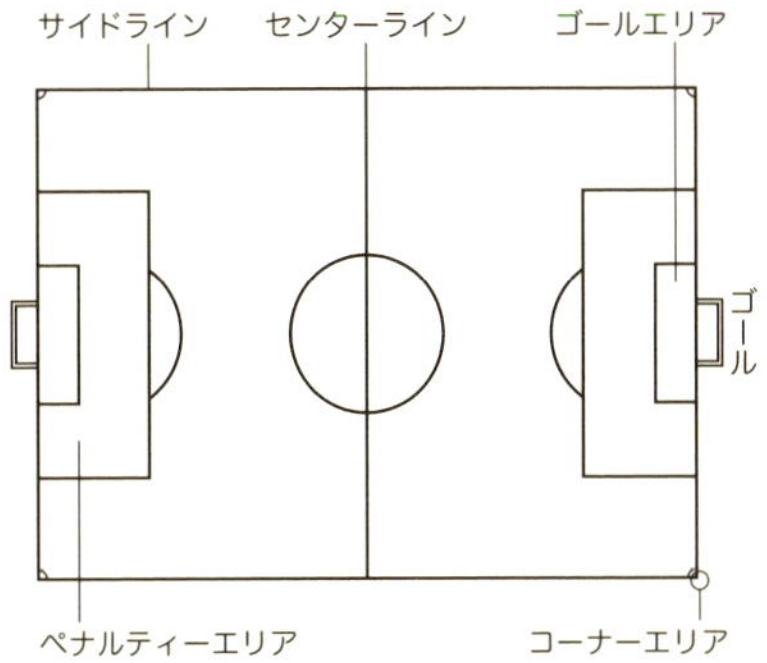

サッカーフィールド

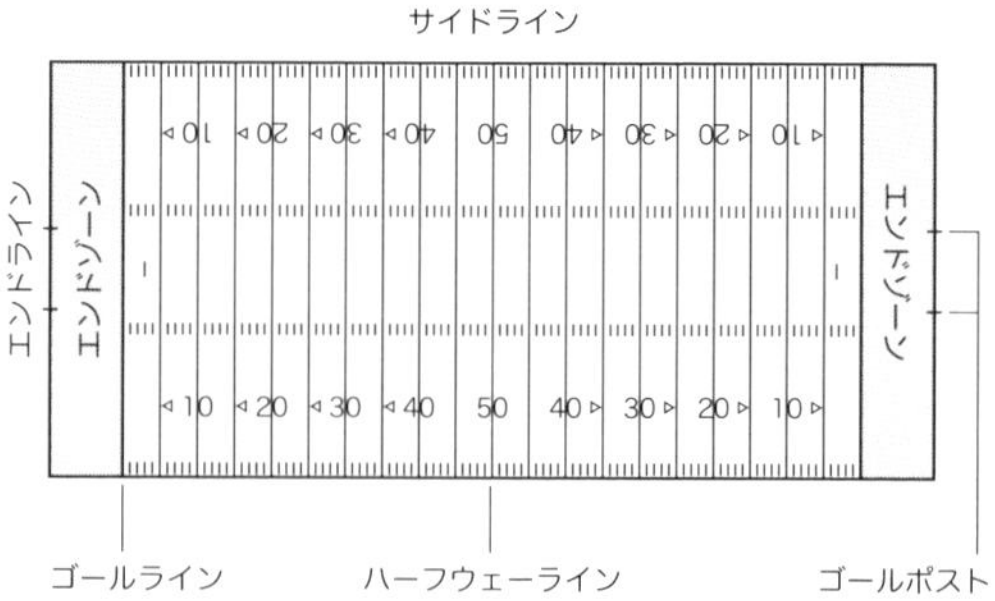

アメリカン・フットボールフィールド

ボディコンコンタクトに対応する防具の装着、プレーを止めた走行距離の測量、ジャッジ・ミスを引き起こさないビデオ判定の原則である。これらは欧州のフットボールでは決して想定し得ないゲームルールであり、きわめて独自の進化を遂げた結果といえよう。

究極の違いはハーフタイムショーの存在であろう。アメリカン・フットボールの頂上決戦と呼ばれるスーパーボールでは、マイケル・ジャクソン（故人）をはじめ、マドンナやポール・マッカートニーなど、世界的ミュージシャンがショーに参加して試合を盛り上げる。スーパーボールのショーに呼ばれることはミュージシャンにとってもプレステージ（評価）の高いイベントとなっているようだ。チアリーディングを含め、欧州の常識からするとフットボールの進化系のかけらも見られない球技に映るアメリカン・フットボールだが、この進化こそ米国スポーツの真髄《しんずい》なのかもしれない。観客が容易に競技に没入《ぼつにゅう》し、ゲームを楽しめる演出性の高い運動空間。すなわち「大衆娯楽としての運動競技」の特徴が顕在《けんざい》化しているのだ。

この特徴はベースボールとの比較によっていっそう明らかになる。アメリカン・フットボールの進化は、欧州のフットボールよりもベースボールに遥《はる》かに近い構造を示している。先述したルールの特徴は、ベースボールが原型となって進化している。フィールドもピッチャー・マウンドをはじめ、攻守に関わるポジションがすべて明確で、プレーヤーが勝手に自分の判断でポジションを変更する余地はない。

先に述べたように、サッカーは空間のスポーツであり、野球は時間のスポーツだと言われるが、野球の攻守イニングの形式や、アメリカン・フットボールの時間を潰《つぶ》すタイムマネージメント戦術などは、時間のスポーツとしての米国球技の特徴だとよく説明される。タイムイズマネー（時は金なり）の国のデータスポーツと言えばそれまでだが、時間の経過、すなわち攻守の結果は、常に定量的なデータとして「見える化」が求められ、プレーヤーの走行距離のように数字の「展示」として観客に容易に読み取れる環境が求められる。

たまに欧州サッカーで強豪同士が90分間、攻守をめまぐるしく変えながら互角に戦って0－0のようなドローゲームがある。両者が力を抜いたのではなく全力でせめぎ合った結果だが、これはリテラシー（理

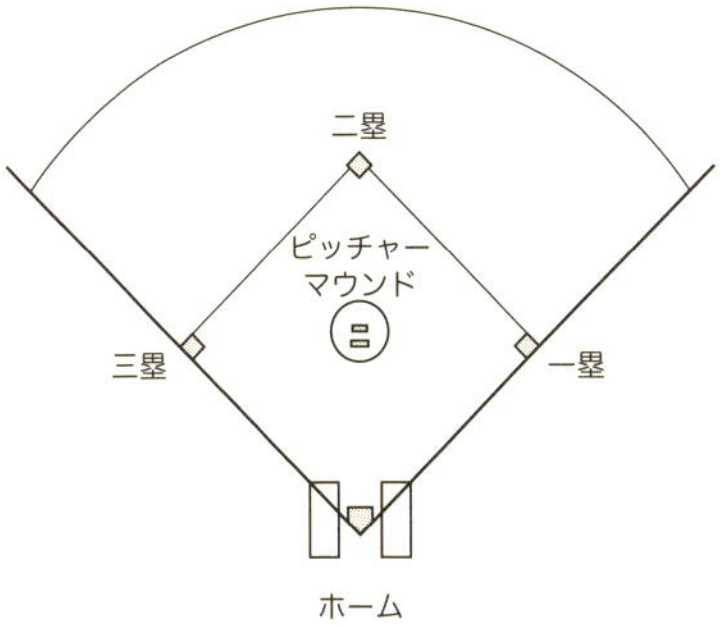

ベースボールグラウンド

解・評価する能力）の高い一部の観客の存在が前提になったゲームであることは確かだ。あるいは、ゴッドハンドのように流れの中での美しい得点シーンでは、微妙な反則行為に目くじらを立てずゴールを認めるような全体感に立った審判の度量が容認されている。走行距離に比例した結果が上がらず、加えて審判のジャッジの不透明なサッカーは、米国では娯楽度の低い競技と見なされるかもしれないが。

トータルフットボールと空間のフラット化

ふたたび欧州のフットボールに戻り、空間としてのサッカーについて考えてみたい。アメリカン・フットボールが米国における娯楽を前提にした究極の進化系だとすると、１９７４年のワールドカップでフライング・ダッチマンと称されたヨハン・クライフ率いるオランダが展開したトータルフットボールは、近代フットボールのもう一方の極《きわみ》かもしれない。アムステルダム・アヤックスの名将リヌス・ミケルスによって具現化された戦術は、「フィールドをポジションではなく、スペースから考えること」であった。建築関係者にはよく知られるオランダの建築家ヤン・ウィルスの「オリンピック・スタジアム」（１９２４年）とファン・

アイクの傑作「子供の家」（１９６０年）に程近いアムステルダムのオリンピック通りで生まれたミケルスは、９歳の誕生日にサッカーシューズとアヤックスのユニフォームをプレゼントしてもらい、そこからアヤックス一筋の人生を歩むことになる。

「ポジションではなくスペース」という一文は建築的な空間思考にとっても示唆《しさ》に富む。トータルフットボールは、結果的に従来のポジション・サッカーに基づく組織プレーを解体し、きわめて流動的な戦術として全員攻撃・全員守備という新たな進化系モデルを生み出した。プレーヤー全員の高い攻守の切り替え意識と走りを維持する持久力が伴って初めて可能になるコンパクト・フラットモデルは、高い位置でのプレスやオフサイド・トラップという美しい空間戦術を生み出すとともに、プレーヤー・ポジションの不在という究極のプレースタイルをヨハン・クライフとともに実現した。ゾーンプレスやポゼッション・フットボールなど、２人が監督を務めたＦＣバルセロナ経由の現代サッカーは、トータルフットボールを起源とする進化系と見なせる。個人の「ポジション」ではなく、全員が「スペース」としてフィールドを捉えることがフットボールを刷新するキーワードとなったことは、現代建築を考える上でも意味深い。ミケルスに倣《なら》えば「すべてのために責任を果たした上での自由（フラット化）」というプレーヤーにとってはタフな要求だが、究極的にフラット化した建築における「機能と空間」の関係を考える上でもこの名言は意味深長である。

ここでなぜオランダからトータルフットボールが生まれたのか、背景を少し考えてみたい。オランダは国土の4分の1が海面下にある。日本で言うと八郎潟《はちろうがた》がわかりやすい。欧州の西部低地地域にあるオランダは、何千個もの八郎潟の集積でできたようなランドスケープである。オランダの土木技術者に言わせると、どこもヨーグルトのごとく軟弱地盤であり、実際、地下水の変化で容易に沈下する。中世後期から千年をかけてぬかるんだ環境を居住空間に変貌《へんぼう》させてきたのがオランダである。他の地域よりも余計に努力（＝走って）、全員が高い守備意識（＝マインド）で安全なスペースを考え、人工的な土地（＝フィールド）を洪水や地盤沈下から守ってきたというべきか。かくして「世界は神が創造したが、オランダはオランダ人が作った」という固有のダッチ・メンタリティに結実したわけだ。

欧州を眺めても神の創った土地には、特権的な場所とそうでない場所が存在する。豊かな安定した大地は常に時の為政者の占有の対象であり、自然の恵みを苦労なく独占し続ける幸せな構図が維持される。しかし、その常識はオランダには当てはまらない。湖沼干拓から得たヨーグルトのように軟弱でフラットな地盤には特権的な場所（＝ポジション）はない。仮にポジションを確定しても、沈下しては元も子もない。歴史を通じていつ沈むか知れない土地に便宜《べんぎ》的に定着し、沈んだら移動をする。移動の判断が一瞬でも遅ければすべてを失う。このユニークな生活環境がオランダ固有の「状況に応じたスペースとしての居住」の歴史を作り上げた。結果、オランダ人には不変の安定地盤はなく、水没や沈下が常に起きうるという土地への恒常的な危機意識と同時に、やや醒《さ》めたコモンセンス（常識）を共有することになった。おそらくこの感覚は欧州の西部低地オランダ地域に特有のもので、他の欧州地域では共有できない常識だが、建築家レム・コールハースが主張する過密な人工環境の虚構性《きょこう》への着眼には、どこかルーツとしてのオランダが感じられなくもない。

古代ローマ軍がブリテン島の占領に向かう折、オランダ一帯も通過し、皇帝ネロも水路を使い現在のアムステルダム付近を視察したと言われるが、結果、「この土地は使えない」と判断し、ローマは植民しなかったと言われる。かくして、幸か不幸か、オランダ人は古典的には無用とされたフィールドを固定的な場所（＝ポジション）としてではなく、いつ沈むかわからない流動的な状況変化（＝スペース）として捉え、そこをいかに有利に活用するかの最適解《かい》を瞬時に判断するトレーニングを日々要求される環境と向き合うことになった。

オランダ人の土地に対するある種のトラウマがトータルフットボールの原点であったとの主張には少し無理があるかもしれないが、土地（＝フィールド）を下部構造の固定的な表出ではなく、上部空間の流動的な配列組織として全体を常に捉えるメンタリティが備わったオランダ人ならではのユニークな原風景に近い戦術モデルということは、ある程度指摘できそうである。オランダ発のトータルフットボールは、この章で示した2つのキーワードを考える上で、つまり体育から建築を考える上で示唆的な視点を提供する。ゲームフィールドを「ポジションではなくスペース」として考えること、また瞬時に動的な状況のリスクを読み、「全員攻撃・全員守備」で有利なゲーム展開に誘導すること。

体育から建築を考えることの中には、もしかすると美術や歴史以上に「空間をどのように展開し構成するか」のヒントがちりばめられているのかもしれない。運動競技は常に「より早く、高く、遠く、強く、美しく」が求められるのだが、これはローマ時代の建築理論家、ウィトルウィウスの提唱する建築に必要な「用・強・美」の考えにも通じるところがありそうだ。かくして「スペース思考」と俊敏な「運動神経」は、これからの建築家の基本的素養になるのではないか。実際、当代の建築家で無類のサッカー好きは少なくないが、次世代の建築家はひょっとすると親世代の影響を受けたタフなマインドの優れたサッカープレーヤーの中から生まれるかもしれない。その建築家の卵はもちろん君たちの仲間の中にいるはずだ。

歴史

教科書にのる建物

後藤 治

中高生の教科書

原稿の依頼を気軽に引き受けてしまったものの、今どきの中高生が果たしてどのようなことを習っているのか全く知らない。それだけじゃない。自分が卒業した学校は、中高一貫教育の私立で、先生が自分の好きな歴史を教えるような一風かわった学校だったので、自らの経験を一般論として語ることもできない。というわけで、とりあえず現在の中学校、高等学校の日本史教育に関わる教科書を購入することにした。

今どきの中高の教科書に出てくる日本建築はどのようなものだろう。図版（口絵を除く）として、建物の外観や内部が出されているものを、まずは中学校の教科書から列挙してみよう（表1）。

なかなかすごい。これだけの建物のことを知っていれば相当な日本建築史の通である。なかには、日本建築学会が編集している日本の建築の歴史を解説した図集（『日本建築史図集』『近代建築史図集』いずれも彰国社刊）にのっていないものまである。さらには、名古屋市の有松地区を例に街並みの歴史の調べ方や、神奈川県横浜市を例にイラストマップをつくって都市の歴史を調べる方法までのっている。これがマスターできていれば、大学の卒業論文

縄文時代
三内丸山遺跡（復元建物）

弥生時代
吉野ヶ里遺跡（復元建物）

古　代
法隆寺伽藍／飛鳥文化
長屋王邸（復元模型）
正倉院正倉／天平文化
平城京朱雀門・大極殿（復元建物）
平安京羅城門（復元模型）
平等院鳳凰堂／浄土信仰

中　世
中尊寺金色堂／鎌倉幕府の始まり
東大寺南大門／鎌倉文化
「一遍聖絵」武士の館、定期市の様子（絵図）
「洛中洛外図屏風」花の御所
首里城／琉球王国の成立
草土千軒町遺跡（復元された街並み）
鹿苑寺金閣／室町文化
慈照寺銀閣、同東求堂同仁斎／武家文化の成長
堺の街並み（復元模型）
今帰仁グスク／琉球王国と朝貢体制

近　世
安土城（復元模型）
大阪城（絵図）
姫路城／桃山文化
「江戸図屏風」江戸城（絵図）
対潮楼／朝鮮と琉球王国
「越後屋の店前」（絵図）
蔵屋敷（絵図）
萩と韮山の反射炉／雄藩の成長
東海道鳴海宿の街並み（絵図）

近　代
旧開智学校／学制の公布
煉瓦造の銀座通り（絵図）
富岡製糸場（絵図）
八幡製鉄所（古写真）
浅草六区の街並み（古写真）
原爆ドーム／戦争の終結
国会議事堂（古写真）

註：建物名の後ろの「／」は、教科書の小見出しを現存する建物のみ掲載した（表２も同）

平等院鳳凰堂

名古屋市の有松地区

表１　中学校の教科書に登場する日本建築（参考：『新しい社会　歴史』東京書籍、2014年）

が書けそうである。今度から大学のゼミでも使おうと思うぐらいだ。

中学生のレベルを考えたら高校生はどれだけすごいのだろう。というわけで、今度は高校の教科書の方を調べてみた（表2）。いささか心配しながら中身を確認してみたが、少し数が増えているだけで、中学校の教科書とさほどかわらない。一安心である。きっと高校での歴史の勉強は、量を増やすのではなく、質を高めるということに重点を置いているということなのだろう。

歴史を語る建築

中高の歴史の教科書を見てすぐにわかることは、日本の歴史を語ろうとすると、そこに登場する建物が非常に多いということである。先にあげたものは図版として写真や絵柄がのっているものだけなので、口絵や本文中に名前だけが登場する建物を含めれば、教科書に登場する建物は相当な数になるはずである。これは何を意味するのだろうか。

少し大げさな言い方をすれば、建物を抜きに日本の歴史を語ることはできないということである。建物がどのような理由で取り上げられているのかを見てみると、芸術や文化に関わ

弥生時代

吉野ヶ里遺跡（復元想像図）

古墳時代

豪族居館（復元想像図）

黒井峯遺跡（復元模型）

沖ノ島の岩座の分布（復元模型）

古　代

法隆寺伽藍／飛鳥の朝廷と文化

薬師寺東塔／白鳳文化

長屋王邸・庶民の住宅（復元模型）

下野国庁、武蔵国都紫郡家（復元模型）

多賀城跡（復元模型）

村上遺跡（復元模型）

平城宮（復元模型）

正倉院正倉／天平の美術

室生寺金堂／密教芸術

東三条殿（復元模型）

平等院鳳凰堂／国風美術

中　世

法勝寺伽藍（復元模型）

毛越寺伽藍（復元模型）

富貴寺大堂／院政期の文化

開発領主の館（想像復元挿絵）

「一遍上人絵伝」備前国福岡の市（絵図）

東大寺南大門・円覚寺舎利殿／芸術の新傾向

首里城／琉球と蝦夷ヶ島

「洛中洛外図屏風」京都の商店街（絵図）

「春日権現験記」火事で残った土蔵（絵図）

鹿苑寺金閣・慈照寺銀閣／室町文化

慈照寺東求堂同仁斎／東山文化

近　世

「南蛮屏風」南蛮寺（絵図）

姫路城／桃山美術

都久夫須麻神社本殿／桃山美術

妙喜庵茶室（待庵）／町衆の生活

桂離宮／寛永期の文化

「摂津名所図会」大坂【＊1】の蔵屋敷（絵図）

駿河町の越後屋呉服店（絵図）

町と町屋敷の模式図（概念図）

佐賀藩が設置した反射炉（絵図）

近　代

富岡製糸場の内部（絵図）

明治10年代の銀座の風景（絵図）

山形市街図（絵図）

大阪紡績会社（古写真）

八幡製鉄所（古写真）

「風俗画報」東京の“貧民窟”（絵図）

東京丸の内オフィス街・三菱一号館（古写真）

阪急電鉄の本社事務所（古写真）

国会議事堂（古写真）

コンビナート地帯（古写真）

大阪万博（古写真）

【＊1】江戸時代は大阪を「大坂」と記した

円覚寺舎利殿

表2　高等学校の教科書に登場する日本建築（参考：『詳説日本史』山川出版社、2014年）

る作品として取り上げられていることが多いのはもちろんだが、けっしてそれだけとは限らないこともわかるはずだ。建物は、各時代の政治や社会・人々の生活に関する歴史の生き証人としても教科書に取り上げられているのだ。その意味では、現在つくられている建物のなかにも、歴史の一頁《ページ》を飾るものが必ず存在するはずである。いったいどの建物がそれに該当するのだろうか。それを考えるだけでも楽しくはないか。建築の道に進んで建物をつくる立場になったら、自分が関わる建物が歴史の一頁を飾る可能性だってあるのだ。そう思うと、中高生にとって建築という進路がたいへん夢のある世界に見えてくるのではないか。

本音をいってしまえば、自分のつくる建物が教科書にのるかどうかは、たいして意味はない。中高生の諸君に知ってもらいたいのは、建物というものが、政治や社会・人々の生活と深く関わっているということなのである。

ところで、建築の世界には教科書にのっている建物と関わる別の道もある。それは古い建物を保存・継承するという道である。教科書にのっている建物のうち、現存するものは、それが建てられたときから何も手をつけられずにそのまま建っているわけではない。現在も建っているのは、多くの先人が残すための努力をしてきた結果である。具体的にいえば、建物はメンテナンスや改修・改良の手が加えられることによって、はじめて長く残すことができるのである。建築の道には、そういう仕事もあるのだ。かくいう私は、それを専門とする一人である。

このほかに、建築の世界には、教科書にのっているような復元建物や復元模型をつくることに関わっている人たちもいる。こちらは相当マニアックな仕事だが、復元という学術的な作業や博物館・資料館の展示に関わったりしているのだ。

教科書の建物への疑問と分析

ここで原稿を終わってしまうと、「そんな当たり前のことだけ書くな」と叱られてしまいそうである。そこで中高の教科書に登場している日本建築について、少し別の見方をしてみたい。学問の基本は疑問を抱くことである。というわけで、中高生を含め誰でも思いつく疑問をあげてみよう。中高の教科書に登場する建物の図版に、現存する建物の姿をのせているものがそれほど多くなく、復元建物や復元模型、絵図、古写真といったものが多いのはなぜだろうか。

「そんなことは不思議じゃないよ。古い建物があまり残っていないので、復元模型や絵図に頼らなければならないのだろう」。すぐそう思われる方が多いことだろう。確かにその答えは正しい。でも、それだけで疑問を片づけてしまっては、面白くない。そんな答えをする人には、このように反論しよう。

古い建物が残っていないといっても、比較的時代の新しい近世や近代になれば、それだけ建物が多く残されている。ところが、教科書に登場する現存の建物の図版が近世や近代に増えてはいない。むしろ、その数は減っている。とくに近代などは極端に少ない。つまり、現存する建物の数との関係で、教科書が復元模型や絵図等に頼らなければならないという理屈が成り立つのは比較的古い時代のことだけである。これはなぜなのだろうと。

この質問に対して、ここではその答えを2つ示そう。

1つ目は、じつは既に回答済である。「残されている古い建物には、のちの時代に様々な手が加えられている」ということである。つまり、建物の姿や形は、建てられた当時の正確な姿を伝えているのではなく、様々な時代の手が加わった形になっているので、「ある時代の建物の正確な姿」を伝えようとすると、模型や絵に頼る方が、実物の建物よりも「正確」ということになるのだ。もう少しわかりやすくいえば、例えば、江戸時代の商店の様子を示したいときに、歴史的な街並みに現存する古い町家の写真を出すよりも、当時描かれた錦絵を出した方が、江戸時代の正確な姿が伝わりやすいのである。

もう1つの答えについては、先に建築は政治や社会・人々の生活と深く関わっていると書いたが、そのうち「社会・人々の生活との関係」が答えのヒントになる。勘の良い方なら、もう答えはおわかりだろう。社会や人々の生活の様子といったものは、単に建物の姿や形だけでは伝わりにくいので、建物を当時の人々が利用している様子を示す方が、受け手に実感を込めて伝えられる。そのため、単に現存する建物の今の写真や図面をのせるよりも、当時の人々の様子が描かれた絵や古写真の方が都合が良いのだ。

教科書の近代のところに掲載されている建物の姿が極端に少ないのは、近代になると、写真という歴史資料が登場してくるからだ。写真は、当時の社会や生活の様子をリアルに写し出してくれる。その結果、教科書にのる図版類のなかで写真の数が圧倒的に増えるのである。それに反比例するかのように、現存する建物の姿が減っていく。同様に、挿絵や模型の類《たぐい》も少なくなるのである。

歌川広重『東都名所　駿河町之図』（国立国会図書館蔵）

教科書に建物をもっと登場させたい

とりあえず説明をつけたとはいえ、比較的新しい時代の建物の今の姿が教科書に登場してこないのは、建築学を専門とする一人としてやはり悔しい。それなら、ということで、最後にどうすれば現存する建物がもっと教科書に登場することができるのかを考えてみることにしたい。

自分を含め、建築業界の関係者は、忙しい日常の仕事に追われて、建物が歴史の一場面を物語るものになり得るというとても魅力的な事柄を、ついつい忘れがちである。まずは、業界関係者の多くが、歴史に名を残すような建物をつくろうという気持ちを忘れないことだろう。そうすれば、おのずと教科書にのる建物の数も増えていくに違いない。

歴史に名を残すといっても、ただ目立てばよいということではない。確かに、教科書には、当時多くの人々の目をひきつけたと思われる建物がのっている。けれどもそれらは、単に目立っていたから教科書に掲載されているわけではない。社会や人々の生活との関係で、時代の変化を先取りしていたり、象徴したりするような存在であったからこそ、教科書に掲載されているのである。

近年、建築業界では、見た目の華やかさや奇抜なデザインの建物が次々に登場している。業界ではそれを競っているように思えるし、大学はそれを利用して、デザインという面を強調して中高生をひきつけようとしている傾向がある。これではいけない。建物の評価にあたっては、社会や人々の生活との関係を重視するということを、業界全体で真剣に考え、自らの襟《えり》を正していく必要があるように思う。

最近、公共機関がつくる建物を、「箱物《ハコモノ》」と呼んで、無駄遣いの象徴であるかのように伝える報道や世論を、よく耳にするようになった。無駄遣いは確かによろしくないが、業界関係者はこうしたときにただ「黙《もく》して語らず」ではなく、公共機関がつくった建物が教科書にのる歴史の一場面となっている事実や、それが歴史の一頁を飾るかもしれない建物だからこそ、ある程度のお金をかけて良質なものをつくっていかなければいけないこと（むしろ良質なものをつくるにはある程度のお金がかかること）を訴えるべきなのだ。正倉院の校倉や豊臣秀吉の大阪城も、今風にいえば国家がつくった公共施設で、相当にお金のかかった建物なのだ。そうした姿勢を表明してこそ、多くの中高生が目指したくなる業界たり得るのではないだろうか。

古くなった建物に温かい目を

もう1つ大事なことは、古くなった建物をもう少し大事にすることだ。欧米の先進諸国と比較すると、日本では古い建物はすぐに壊されてしまい、建物の寿命が非常に短いことがよく知られている。教科書に比較的新しい時代の建物があまり登場してこないのは、建物を大事にしない社会の風潮が教科書にまで悪影響を及ぼしているとは考えられないだろうか。

日本では、古くなった建物を次々に取り壊しているせいで、建物だけでなく街の様子も往時の面影を残していない。そのせいで、建物や街の様子が物理的に失われているだけでなく、人々が建物や街の様子からかつての社会や人々の生活のありようを読み取ることが難しくなってしまってはいないか。また、歴史的な事件の場や、歴史の舞台となった場として、建物や街を眺めたり、それを大事にするという習慣も失いつつあるのかもしれない。

欧米の先進諸国を旅してみると、歴史的な古い建物や街並みが非常によく残されていて、それが地域の観光資源になると同時に、人々の生活や就業の場として今でも機能し続けている。また、歴史的な事件の場や歴史の舞台となった場を後世に継承していくということは、欧米の先進諸国において歴史的な建物や街並みを残していくための強い動機づけになっている。

二・二六事件。後方右端は参謀本部。中央は陸地測量部、左は完成間近い新国会議事堂（1936年2月29日。共同通信社）

今後は日本でもこうした姿勢を見習いたいものである。

じつは先の一覧には取り上げていないが、中高の歴史教科書の近代のところには、社会や人々の生活を物語る背景として、建物や街の様子がちらりほらりと登場している。けれども、図版の解説には建物や街の具体的な名前や場所は紹介はされていない。例えば、二・二六事件の場として建物の古写真がのっているし、日米安保条約をめぐる紛争を伝える写真の背景に国会議事堂が写っている。また、第2次世界大戦後の「焼け野原」の悲惨な様子を伝える写真として、東京の街が取り上げられている。けれども、事件の場となった建物名は記されていないし、建物としての国会議事堂の解説はない。また、東京の街もそれがどこかは記されていない。

事件の場や歴史の舞台として建物や街を見る意識があれば、図版の解説は異なっていたのではないか。つまり、なぜ国会議事堂が事件や紛争の場になったのかという建物の役割に注目する視点や、焼け野原になった東京の街がその後どう復興されたのかといった都市的な視点を持つと、同じ図版が違ったものに見えてくるはずなのだ。そうした視点を持つと、今とはちょっと違う中高生のための歴史教科書をつくることができるかもしれない。

ちょっと壮大な話になってしまったが、建物や街はよく映画やテレビのロケ地として使われている。映画やテレビの舞台となった建物や街が、観光にも役立っていることはよくある。こうした意識を、少し固めの歴史にも応用してみればよいだけのことである。

もう1つ大事なのは、様々な場として建物や街が持つ力を知ることだ。つまり、建物や街は、それが歴史の舞台になったり、素晴らしい映画のロケ地になったりするような場としての力を持っているということだ。その力は、建築に関わる人々の手によって、すごい威力を持つこともできるし、全く失われてしまうこともあるのだ。

これから建築の世界に足を踏み入れようと思っている中高生のみなさんに、建物や街が持つ「場の力」についても意識してもらえれば幸いである。古い建物を大事にすることは、場の力を失わないために必要なだけでなく、時には場の力を強めることにも役立つ。私の大学の研究室では、そのための研究や実務に取り組んでいる。

物理

安全と豊かな空間を生み出す構造

佐藤 淳

力学を操る構造設計

建物には、その重さを支え、地震や台風に耐える強さが必要です。そのために、動物の骨格のような部分があります。鉛直に立てる「柱」や、水平に架け渡す「梁《はり》」などです。そして、柱や梁などの建物の骨格を「構造体」または略して「構造」と呼び、構造体がこれらの力に耐えられるように設計することを「構造設計」と呼びます。

構造設計では、中学で習う「理科」と高校で習う「物理」の中でも、主に「力学」の分野を扱います。「力」がどのように加わっているのかを知り、材料の「強さ」を知り、どんな形の構造にするかを考えます。「力」の種類は様々です。「重力」は常に働き、「地震」や「台風」の他に、「津波」「竜巻」「火山の噴火」「隕石」など災害も様々です。「人」や車両などの「機械」が動くときの力もあります。これらの中には「振動」や「衝撃」として力を加える現象もあります。力が発生する確率も考えて、力の大きさを設定することも必要です。

そして技術を駆使《くし》することによって、安全を守り、さらに

写真1　南京玉すだれのように木材が連なっていく構造。「山鹿市立山鹿小学校」2013年（建築設計：工藤和美＋堀場弘／シーラカンスK&H、構造設計：佐藤淳構造設計事務所）

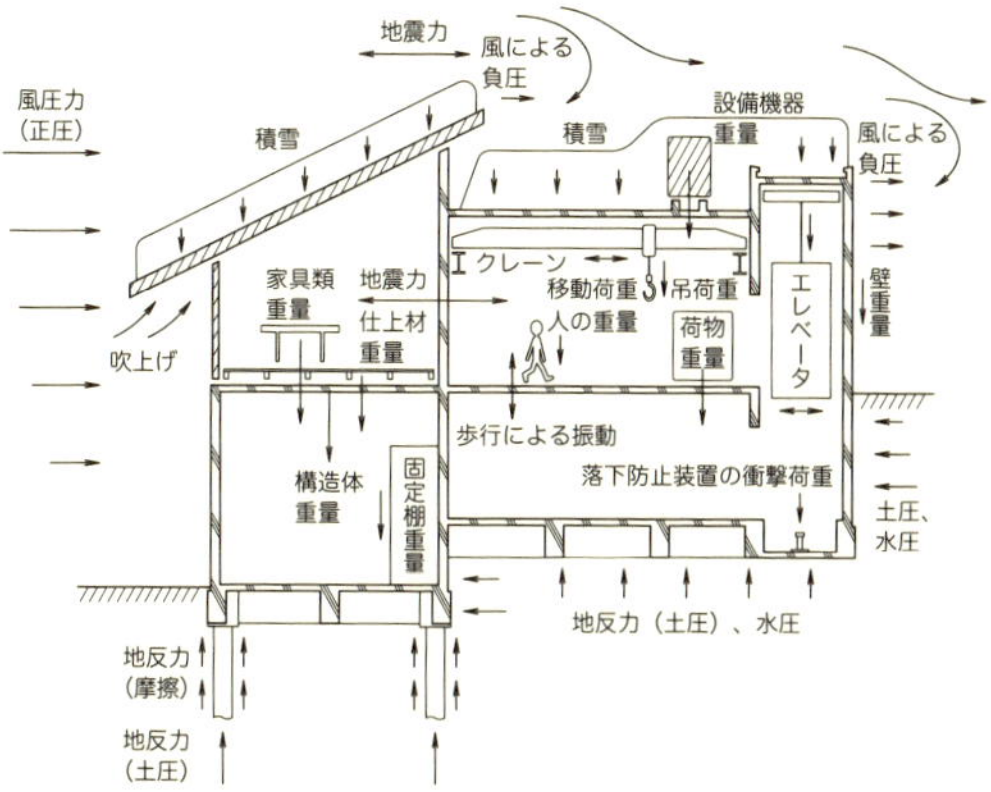

図1　建物に加わる様々な力

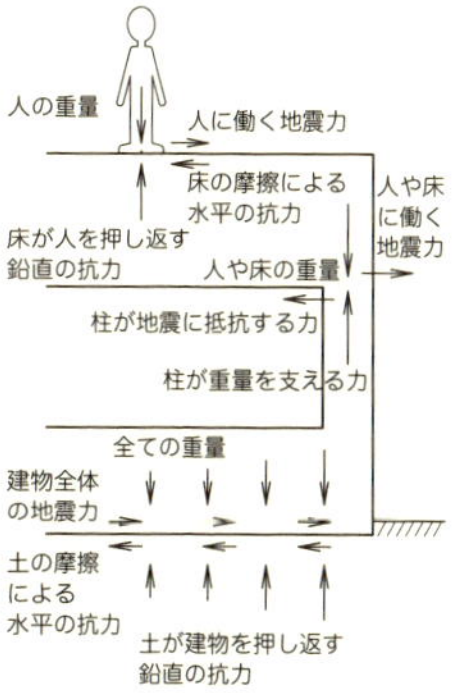

図2　力のつりあい

工夫を凝《こ》らした豊かな空間を設計することができます。例えば写真1のように技巧《ぎこう》的な構造を設計することもできます。このような設計手法は「構造デザイン」とも呼ばれます。「構造設計者」は、建物全体のデザインをする「建築家」と一緒に構造デザインを考えます。

「理科」と「物理」に出てくる原理をどのように「構造設計」に使い、どのような「構造デザイン」が生み出せるか見ていきましょう。

力のつりあい

建物には数多くの種類の「力」が加わります。描いてみると、図1のようになります。

これら全《すべ》ての力に対して、「つりあい」が成り立っています（図2）。重力は常に一定の力が働きますが、地震、風、

写真2　ドーム形の体育館。「芦北町地域資源活用総合交流促進施設」2009年。糸で作った模型に重りをつけ逆さにして形状を検討（左）（建築設計：高橋晶子＋高橋寛／ワークステーション、構造設計：佐藤淳構造設計事務所）

人や機械の動きで発生する力は時々刻々《じじこっこく》、変動します。ですが瞬間ごとに見ると、全ての力がつりあっています。

力のつりあいは、こんなふうにも使います。写真2はドーム形の体育館です。薄っぺらい木材を交互に組み、竹かごのような模様をした構造体の屋根を作っています。このドームの形を決めるとき、糸で作った模型に重りをつけて、どんな形がいいか調べました（写真2左）。

糸を2点固定して垂《た》らすと、図3のような曲線になります。この曲線は、「懸垂《けんすい》曲線」と呼ばれ、cosh（ハイパボリックコサイン）の式で表せます。糸に働く重力と、糸の引っ張り力がつりあってこんな形になります。そして、これを逆さにします。すると、全ての力の向きが逆になるので、糸に生じた引っ張り力が圧縮力になります。柔らかい糸ではこの圧縮力には耐えられないのですが、硬い材料でこの形を作れば耐えられます。この構造は貝殻のような形をしているので「シェル構造」と呼ばれます。きちんと曲線に沿った圧縮力と重力がつりあう強い構造体です。写真2のドームの形について立体的にどんな形がいいのか、左写真のように糸を垂らした模型を作って形状を測定してみたところ、どの方向から見ても楕円状の曲面に近いこと、それが曲線に沿った圧縮力と重力がつりあう強い形状だということが分かりました。

この方法は、19世紀にスペインの建築家アントニオ・ガウディがサグラダ・ファミリア（写真3）という教会の形を決めるときに使ったことでも有名です。

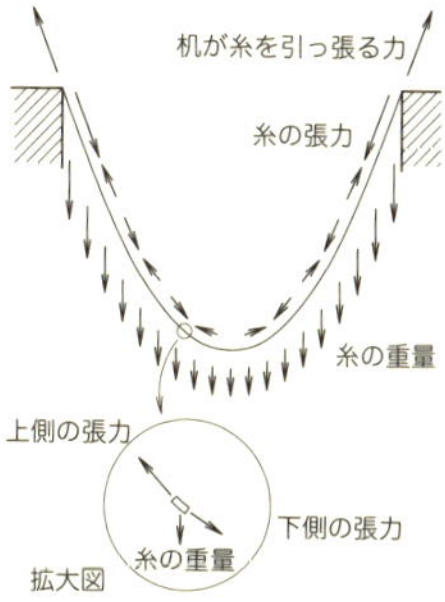

図3　懸垂曲線。拡大図のように3方向の力がつりあう

写真3　アントニオ・ガウディ「サグラダ・ファミリア」19世紀に着工し現在も建設途中

浮力

水より軽い物体は、水に浮かびます。このとき図4（次頁）のように、その物体が押しのけた水の重量ぶんの、上向きの「浮力」を受けています。物体が自分の重量ぶんだけ水を押しのけられれば、浮かぶことができるということです。したがって重量と体積の関係が影響していると考えられます。

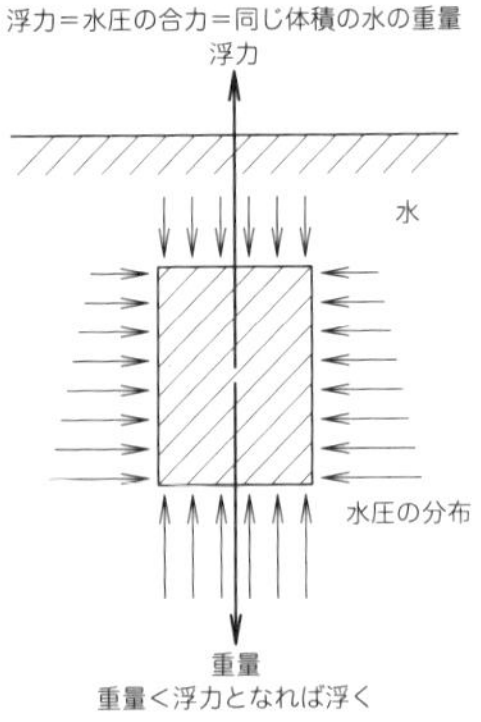

図4　物体が水中で浮力を受ける状態

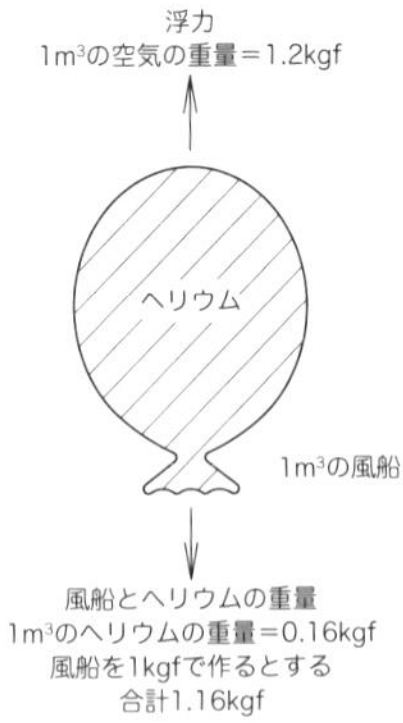

図5　風船に加わる力

物体の重量を体積で割った値を水と比べた割合を「比重」と言います。例えば氷は、1m×1m×1mの立方体では体積が1m^3で、重量は0・92tf（＝9022N、tfはトン重）になるので、重量を体積で割ると、

0.92 tf ÷ 1 m^3 = 0.92 tf/m^3

です。水は、1m^3で1tf（9810N）なので、重量を体積で割ると、

1.00 tf ÷ 1 m^3 = 1.00 tf/m^3

です。すると、氷の比重は、

0.92 tf/m^3 ÷ 1.00 tf/m^3 = 0.92

となります。このように比重が1より小さい物体は、水に浮かびます。

空中に風船を浮かせるときも同じように考えられます。図5のように、風船にヘリウムを入れて浮かせる場合を考えてみましょう。気温20℃で1気圧のヘリウムは1m^3あたりの重量が0・16kgf/m^3で、空気は1・20kgf/m^3です。1m^3の風船を1・00kgfで作れば、ヘリウムと合わせて重量が1・16kgfとなります。すると、空気1m^3を押しのけて1・20kgfの浮力を受け、この浮力より軽いので浮かぶことができます。つまり、ヘリウム1㎥で約1kgfのものを浮かせられるとも解釈できます。

この原理を使って、写真4（次頁）のようなアート作品ができました。これは、幅11m×奥行き7m×高さ14mという4階建ての建物ぐらいの大きさがある、アルミ製の箱形の物体を空中に浮かせた作品です。表面は厚さ0・2㎜のアルミ箔でできていて、内部にはアルミと発泡スチロールでフレームが組まれています（写真5：次頁）。力は図6（次頁）のように加わって浮力が生まれています。

全体の体積は約1000㎥なので、重量を1tf（＝1000kgf）よりも軽く設計できれば浮かせられます。こういうとき、風船や飛行船のように丸みのある形のほうが、簡単に軽く設計できます。同じ体積なら直方体よりも球のほうが表面積が少なく、ヘリウムの圧力と曲面に沿う引っ張り力がうまくつりあうので柔らかくて軽い材料で作れるのです。そのため、直方体に近いこの形状を軽く設計するのは難しい問題でした。写真5に見られるように三角形が連なるような「トラス」と呼ばれるフレームや、軽量の発泡スチロールの補強材を使って軽くなるように設計した結果、重量を0・91tfにすることができ、浮かせることができました。

写真 4　美術館の吹き抜け空間に浮かぶ幅 11m×奥行き 7m×高さ 14m のアルミ製箱形の風船「四角い風船」2007年（意匠：石上純也建築設計事務所、構造設計：佐藤淳構造設計事務所）

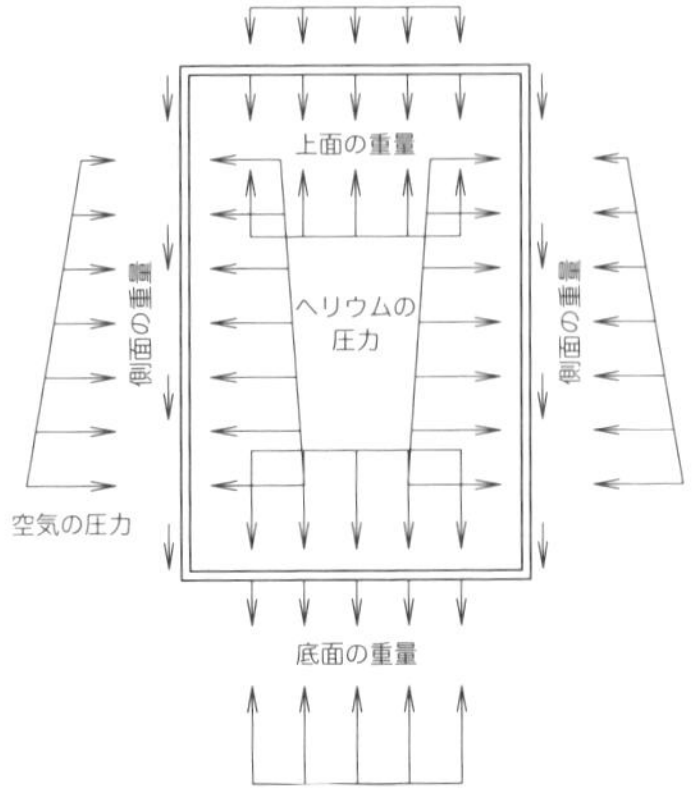

図 6 「四角い風船」に加わる力

写真 5 「四角い風船」の内部。アルミ製の三角形が連なる「トラス」と呼ばれるフレームと発泡スチロールの補強材が見える

力と変形

力が加わると、物体は変形します。バネに力が加わる場合、力Fと変形xの関係は、

$F = kx$　——式①

F：力　k：バネ定数　x：変形（バネの伸び）

と表せます。バネだけでなく、図7のように立てた棒（柱）を押すとき、水平に架け渡した棒（梁）に物体が載るときなどにもこの関係が成り立ちます。このような計算をして変形や力を算出することを、「構造計算」または「構造解析」と呼びます。

バネの本数が増えたり、変形する方向がx方向だけでなくy方向も加わったりすると、変数が増えて、高校で習う「行列（マトリックス）」と「ベクトル」の式になります。

$\{F\} = [k]\{x\}$

{F}は「荷重ベクトル」、{x}は「変位ベクトル」、[k]は「剛性マトリックス」と呼ばれます。

3次元空間では、図7のような1本の柱の端は、x、y、z、

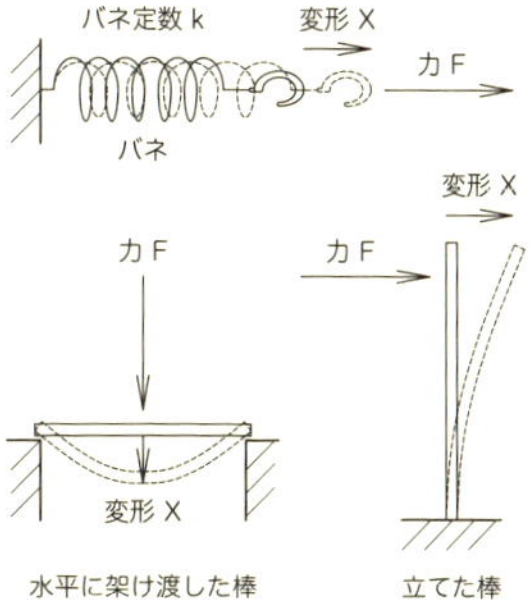

図7　力と変形。バネと同様に、立てた棒、水平に架け渡した棒などでも同じように力と変形の関係式が成り立つ

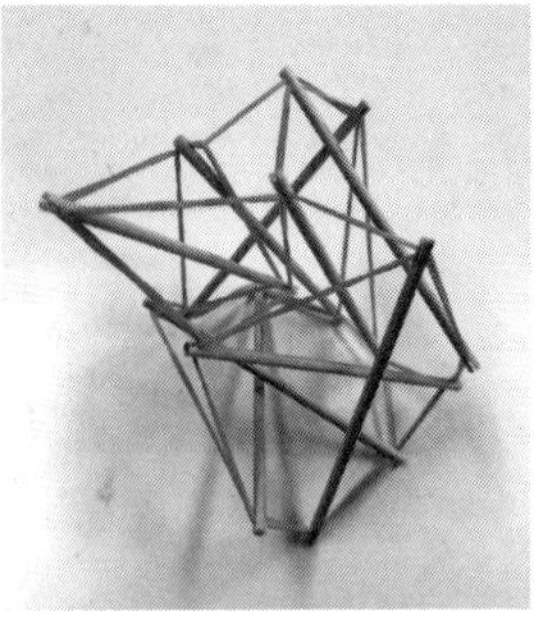

写真6　テンセグリティ

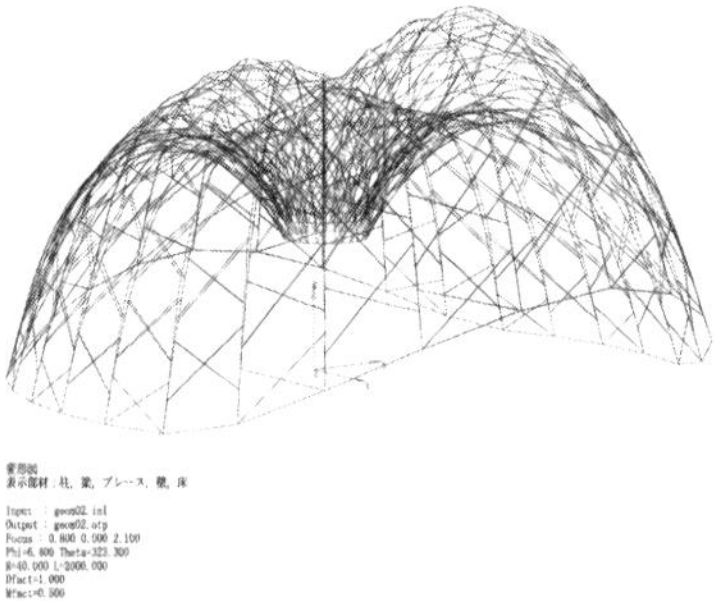

図8 「DFL Pavilion 2013」の解析モデル

θ_x、θ_y、θ_zという6種類の変形が考えられます。すると、両端で12種類になり、行列が12行12列になります。行列とベクトルを書くと次のようになります。

$$\{F\}=\begin{Bmatrix} N_{zi} \\ Q_{xi} \\ Q_{yi} \\ M_{zi} \\ M_{xi} \\ M_{yi} \\ N_{zj} \\ Q_{xj} \\ Q_{yj} \\ M_{zj} \\ M_{xj} \\ M_{yj} \end{Bmatrix}\quad [K]=\begin{bmatrix} \frac{EA}{L} & & & & & & & & & & & \\ 0 & \frac{12EI_{xx}}{L^3} & & & & & & & & & & \\ 0 & 0 & \frac{12EI_{yy}}{L^3} & & & & & & & & & \\ 0 & 0 & 0 & \frac{GJ_{zz}}{L} & & & \text{Sym.} & & & & & \\ 0 & 0 & \frac{-6EI_{yy}}{L^2} & 0 & \frac{4EI_{yy}}{L} & & & & & & & \\ 0 & \frac{6EI_{xx}}{L^2} & 0 & 0 & 0 & \frac{4EI_{xx}}{L} & & & & & & \\ \frac{-EA}{L} & 0 & 0 & 0 & 0 & 0 & \frac{EA}{L} & & & & & \\ 0 & \frac{-12EI_{xx}}{L^3} & 0 & 0 & 0 & \frac{-6EI_{xx}}{L^2} & 0 & \frac{12EI_{xx}}{L^3} & & & & \\ 0 & 0 & \frac{-12EI_{yy}}{L^3} & 0 & \frac{6EI_{yy}}{L^2} & 0 & 0 & 0 & \frac{12EI_{yy}}{L^3} & & & \\ 0 & 0 & 0 & \frac{-GJ_{zz}}{L} & 0 & 0 & 0 & 0 & 0 & \frac{GJ_{zz}}{L} & & \\ 0 & 0 & \frac{-6EI_{yy}}{L^2} & 0 & \frac{2EI_{yy}}{L} & 0 & 0 & 0 & \frac{6EI_{yy}}{L^2} & 0 & \frac{4EI_{yy}}{L} & \\ 0 & \frac{6EI_{xx}}{L^2} & 0 & 0 & 0 & \frac{2EI_{xx}}{L} & 0 & \frac{-6EI_{xx}}{L^2} & 0 & 0 & 0 & \frac{4EI_{xx}}{L} \end{bmatrix}\quad \{X\}=\begin{Bmatrix} z_i \\ x_i \\ y_i \\ \theta_{zi} \\ \theta_{xi} \\ \theta_{yi} \\ z_j \\ x_j \\ y_j \\ \theta_{zj} \\ \theta_{xj} \\ \theta_{yj} \end{Bmatrix}$$

写真7　スタンフォード大学のワークショップで、大きな構造体としてつくったテンセグリティ

写真8 「MOOM」2011年（設計：東京理科大学小嶋一浩研究室＋佐藤淳構造設計事務所＋太陽工業）

記号の意味は省略しますが、数多くの計算をすることになりそうだということは感じられると思います。

これを立体の建物にあてはめるときは、図8のように複雑な形状を想定します。このような計算用の形状を「解析モデル」と呼びます。それぞれの柱などは「部材」または「要素」と呼ばれます。こうなると行列は数千行数千列、数万行数万列などになりますが、コンピュータで計算することができます。このように数多くの「要素」で構成される「解析モデル」で計算する方法を、「有限要素法（FEM = Finite Element Method）」と呼びます。

引っ張り力で伸びたゴムと、棒を組み合わせて写真6のような形状が作れます。このように棒同士が接触しない構造体を、「テンセグリティ」と呼びます。どうして立っていられるのか少し不思議な構造体です。

これをもっと複雑にして大きな構造体として作ったのが写真7です。棒の代わりにガルバリウム鋼のパイプを使い、ゴムの代わりに

写真9 「DFL Pavilion 2013」2013年（設計：東京大学大学院建築学専攻小渕祐介研究室、同佐藤淳研究室、大林組ほか）

ステンレスケーブルを使いました。

同じ原理を使って、写真8のような建築も作れます。これは、アルミパイプと膜で作ったドームです。アルミパイプが膜を突き伸ばし、変形した後に膜の引っ張りとアルミパイプの圧縮がつりあいます。写真9はステンレス製のX形の殻とステンレスケーブルを使ったドームです。ドームの中央が内側に垂れていますが、地面には着地していません。このように垂れる変形をした後で、力がつりあって静止します。

材料の性質を知りたいときには、力と変形の関係を調べます。図7（261頁）のようにバネを引っ張ると、力と変形の関係は図9のようなグラフになります。グラフが直線の範囲は「線形」の性質と呼ばれ、力を加えるのをやめると変形がもとに戻ります。先ほどの式①（261頁）は、この範囲の小さな力のときに成り立ちます。

バネをどんどん引っ張ると、もとに戻らなくなってしまう状態になります。その状態が、図9のグラフが直線でない部分で、「非線形」の性質と呼ばれます。

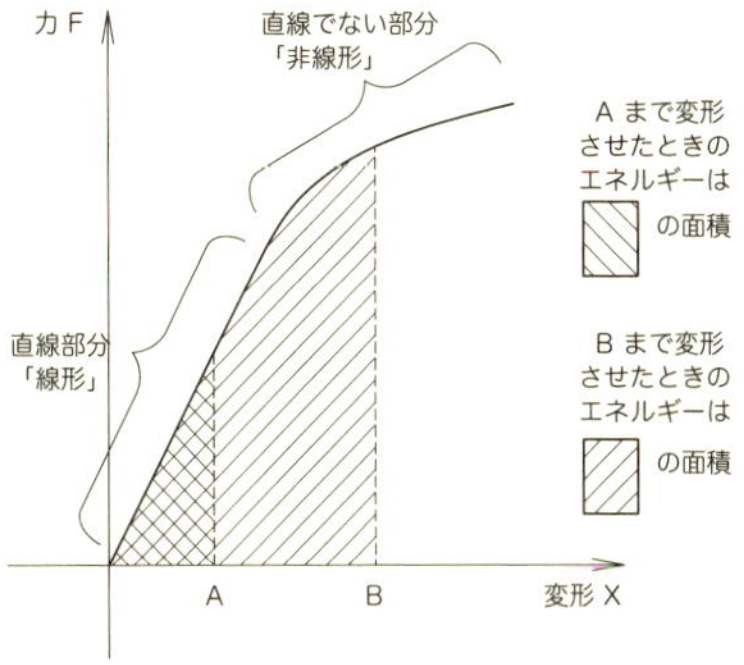

図9　力と変形の関係。斜線部の面積が「仕事」を表し、「エネルギー」として構造体に吸収されると考える

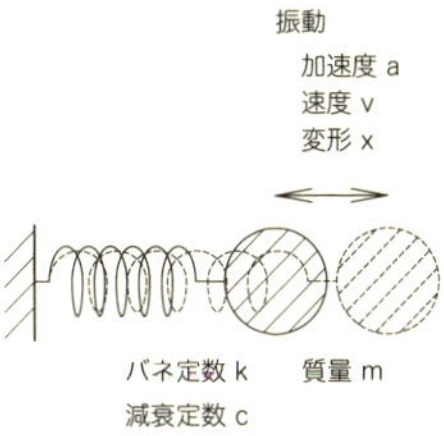

図10　振動するバネ

バネを引っ張って、伸びxだけ変形させる「仕事」は、

仕事 $W = 1/2Fx = 1/2kx^2$

と表せますが、これは、図9の斜線部の面積の求め方と同じです。

これは、バネにこの仕事ぶんのエネルギーが「蓄積」された、または「吸収」されたと考えることもできます。これは、非線形の部分まで変形させたときも同じで、図9の斜線部の面積に相当するエネルギーを「吸収」したと考えられます。

後ほど出てきますが、建物が地震で揺すられるときの「仕事」をこのように「非線形」の部分のエネルギーとして吸収するように設計することを、建物が「変形」できるように設計して地震に耐えるようにすると言います。

振動

図10のように質量mがついたバネが振動するときの振動方程式

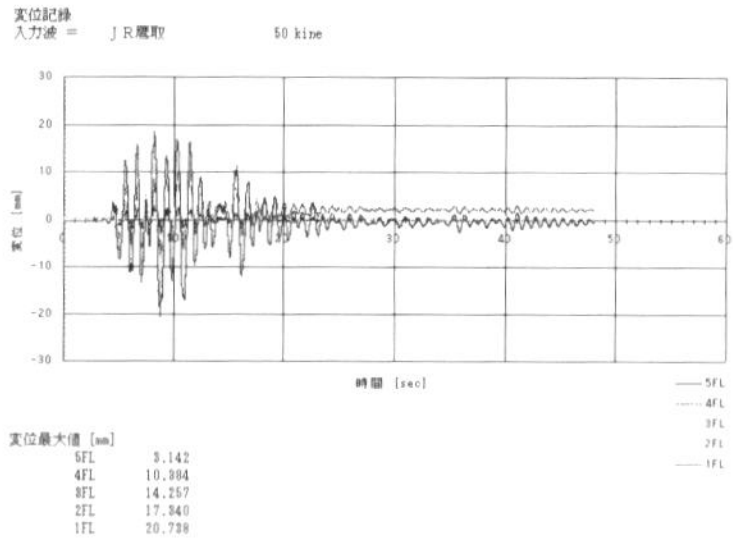

図11　5階建てアパート（写真10）に兵庫県南部地震で観測された地震波を与えたときの振動履歴

写真10　「ソレイユ・プロジェクト」（建築設計：吉村靖孝建築設計事務所、構造設計：佐藤淳構造設計事務所）

は、次のようになります。この式は、次のような力のつりあいによって作られます。

ma：加速度aによって質量mに発生している力
cv：速度vでバネが動くときの減衰の力
kx：バネの変形xに対するバネの力
ma_0：質量mを揺らそうとして加える加速度a_0によって発生する力

$ma+cv+kx=-ma_0$

a：加速度　a_0：与える加速度　c：減衰定数
v：速度　k：バネ定数　x：変形（バネの伸び）

この式も、力と変形の関係式と同じく、複雑な「解析モデル」で計算するときには行列とベクトルで表されます。

$[m]\{a\}+[c]\{v\}+[k]\{x\}=-[m]\{a_0\}$

地震で揺れたときの安全性を、実験で確認するときもあります。兵庫県には世界最大の振動実験施設E-defenseがあります。写真10

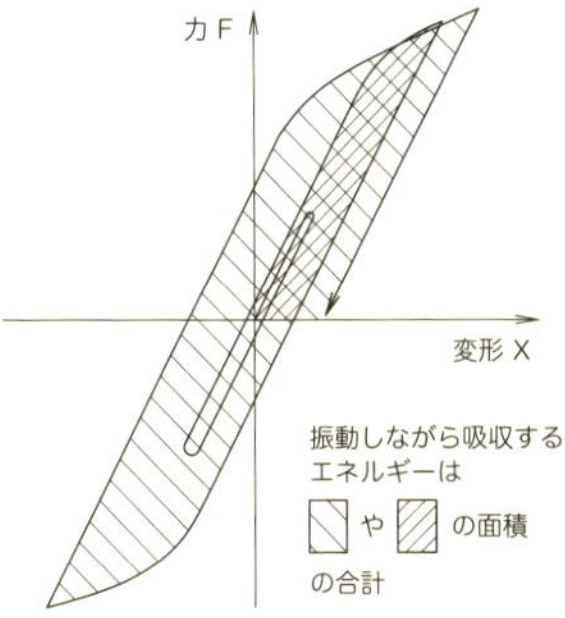

図12　振動するときの力と変形の関係のイメージ。このような曲線を「履歴曲線」と呼ぶ。履歴曲線が囲う面積が吸収したエネルギーを表す

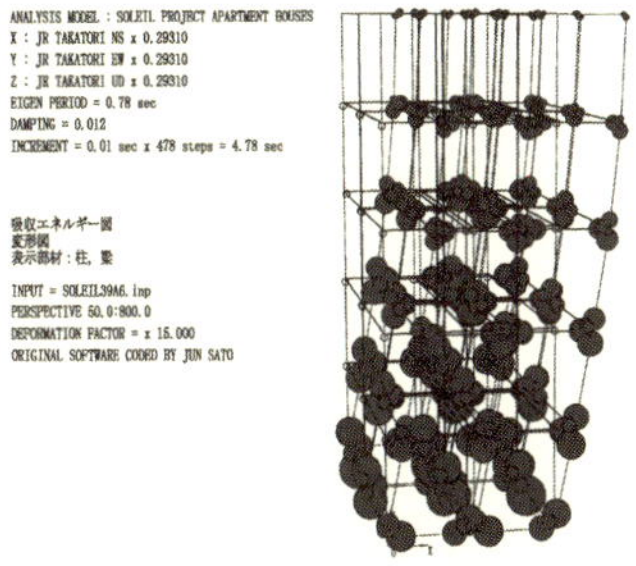

図13　吸収エネルギー図。同実験を解析でシミュレーションして、各階の柱や梁が吸収したエネルギーを団子の大きさで表現

はその施設で5階建てアパートの振動実験をしている様子です。兵庫県南部地震（阪神・淡路大震災）で観測された地震波を使って実験を行い、その振動を計測した結果が図11です。各階の変形の経過が描かれています。図8（262頁）のような解析モデルを作成して振動方程式を解き、地震で揺れるシミュレーションも行います。図9（265頁）では、斜線部が吸収したエネルギーを表していました。地震で揺れるときには、この力と変形の関係が、図12のように行ったり来たり繰り返します。そして、この曲線が囲む面積が吸収したエネルギーを表します。

図13は、このようにしてそれぞれの要素がどのぐらいエネルギーを吸収したかを団子の大きさで表現した図です。

地震で建物が揺すられると、それだけの「仕事」がされたことになります。これを「エネルギーの入力」と考えます。入力されるエネルギーの量には、建物の「固有周期」が大きく影響します。地震の振動と「共振」する具合によってエネルギーの量が決まるという

ことです。固有周期というのは、「ふりこ」が1往復揺れる「周期」と同じく、途中で力を加えない状態で揺れる周期のことです。「ふりこ」や「バネ」など振動するものは、この固有周期と同じ周期の振動を与えると「共振」して大きく揺れるようになります。そして、この入力されたエネルギーを全て「吸収」できれば、建物は倒れずに存続できることになります。「吸収」しきれなければ倒れてしまいます。

図9や図12のように力と変形の関係を算出して、力が小さいうちに非線形になって大きな力を発揮できなくなってしまう性質がある場合、建物は弱いということです。ですが、弱くても「変形」することができれば、斜線部の面積は大きくなり、エネルギーを吸収しきれます。これが、建物が「変形」できるように設計して地震に耐えるようにする設計方法です。

写真11は、細長いラッパ状の形をした駅舎です。鉄板に細かく補強材を取り付けた構造体で、ラッパ形が少し湾曲した形なので鉄を加工する高い技術が必要です。解析モデルは図14のようになりました。

この建物で、地震で揺れるシミュレーションを行い、吸収エネルギーを描くと図15のようになります。建物の足元だけでなく、上のほうでもエネルギーを多く吸収する部分があることが分かります。

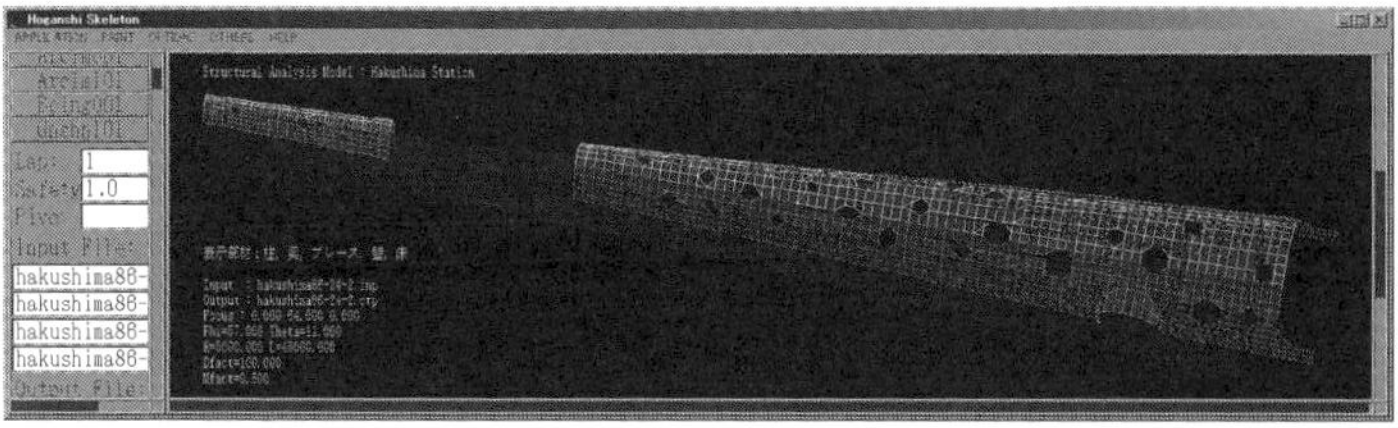

図 14　細長いラッパ状の形をした「白島新駅」解析モデル

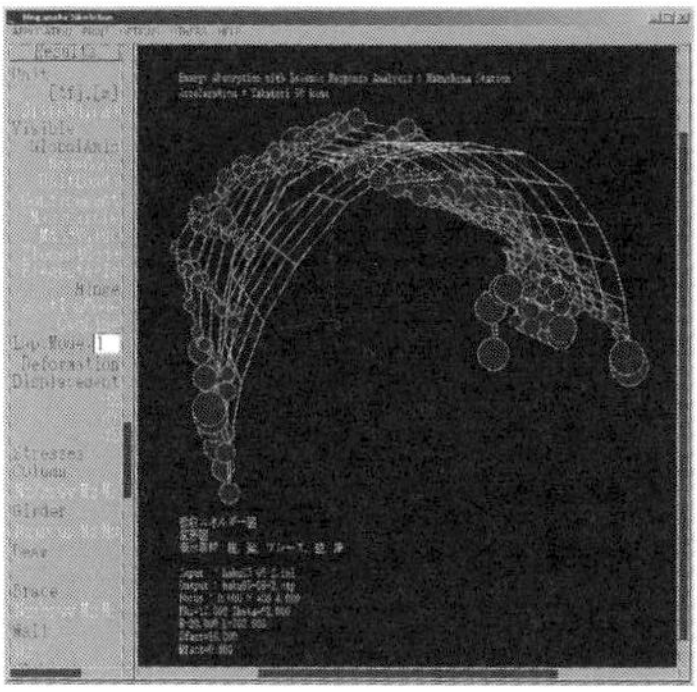

右：写真 11　「白島新駅」施工現場（建築設計：小嶋一浩＋赤松佳珠子／C＋A、構造設計：佐藤淳構造設計事務所）。左：図 15　「白島新駅」の地震で揺れるシミュレーションによって計算した吸収エネルギー

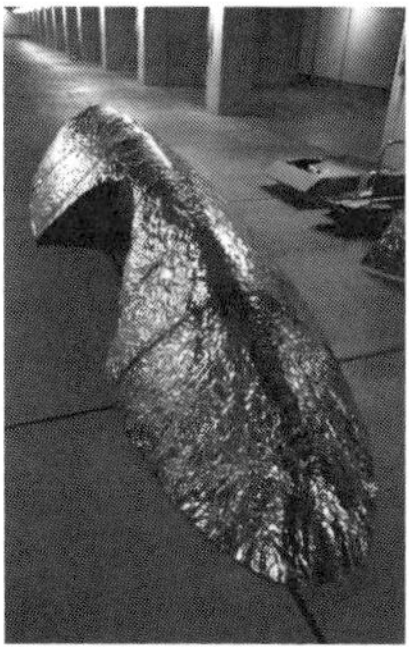

写真 14　銅板でできた楕円形のドーム「地球マテリアル会議、銅造シェル」2010年（東京大学佐藤淳研究室出展作品）

写真 13　楕円形のブロックを積んでできる曲面の構造「Different Brick」2013年（設計：東京大学大学院建築学専攻小渕祐介研究室＋同佐藤淳研究室）

写真 12　伝統的な木組みの技術を応用して複雑に組まれた木造の構造「サニーヒルズジャパン」2013年（建築設計：隈研吾建築都市設計事務所、構造設計：佐藤淳構造設計事務所）

建物の「構造設計」は、様々な「力」に耐えられる安全性を適切に確保する設計をすることが第一です。そして、さらなる技術を駆使してきれいな構造や透明感のある構造を検討し、広い空間、豊かな空間を設計します。今まで紹介した構造だけでなく、もっと他の材料や、もっと複雑な形状を扱う場合もあります。最後にいくつか紹介しておきましょう（写真12〜14：前頁）。

安全を確保する設計をすることには緊張感を伴いますが、知識が増えれば増えるほど、多様な形態の構造を考えられるようになるのが構造設計の楽しいところです。「建築家」と一緒にデザインを考え、エンジニアリングのサポートをする、やや裏方的な役目でもありますが、力学に基づいた形態を生み出す楽しみに裏方の醍醐味《だいごみ》があります。

なお、理科や物理が関係する建築の分野は、構造だけではありません。光や電気、熱、音、空気、水などの動きを知り、コントロールする「環境設計」「設備設計」「音響設計」などの分野もあります。

理科や物理を生かして多様な形態が生み出される建築を見たり、体感したり、設計したり、建てたりと、興味を持って楽しんでもらえればと思います。

地理

風土と建築の新しい関係

中川 理

共通のテーマをかかえることになった建築と地理

建築のあり方を考える場合、地理学はきわめて重要な学問である。というか、重要な学問になりつつある。現在進行形なのだ。

大学での建築教育においても、いまでも重要なのは歴史である。どこの大学の建築教育においても、建築の歴史を扱う建築史の授業は必ず設けられている。人類が、建築というものを、どのように作り上げてきたのか。それを時系列に沿って学ぶことは、きわめて重要なこととされてきた。しかし、近年になり、厳密に言えば1970年代ごろからだろうか、建築を考える際に、時系列ではなくて空間列とでも言うべき、地域や場所との関連で建築を捉えることも重要だという認識が高まってきた。時間を縦軸とすれば、横軸としての場所的な広がりも見なくてはいけないという認識が主張されてきたのである。そこで地理学の成果と、その方法論がたびたび参照されるようになってきている。

ただし、そこで参照される地理学は、高校などで学ぶ地理学とは少しイメージが異なるものだ。実は、地理学のほうも、1970年代ごろより大きく変質し始めていた。従来の地理学は、地球上のさまざまな地域ごとの差異にもっぱら着目する、いわば博物学的な学問であった。それに対して、人間と地域との関係に注目する必要が説かれ、地球上の地域を1つの社会システムとして記述することが目標とされる地理学が模索《もさく》されるようになった。

現在の中学や高校で学ぶ地理学は、一部に新しい成果も含むとはいえ、基本的には伝統的な博物学的地理学である。もちろん、それは地理学の基礎として必要なものなのだが、ここで建築との関連で紹介するのは、その先にある新しい地理学だ。そこでは、人間やそれが作り出すモノと、土地や風土との関係の解明が最大のテーマになるのだが、そのテーマは、建築、とりわけ近代以降の建築の課題と重なるのである。そこで、建築は次々と示される地理学の新しい方法論とその成果から学ぼうとしているのである。いや、気づいてみたら、課題とするテーマを地理学と共有するようになった、と言ったほうがよいのかもしれない。

建築と土地を切り離す近代主義

では、なぜ建築において、土地や風土との関連が重要であると認識されるようになってきたのか。それは端的《たんてき》に言って、建築が土地や風土から離れてしまったからである。より正確に言えば、離れてしまったのではないかと疑われるようになったからである。

建築は、近代になりその姿を大きく変えることとなった。本来は、時代や地域によって、建築はさまざまな姿として表れるものであったが、そうした個別にバラバラであることを許容しない普遍《ふへん》的なものへと、変化しようとしたのである。つまり、どの場所でも同じ姿を目指す建築が新たに提唱され、それが世界に広まったのである。それは、近代主義の建築としての表れでもあった。したがって、そうして登場した建築は、近代主義建築、あるいは近代主義をモダニズム（modernism）と言い換えて、モダニズム建築と呼ばれるようになる。

近代主義とは、中世までの宗教的権威や道徳的規範による伝統と絶縁し、「世界の合理化」という普遍的原理に基づいて社会や文化の建設を推進しようとする精神的態度と言えるだろう。建築もその枠組みで建設しようとすれば、宗教や支配権力により生み出されてきた過去の規範から逃れ、普遍的原理に基づいた合理的なものとしなくてはならなくなる。

では、建築におけるその普遍的原理とはどのようなものだったか。1932年にニューヨーク近代美術館で開催された「モダン・アーキテクチュア展」では、世界に広がったモダニズム建築を分析した結果として3つの原理が示された。それによれば、①「量塊《マッス》」ではなく「面につつまれたヴォリューム」としての建築、②軸線によるシンメトリーとは異なる方法で秩序づけられた「規則性」の希求《ききゅう》、③「装飾付加の忌避《きひ》」という原理を持つものとされた。

ヴォリュームとしての建築、と言ってもわかりにくいかもしれないが、装飾を忌避するということはわかるだろう。それまでの様式的規範から逃れるという近代主義の理念をよく示している。そして注目しなくてはならないのは、こうした原則が世界共通のものとして実践されていたということである。実際にこの展覧会では、こうした原理が国際的に共有され波及するという意味から、その特徴を持つ建築を「インターナショナル・スタイル」、国際様式と命名した。つまり、建築が世界中で同じ姿を現すことになったとしたのである。

こうしたモダニズム建築は、過去の時代や地域ごとにありえた規範を乗り越え、機能的で合理的なものに脱皮することを目指すことで、世界に広まった。しかしそれは同時に、建築が地域や場所との関係から離れて、自律したスタイルを持つことを意味した。どこでも、いつでも建築は同じになる。そして、実際に最も合理的な四角いビルディングが、世界中に波及して、大都市はどこに行っても同じような風景になっていったのである。

ポスト・モダニズムから地理学的アプローチへ

こうした普遍的な合理性を求めて作られた建築は、しかし一方で均質で画一的であることが批判されるようになる。世界中のどこでも通用する建築は、世界中どこでも同じ風景しか作り出すことしかできない。歴史や風土を表現したそれまでの建築が、無味《むみ》乾燥な四角いビルディングに置き換えられていく。そのことへの批判が高まったのだ。

もちろん、モダニズム建築が持つこうした本質的な問題は、早くから指摘されるようになる。最初に、モダニズム建築の理念やその規範を正面から批判したのが、建築家のロバート・ヴェンチューリである。彼は、1960年代から、モダニズム建築は、建築が本来持っている象徴性を無視しているとした。どういうことか。建築はどのようなものでも何らかのイメージを持つはずである。しかし、近代主義建築は、機能だけにしたがうとしてあたかもそうしたイメージを排除したように言うが、実は、近代主義を支えた工業化社会のイメージを引きずっているのではないか。建築は、もっと多様なイメージを喚起《かんき》させることが必要で、それには装飾の必要性を見直すべきだとして、アメリカ・ラスヴェガスの商業建築などから学ぶべきだとした。

そして、こうした建築の新しい捉え方は、1980年代にポスト・モダニズムを標榜《ひょうぼう》する建築群の登場を促すこととなった。そこでは、さまざまな形で歴史や風土が表現されようとした。ただし、それは実際の歴史や風土の表出ではない。あくまで、商業広告と同様に借り物として引用された歴史や風土であった。つまり、作り手側の恣意《しい》的な操作により作られる歴史や風土でしかなかったわけだ。

それに対して、ヴァナキュラリズムを標榜する建築も登場するようになる。ヴァナキュラー、つまり土着《どちゃく》的・風土的なものを単に引用するのではなく、それを表現の中心に据《す》えようというのである。しかし、ヴァナキュラリズムの作品には、明らかに失敗作と思われるものも多い。この表現こそがヴァナキュラーなものだと解釈するのはヴァナキュラーの外側にいる建築家であることがほとんどだったからだ。彼らは地域の生活とは無縁の世界からやってくる。彼らが、生活する人々の歴史性や風土を正しく解釈できる保証はない。

結局、地域の歴史や風土と建築の関係を取り戻すためには、歴史や風土が地域の生活の中でどのように獲得されてきたものであるのかを理解できなくてはならないということになる。中世までの社会であれば、人々の生活と、そこで作られる建築や景観は常に一体のものであり、それがどのような仕組みで作られるものかなど誰も考える必要はなかった。しかし、地域の外に視界が開け、あらゆるものを客観的・科学的に捉えようとする近代社会では、歴史や風土でさえも当たり前のものではなく、慎重に観察して分析する対象になったのである。

そう、この問題意識こそが地理学のテーマと重なるのである。実際に、地域の歴史や風土を真に理解しようとする建築家やプランナーは、まさに地理学の研究そのものであると思われるようなアプローチを試みるようになる。

例えば、1960年代後半から70年代にかけて、流行したデザイン・サーヴェイなどは、その典型である。建築家のバーナード・ルドフスキーが世界中の街路や集落などを調べ上げて分析した調査を契機として、建築設計に携わる人々が都市や集落に繰り出して、やたらとモノや空間を測り始めたのである。それは建築だけではない。むしろ、建築と人々の生活をつなぐ部分を測ることに熱中した。それは時として、近代主義の理念からすれば否定的に捉えられるはずのスラムや屋台などの仮設物にまで及んだ(図1)。そこには、確かに存在するだろう、生活とモノ・空間の関係のあり方を、「測る」ことで明らかにしたいという思いがあった。

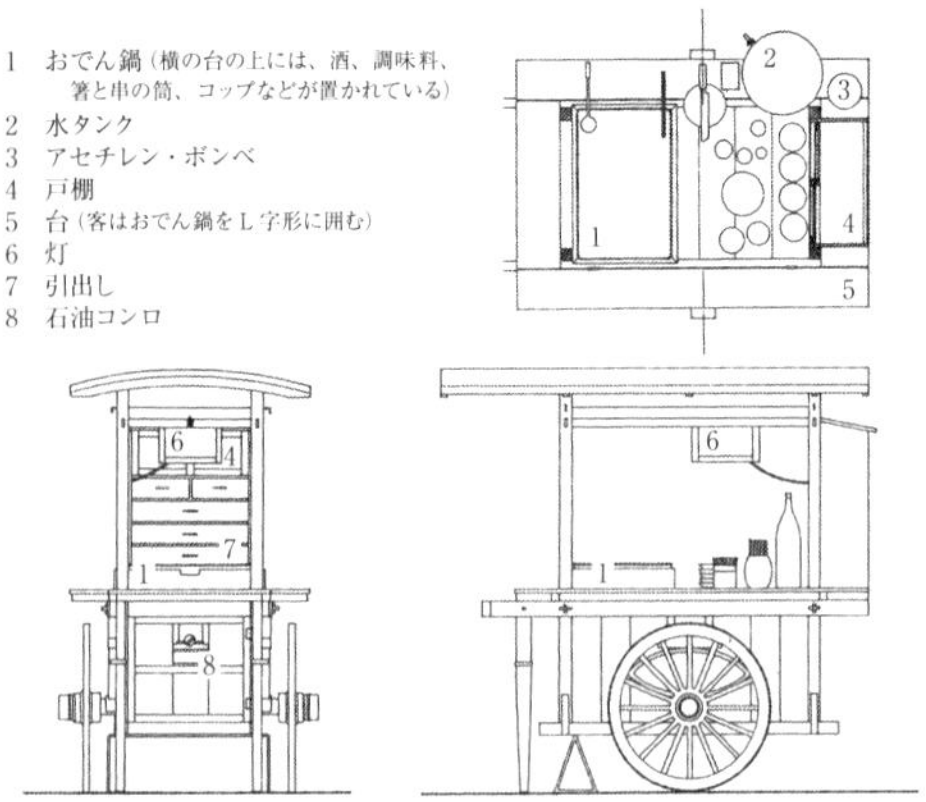

図1　デザイン・サーヴェイは街のあらゆるものに及んだ。望月照彦による渋谷のおでん屋のデザイン・サーヴェイ（出典：『都市住宅』1970年8月号）

そうした生活とモノ・空間の関係を、より客観的、定量的に示そうとした試みもある。典型的なものとして、1960年に提唱されたケヴィン・リンチによるイメージ・

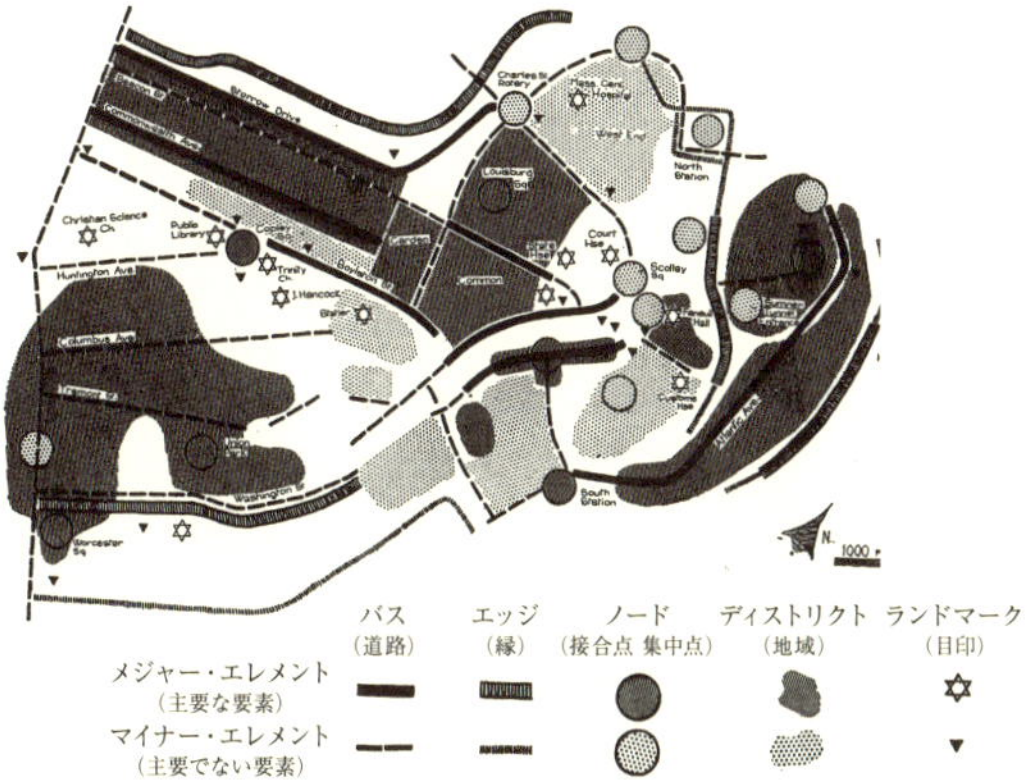

図２　イメージを作る５つの要素が書き込まれたボストンのイメージ・マップ（出典：ケヴィン・リンチ『都市のイメージ 新装版』丹下健三・富田玲子訳、岩波書店、2007年）

マップの手法がある。これは、空間を評価する指標としてイメージを取り上げたものだ。そして、そのイメージを作り上げる要素として、移動路、境界、地区（イメージとして区切られる区域）、結節点、目標（ランドマーク）を定義して、それらの分布調査から、望ましいイメージの街かどうかを分析したのだ（図２）。あるいはイタリアでは、１９７０年代にティポロジア（都市類型学）という方法論が提示されている。これは、個別に認識されてきた建築を、常に都市空間の歴史の中に連続し連携しているものとして捉えようとするものである。

　このように、地域ごとにありえる人々の暮らしと、それが作り出すカタチの関係を明らかにしようとするアプローチは、建築や都市計画の分野において、さまざまに模索されるようになった。そして、それらは共通した特徴を持っていた。個々の建築単体に注目するのではなく、それが集まった集落や都市を対象としていることだ。したがって、その場合のカタチとは、建築単体の姿ではなく、それらが集まった眺め、つまり景観を示すことになる。実際に、景観という言葉は1980年代ごろから、建築や都市計画の分野できわめて頻繁《ひんぱん》に使われるようになっていく。

景観という認識を使うようになるこうしたアプローチは、まさに地理学だと言ってよい。そもそも、景観という言葉と概念自体、地理学のものである。日本語の景観とは、植物学者の三好学が明治期にドイツ語の地理学用語であるラントシャフト（Landschaft）に与えた訳語であるとされる。本来の「Landschaft」は、地表の空間的まとまりを表現する場合に用いられる広い概念を示す言葉であった。デザイン・サーヴェイにしてもイメージ・マップにしても、そうした景観を分析や観察の対象としようとする。それは、すぐれて地理学的な方法であると言えるのである。

現象学的地理学が示す没場所

では、地理学の側で、同様のテーマを考えたものとしてどのようなアプローチがあったのか。その典型的なもので、建築に最も大きな影響力を持ったと思われるのが、新しい地理学の1つとして登場した現象学的地理学である。

ここで現象学的とするのは、こういうことだ。われわれは、土地やそこに存在するモノを見て、それが直接に景観を作っているとと考えてしまうかもしれないが、そうではない。その土地やモノが作り出す何らかの意味やイメージを感じて、われわれは、はじめてそれを景観として認識するのである。つまり、その認識の過程には、土地やモノとわれわれを関係づける仕組みがあるはずである。それを明らかにしようとするのが、現象学的な地理学ということになる。伝統的な博物学的地理学が、景観を土地やモノによって直接構成されるものとして扱ってきたのに対して、人間と地域の関係から景観を捉えようとしているのが、ここでの新しい地理学と言うことができるのである。

この現象学的地理学でクローズアップされたのが、「場所」である。場所（place）とは、一般に、抽象的な空間（space）とは異なり、風土や伝統により他と区別できる何らかの意味を担ったものとして解釈される概念だ。つまり、「空間」は交換可能であるのに対して、「場所」は世界中のどことも交換できない唯一のものだ。そして普遍的原理に基づいて社会や文化を建設しようとする近代主義の考え方では、その「場所」が失われ、「空間」に置き換えられていくことになる。

ヴァナキュラリズムの建築が目指そうとしたのも、デザイン・サーヴェイが探ろうとしたのも、他と交換ができない、その土地や地域に固有のもの、つまり「場所」としての特徴であると言えるのである。

もちろん、「場所」と「空間」の概念をめぐる議論は、哲学や現象学で古くから行われてきたのだが、1970年代前半から、人間と地域を結びつける仕組みを明らかにしようとする現象学的地理学において、「場所」を論じる議論は中心的なテーマになっていった。

その現象学的地理学の中でも、エドワード・レルフが提示した没場所性というテーマは、建築や景観を考える際に重要なものとなった。彼は、近代社会によって「場所」が喪失した状態の特徴を、没場所性という概念で示した。その没場所性の舞台としては、住宅地や観光地、あるいはディズニーランドなどを挙げている。

現在の住宅地は、みな同じような風景が広がっている。住宅地の写真だけ見せられても、それがどの地域の住宅地かを指摘することはほとんど不可能だ。観光地にある名所や旧跡も、その周囲に広がる土産物店などを中心に形成される景観は、いまでは世界中どこでも同じようなものになっている。東京ディズニーランドには、夢と魔法の王国が作られているが、それは千葉県の浦安という場所からは、完全に分離したものだ。

こうした「場所」としての価値を奪われてしまった環境が広がるところは、しかし一方で賑わいを獲得しているし、われわれは少なくとも、その場の当事者になった時点では、そこでの生活や消費活動に満足させられるだろう。要するに楽しい。しかし、本来ありえた「場所」としての性格を土地が失っていくことに、何も問題はないのだろうか。

没場所性の環境はやはりまずいのではないか。そうした没場所の否定的なケースとしてもっぱら指摘されるのが、郊外住宅地である。そもそも、近代社会が生み出した郊外住宅地には、本来的に「場所」の根拠が見当たらない。そこに暮らし始める人々のほとんどは、その土地の歴史や風土を気に入ったのではなく、通勤時間や利便性、環境、家賃などで土地を決めているケースがほとんどだ。そこでは、その土地の歴史や風土も、ほとんど意味を失ってしまう。だから郊外住宅地は、最初から没場所性の舞台なのだ。

そうした没場所を宿命づけられた郊外住宅地は、「まがいもの」を作り出す場だという批判がつきまとう。郊外住宅地を最初に生み出したとされるイギリスにおいて、すでにそれが一般化する1930年代には、モダニズムを標榜する建築家達を中心に、そこに次々と建設される住宅が「まがいもの」だと批判されていた。

しかしそれは仕方がない。土地の歴史や風土を離れた何もない住宅地には、そこに暮らす人々の生活に対する夢やあこがれがストレートに表れてしまう。当時なら、過去の住宅様式

写真1　お城のゴミ収集所（静岡県伊豆市）（出典：中川理『偽装するニッポン』彰国社、1996年）

を、しかし本物を作るわけにいかないので「〜様式風」のものとして作ってしまう。日本でも、西洋の住宅様式を真似た住宅が、どんな田舎にも建てられている。それらは、「ショートケーキハウス」などとも呼ばれた。

「まがいもの」の風景が広がるのは住宅地だけではない。日本中、郊外の国道沿いには、ロードサイドショップと言われる駐車場付きの主にチェーン店の大型店舗が並ぶようになるが、それらは人々の消費意欲を誘うように過剰に装飾的で、まさに「まがいもの」的な風景を作り出している。

モダニズム建築は、均質的で画一的だと批判された。確かに、それに対して、郊外住宅地に広がる「まがいもの」の風景は、一見したところ、多様で賑やかだ。しかし、それらはみな土地や風土と分離した仮初めの姿でしかない。そうした状況を、社会学者などは「郊外の根無し草性」などとして、1つの病理的状態として言及するようになる。多様で、一見豊かなように見えるが、「場所」を失った環境のもとで、人々は地域の風土とは無関係に、個々の家族を表現する住宅しか作れないという状況が生まれているのである。

近代主義批判の中で、建築は土地や地域、あるいは歴史とどのようにつながることができるのかを模索した。それは、地域の「らしさ」を建築が獲得できるかという問いであった。しかし、現象学的地理学が示すこうしたものの見方からわかるのは、近代社会が、そもそも「らしさ」の根拠を失わせるものであったことだ。では、どうすればよいのか。

パタンとパラサイト

没場所という近代社会の宿命について、建築側の対応としては2通りありえた。まず1つは、何らかの方法で失われた「場所」を回復させることである。といっても、建築を作る側が、一方的に恣意的に「場所」を作ったとしても、それはいわばでっち上げでしかない。そこには、近代主義による観察や分析といった従来の方法ではない新しい方法で、土地や風土と建築の関係を構築することが求められる。

そうした方法に最も意欲的に挑んだと思われるのが、建築家・都市計画家のクリストファー・アレグザンダーによって1970年代から提唱されたパタン・ランゲージの方法である。そもそも、空間の資質はそこで起こる出来事によっていて、出来事はその「場所」に固有の型を持っており、その型は繰り返し発生する。それがパタンとして認識されるというのだ。そのパタンを言葉になぞらえ、文法（パタン・ランゲージ）により組み立てることで、環境をデザインすることを目指すのである。

このパタンは、土地・風土と人間が相互に影響し合って環境の型を作っていくものだという認識を前提としている。そこには、人間が環境を一方的にコントロールするという近代的な捉え方から逃れようとする認識がある。そうした意味で、近代主義の建築の方法を真に超えて、建築が「場所」を再構築する可能性を示唆するものだと言えるだろう。

ただし、この方法が真に「場所」を再生する建築を作り上げる方法になりえたのかは、まだよくわからない。神奈川県の真鶴町では、このパタン・ランゲージに学んで、1993年に制定したまちづくり条例で「美の原則」を設け、その原則（パタン）にしたがって、町のコミュニティセンターなどの建物が作られている（写真2）。確かに、こうした建築は、風土や歴史を単なる装飾として扱った、借り物のポストモダン建築とは全く異質なものとなっている。しかしそれが、ほんとうに地域との関係を結ぶこと

写真2　真鶴町の「美の原則」の実践として1994年に完成した「コミュニティ真鶴」

ができているかについては、判断が難しい。何より、われわれ自身が、人間と風土・土地を相互に関係する一体のものとして把握する方法がどのようなものなのかを、まだ実感として理解するに至っていないのだから仕方がない。

しかし一方で、土地や風土の価値がほとんど失われてしまっている現代の都市空間を前提とした新しい認識が、建築家の間で広まりつつある状況もある。それは確かに、人間と風土・土地が相互に一体のものだという認識であるのだが、そのために没場所を否定するのではなく、いわば引き受けてしまおうとするものなのである。

写真3　スーパーマーケットと自動車教習所が一体化してしまった「スーパーカースクール」（出典：塚本由晴、貝島桃代、黒田潤三『メイド・イン・トーキョー』鹿島出版会、2001年）

例えば、建築設計組織アトリエ・ワンの塚本由晴らが提示した『メイド・イン・トーキョー』（鹿島出版会、2001年）では、スーパーマーケットの屋上に自動車教習所が載った建物や、巨大な広告を載せた集合住宅など、近代主義の建築学的な理念からすれば明らかに否定すべき対象がコレクションされている（写真3）。こうした建物を、彼らは「ダメ建築」と規定しているが、批判しているわけではない。もちろん賞賛するわけでもない。「愛情と軽蔑をこめて」淡々とコレクションしているだけなのだ。

ここでは、建物を評価することが放棄されている。近代主義に基づく建築や都市計画は、計画者（建築家）が、客観的に建築や都市を認識して評価を下すことから始まるものであった。その基本的な認識が、ここでは放棄されてしまっている。都市に対し、客観的な評価をあえて行わない同様の認識は、新しい世代の建築家に広く共有されるようになってきた。

建築家の磯崎新は、そうした建築家たちを、自分たちがまるで都市に同化してしまったかのようであるとして、パラサイト（寄生虫）と命名した。磯崎は、彼らは都市に「寄生したことによってそのなかで自分自身がそこにくるまれて存在を確認する」のだとした。そして「その周辺に自分自身が何がしか入り込むことによって、もう一つ別な関係を組み立てる」として、彼らが都市空間との新たな関係を築く可能性も指摘している【*1】。

では実際には、パラサイトとして自分自身も都市の中に入り込んでしまった人々が作り出す建築や景観とは、いったいどのようなものになるのだろうか。それを「客観的」に示すことは難しいのだが、建築家のレム・コールハースが『錯乱のニューヨーク』（ちくま学芸文庫、1999年）という著書で示した都市生成の解釈は、そうした都市の眺めが暗示されていて注目される。そこでは、安直な効率性だけが基盤となり、建築の造形や都市の景観はさまざまな社会的文脈から分離し、仮設的な「まがいもの」が不可避なものとなる状況が描かれている。ただしそこに、はっきりとした方法論が提示されているわけではない。

地理学的建築としてのモダニズムの可能性

このように、近代以降の建築はそれが立地する土地や風土とどのような関係を切り結べるのか、ということがきわめて大きなテーマになってきたのである。そのテーマは、世界を普遍的な原理で理解しコントロールしようとする近代主義そのものがかかえてしまったテーマでもあった。そして、そのテーマに沿ってさまざまな取り組みが試みられていったが、それは人間と土地・風土の関係構造を探ろうとする新しい地理学の取り組みと多くの部分で重なるものであった。そうした意味で、ここで見てきた土地や風土との関係を構築しようとする新しい動きの中で作られる建築を、地理学的建築と呼んでもよいのかもしれない。

しかし、現象学的地理学でもそうだが、その関係構築のための新しい方法が見つかったわけではない。そこで、いま一度振り返っておきたいことがある。そもそも、近代主義建築と言われる建築群は、実際に建築を土地や風土から分離させてしまったのかということだ。確かに、近代主義そのものはそれを目指したのだが、それを建築として実践したとされる建築家は、はたして建築を、それが立地する土地からほんとうに引き離すことを目指したのだろうか。

図3は、近代主義（モダニズム）建築の創始者ともされるル・コルビュジエが1922年に描いた「300万人のための現代都市」である。一方、図4は、ドイツの建築家L・ヒルベルザイマーが、1924年に構想した「高層都市計画」である。両者は、ほぼ同じころ、同じようにモダニズムを標榜する建築家が描いたもので、高密度化する都市の合理的解決として、同じようにして高層建築を秩序だて並べることで解決策を提示したものである。だが、その描かれたイメージは、全く異なるものとなっているのがわかるだろう。コルビュジエのものは、緑が描かれ、空も木々でうめられているために、豊かな空間の存在を感じさせる絵になっている。それに対して、ヒルベルザイマーのものは、まさに無機質なイメージそのままである。建物や道路は、いくらでも交換可能なもので、ここには確かに「場所」が消失している。

近代主義の考え方に忠実にしたがえば、ヒルベルザイマーの描く建築や都市こそが理想の姿だったはずだ。しかし、こののち、モダニズム建築の主流になるのはコルビュジエの絵の

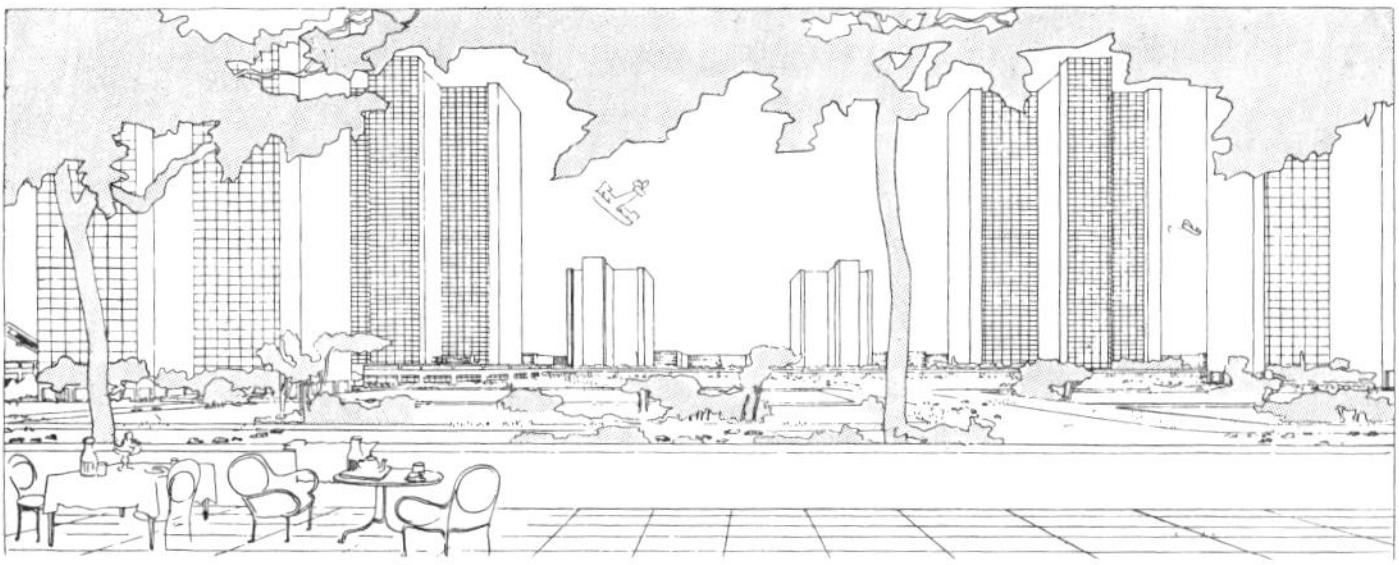

図3　ル・コルビュジエが描いた「300万人のための現代都市」1922年（出典：Le Corbusier, *Œuvre Complète Volume 1,* Les Editions d' Architecture, Zurich, 1964）

写真4　ルイス・バラガン自邸（メキシコ・メキシコシティ）1943年

図4　ヒルベルザイマーが描いた「高層都市計画」1924年（出典：Michael Hays, *Modernism and the Posthumanist Subject,* MIT Pr.,1995）

ほうだった。その後のモダニズム建築の名作と言われるものの多くは、立地する地域の風土的環境をそのデザインに実現しようとしたものなのである。北欧モダニズムと言われる建築家たちは、北欧の森と湖に代表される風土に根ざした造形を実現した。メキシコのルイス・バラガンは、メキシコ独特の民家の多彩な色を積極的に持ち込んで、メキシコでなければ成立しないであろう造形を作り出した（写真4）。日本の丹下健三も、日本の伝統的な柱・梁の構成を表現しようとした。

一般に、世界中の都市の景観が均質化して無味乾燥なものになってしまったのは、画一的な近代主義の建築が波及したからだとされる。それは正しい側面もあるが、モダニズム建築は近代主義の理念と同時に、ある種の美学を持ちえていたことも事実である。それは、土地や風土と建築を切り離そうとする近代主義とは別のものとして考えてもよいはずだ。それは、建築における近代主義修正主義とも言えるだろうか。

実はいまでも、そうしたモダニズム建築の美学は健在である。地域主義・ヴァナキュラリズムなどをことさら主張しなくても、それぞれの地域固有のデザインを丹念に洗練されたモダニズムのデザインに落とし込んでいる作品が増えている。2001年の同時多発テロや近年のリーマン・ショック以降、近代主義は、いわばそのエンジンを失いつつあると指摘される。であるならば、なおさらこうした建築における近代主義美学の実践が意味を持つことになるのかもしれない。そうした可能性も、われわれは地理学的建築の可能性として捉えておく必要がある。

【註】

【＊1】田尻裕彦、石堂威、小巻哲、寺田真理子、馬場正尊監修『この先の建築』ＴＯＴＯ出版、2001年

音楽

聞こえない音と
見えない空間を読む

菅野裕子

「凍った音楽」とは何か

建築と音楽。この2つは、どちらも私たちの生活の中で非常に身近なものだが、一見とてもかけ離れたもののように見える。

まず、存在の成り立ちからして、まったく違う。建築は形があって物質でできているのに対して、音楽は物質ではなく、波動という物理現象だ。そのために、私たちが知覚する方法も異なっている。つまり、建築は目には見えても耳で聞くことはできないのに対し、逆に、音楽は目には見えず耳で聞くものだ。みなさんの中には漠然《ばくぜん》と、建築と音楽はまったく無関係だと思っている方も多いのではないだろうか。

ところが、建築と音楽を似ていると考えた人や、その類似性について語った人というのも、実は、これまでに何人もいた。その人たちの残した言葉の中でもっとも有名なものは「建築は凍れる音楽である【*1】」というものだ。しかし、この言葉は何を言おうとしているのだろうか。物質として存在する建築と、時間の中に現れては消えていく音楽という、このまったく異なるものは、どこをどう関係づけたらよいのだろうか。

「凍る」という言葉の本来の意味は、水が冷えて固まるということだ。音楽は、もちろん水ではないけれど、時間の中で生まれては消えていくという意味では、音楽も水のように流動的だといえる。そう考えると、「音楽を凍らせる」というたとえとは、こういうことではないだろうか。つまり、――音楽の旋律や和音やリズムといった「音」を、空間的な「形」に変換すると、それが建築のようになる――。

音を形に置き換える

「音」を「形」に変換するなどというと、かなり突飛《とっぴ》な話に聞こえるかもしれないが、古代から知られている1つの考え方がある。ハープやギターのように弦を用いる楽器では、音程は弦の長さによって決まるのだが、そこで協和音を生み出す弦の長さは、単純な整数比となるのだ。どういうことか、もうすこし具体的に説明しよう。

たとえば1オクターブの音（たとえばドと1オクターブ下のドの音）は、1対2の比の長さの弦から生まれる。つまり、長さ10㎝の弦に対して、ちょうどその倍の長さの20㎝の弦をつくれば、そこからは10㎝の弦より1オクターブ低い音が生まれる。ドとソのように、5度（ド／レ／ミ／ファ／ソと5音程差があるという意味）離れた音を生み出す弦の長さは3対

2で、ドとファのような4度（4音程差）の和音なら4対3だ。

このように、耳で聞いてもはっきりと協和しているとわかる和音は、それをつくり出す弦の長さも、また、きれいな整数比をつくっている。これは古代ギリシアのピタゴラス派が発見したとされているが、このことを発見した人々が、「耳に美しいものは、目にも美しいのだ」と考えたとしても、無理はないだろう。

実際、この考え方は、その後も長い期間にわたって西洋で流布していた。15世紀にイタリアのフィレンツェで活躍した建築家アルベルティも、次のような言葉を残している。

「実に次の数によって、音に均整が生れるようになるが、その同じ数そのものが目と魂を不思議に満足さすために完全に働くのである【＊2】」。建築の部屋の比率も、耳に美しく聞こえる和音にみられる、1、2、3、4といった数を使った比例にするとよいというわけだ。

さらに、キリスト教では「汝はすべてのものを尺度と数と重さにて定めたまえり【＊3】」という句がある。そのため、たとえば、神の世界と同じような秩序を持つ教会をつくろうとした場合、幾何《きか》学や数比に基づく形態をつくるべきだということになる。だから、キリスト教の世界の話でいえば、このことからも、音楽の和音にあるような数比は建築をつくる際に参考にされた。そうやって、神の世界を地上に再現しようとしたのだ。

数学に近い音楽

ところで、建築や音楽がいつの時代も、必ずしも現代の私たちにとっての建築や音楽と同じとは限らない。それを示す1つのいい例が、かつて、音楽が最重要科目の1つだった世界があったということだ。みなさんには意外ではないだろうか。

たしかに、今日の日本の中学校や高校では、主要科目といえば国語、数学、英語、理科、社会のことで、それに対して音楽は、美術などと一緒に芸術系科目とされている。ところが、たとえば西洋の中世の大学では、音楽は数学、天文学、幾何学と並ぶ主要な理数系科目とみなされていた。といっても、そこでの内容は、今日の音楽大学で学ぶこととは少し違う。だいぶ違うといってもいいかもしれない。重視されていたのは、実技より理論であって、音程や音の比例関係の数学的分析といった内容が中心だった。「音楽」というもののとらえ方が、今日とは違っていたのだ。

もちろん、だからといって、現代に生きる私たちが、過去の価値観に無理に合わせる必要はない。ただ、むかしの人の考え方に触れることで、「音楽」について、異なる視点から見ることができるようになる、ということはあるだろう。現代の私たちは、ともすると、「音楽」

をもっぱら感性で理解するようなものととらえがちかもしれない。だが、そこに現れているリズムや音程の理論には、数学的な内容が多く含まれているのだ。

建築についても同じようなことがいえる。つまり、おそらくみなさんが漠然ととらえている「建築」より、実際にはもっといろいろな側面がある。建築と音楽との関係を考えるに当たっても、まず両者を広い視野から見ておくことは有益なはずだ。そこで、他の芸術とも比較しながら、建築と音楽について整理してみたい。

芸術の中の建築と音楽

図1は、デッソワーという学者が各種の芸術を分類した表だ。

まず、表を縦方向で見てみよう。そうすると、建築は、彫刻や絵画などと一緒に「空間芸術」に分類されていることがわかる。そして、音楽は詩とともに「時間芸術」に分類されている。

その一方で、表を横方向で見ると、芸術を「模倣《もほう》芸術」と「自由芸術」という違いで分けていて、建築と音楽は両方とも「自由芸術」に分類されている。「模倣芸術」とか「自由芸術」

	空間芸術	時間芸術
模倣芸術 一定の連想を呼び起こす現実形態の芸術	彫刻 絵画	模倣の芸術 詩
自由芸術 一定の連想を伴わない非現実形態の芸術	**建築**	**音楽**
	造形芸術	詩的芸術

図1　デッソワーによる芸術の分類図（出典：Max Dessoir, *Aesthetics and Theory of Art,* trans. Stephen A. Emery, Wayne State University Press, p.268. ただし表内の語句は著者訳によるもの）

というと、耳慣れない言葉かもしれないけれど、別にむずかしい話ではない。かんたんにいえば、「模倣芸術」というのは、「何かこの世の中にあるモノや出来事を描写している」ということだ。たとえば、絵画も彫刻も、風景や人物など、自然界にあるものを描いている。この表には書かれていないけれど、文学や演劇も、現実に起こるような出来事の物語なので、同じグループと考えていいだろう。

それに対して、建築は自然界に存在するものや出来事を再現するのではない。このことは、音楽についても同様だ。音楽で、鳥のさえずりなど自然界の音を模倣することもあるけれど、これは例外といっていい。「現実世界にあるものを描写しているのではない」ということは、建築と音楽の大きな共通点の1つだ。

それでは、人々はいったい何を手がかりに建築や音楽を形づくっているのだろうか。その答えは1つではないが、建築が深く「空間」と関わっていて、それと同じように、音楽も深く「時間」と関わっているということはいえる。

「空間」と「時間」とは、両方とも、それ自体は見ることも触ることもできなければ、聞くこともできないものだ。それだけではない。私たちは、自分たちを取り巻くこの空間や時間がどれほどの広がりを持つものなのかも、実際に確かめることはできない。無限に広がるといわれている宇宙空間、あるいは太古から未来永劫《えいごう》まで続くとてつもなく長い時間、こういったものは人間が身体的な感覚で理解できるスケールをはるかに超えている。つまり、空間も時間も、人が生まれ持った感覚だけでは、とうていその全体像をとらえることはできないということになる。

ただそれでも、歴史を見ていくと、過去において、空間や時間についてのとらえ方が、実際に変化してきたという例を、建築と音楽に見ることはできる。どういうことかというと、建築と音楽は、時代とともにその姿も形も変え、図面や楽譜も変化しているのだが、その変化のいくらかは、建築と空間との関わり、そして音楽と時間との関わりから生まれていると考えられる。

というわけで、ここから先は、過去の建築と音楽について、具体的な例を見ながら考えていくこととしよう。まず、ルネサンスとバロックと呼ばれている時代の、イタリアの建築と音楽から話を始めたい。

えぐられたような形の建築

図2はテンピエットという、1500年頃のローマに建てられた建物だ。比較的小さな建物で、平面図を見ると円形をしている。ぱっと見た感じでは、これといった特徴がないようにも見えるかもしれない。ところが、この建物は当時の建築家から高く評価されていたし、いまでもこの時代を代表する建築の1つと考えられている。この建物のどこがどうすぐれているのだろうか。

当時の建築家の考え方を見てみよう。先ほども紹介した建築家のアルベルティは、神殿の理想的な立地条件について次のような言葉を残している。

「前面に広く、自らにふさわしい前庭を備え、広大な道か、あるいはむしろ堂々とした幾つも

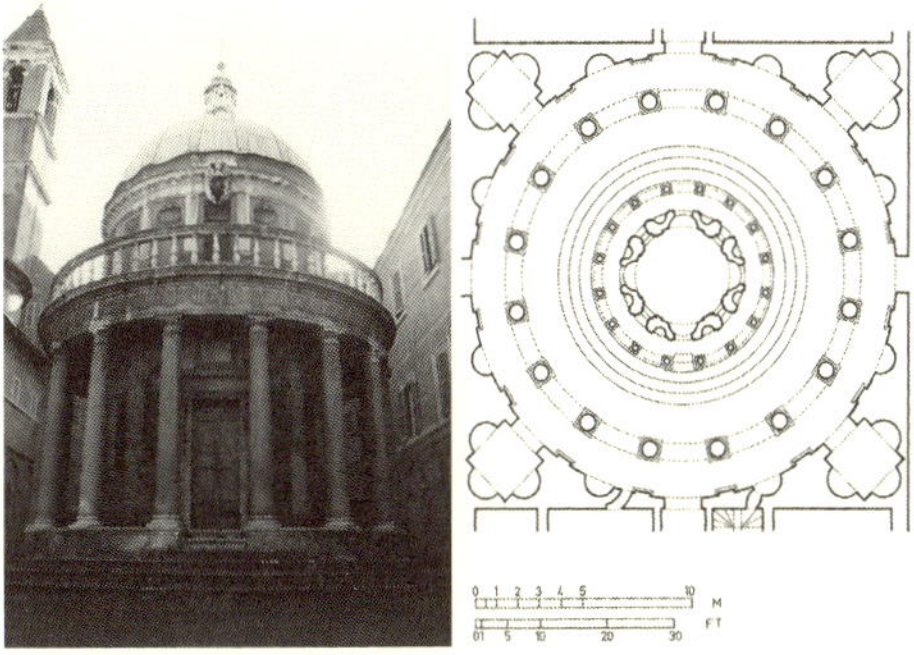

図2　ドナト・ブラマンテ「テンピエット」1502～10年建造（左：外観、右：平面図）（出典：Henri Stierlin, *Encyclopedia of World Architecture*, Evergreen, 1977）

図3　「理想都市の景観」15世紀後半（ウルビーノ、マルケ国立美術館蔵）

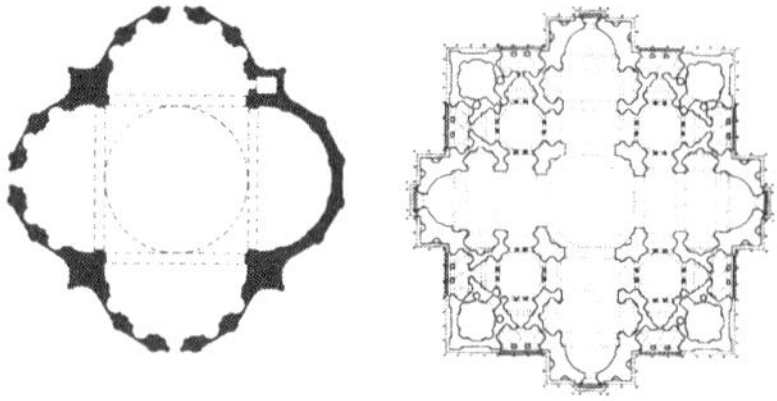

「サンタ・マリア・デッラ・コンソラツィオーネ」1508年起工

「サン・ピエトロ大聖堂」(ブラマンテ案) 1506年

図4　外壁の曲面が凸型になっている建築の例。(出典〈左〉: Leonardo Benevolo, *The Architecture of the Renaissance, Volume I*, Routledge & Kegan Paul, 1978. 〈右〉: Peter Murray, *Renaissance Architecture*, Electa, 1978)

図5　ジャコモ・バロッツィ・ダ・ヴィニョーラ、バルトロメオ・アンマナーティ他「ヴィラ・ジュリア」1551〜55年建造

の庭で囲まれ、どこからも明確に眺められる【*4】」建築が、周囲から切り離されて独立した姿を保つこと、これが当時の建築の1つの理想の姿だった。当時描かれた「理想都市の景観」(図3)にも、そのような町の風景が描かれている。この時期の建築の外壁に着目してみると、ほとんどが平面か、凸型に膨らんだ円弧となっている。逆に外壁に凹型の円弧が現れることはまれだった(図4)。

それが1500年以降になると、凹型の外壁を持つ建物が出現するようになる。たとえば図5は1500年代のローマに建てられたものだが、中庭側の壁が半円形にえぐられたような形をしている。バロックの時代になるともっと大胆な形も現れた。たとえば、図6は、円柱の一部が大胆にそぎ落とされた残りのようだ。図7はバロック建築の代表的作品だが、外壁の下層が凹凸凹、上層が凹凹凹のパターンでうねっており、建築がまるで不完全な断片のようだ。

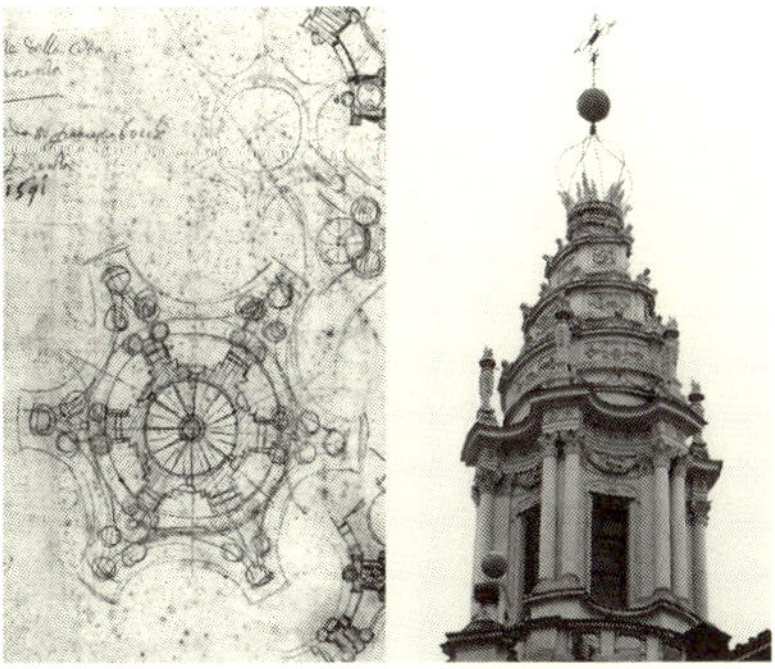

図6　フランチェスコ・ボッロミーニ「サンティーヴォ・アッラ・サピエンツァ聖堂」1642～50年（左：頂部の平面図、右：頂部）（出典：Richard Bösel, Christoph Luitpold Frommel, *Borromini*, Electa, 2000）

図7　フランチェスコ・ボッロミーニ「サン・カルロ・アッレ・クアットロ・フォンターネ聖堂」正面は1665～68年建造

凹型の壁が外部に現れた場合、建物の形は不完全な塊のようになってしまう。平面図で見てみると、型で抜き取られたクッキー生地の残りのような不完全な形にも見えてしまう（図6左）。このことが何を意味しているかはもう少しあとで考えることとし、続けてルネサンスからバロックにかけての音楽を見ていきたい。

音のない時間

ルネサンスの音楽といっても、実際に聞いたことがある人は少ないかもしれない。通常、学校で習う音楽は、バッハやベートーヴェンといった、ルネサンスよりあとのバロックや古典派の時代以降のものが中心だからだ。ルネサンス期の楽譜を見ると、最初の1拍目から曲が始まっている（図8）。つまり最初の音が鳴り始めたその瞬間から、その音楽が始まっているといえる。こういってしまうと、当たり前の話のようだが、実は、音楽がいつもこの

図8　ルネサンス期の楽譜のオリジナル（左）と、1小節目を現代譜に書き直したもの（右）。1小節目の1拍目から音楽が始まる。ルネサンス期の楽譜は4声部がばらばらに書かれており、小節線はなかった。ヨーハネス・オケヘム《Missa "Mi-mi", Kyrie》（出典：*Johannes Ockeghem Collected Works, Second Volume,* ed. Dragan Plamenac, American Musicological Society, 1947, 1966）

ように始まるわけではない。というのは、1小節目の1拍目からではなく、小節の途中から始まる曲もあるからだ（図9）。

　このことについて、ザックスという音楽学者は次のように述べた。ルネサンスの音楽家は「空白からの開始を避け」ていたのに対し、バロックの作曲家は「小節の冒頭音で始める代りに、全く型破りにも、しばしば休止あるいは空拍の後で始め」た、と【*5】。

　しかし、「休止あるいは空拍の後で」音楽を開始するとは、いったいどういうことなのだろうか。そして、なぜそんなことをしたのだろうか。この話は、「なぜこのようなことが可能だったのか」という問題につながってくる。ここには、1500年代から1600年代にかけて、音楽の持つ時間構造が変化したことが関係している。

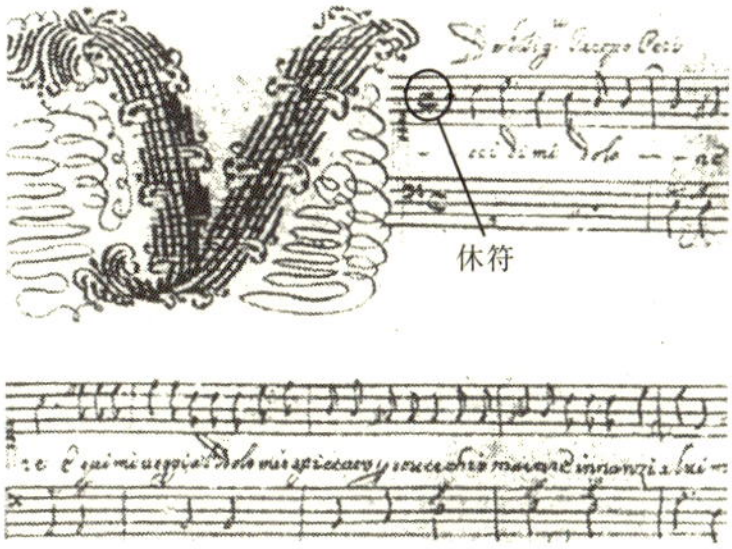

図9　J.ペーリ《Uccidimi, dolore》1628年　休符（=空白）から音楽が始まっている（出典：Il Zazzerino, *Music of Jacopo Peri,* Harmonia Mundi, 1999〈CD付属リーフレット〉）

1	2	3	1	2	3	1	2	3
強	弱	弱	強	弱	弱	強	弱	弱

テンポ（3拍子）

1	2	3	4	1	2	3	4	1	2	3	4
強	弱	強	弱	強	弱	強	弱	強	弱	強	弱

テンポ（4拍子）

図10　一般には3拍子だと「強弱弱」、4拍子だと「強弱強弱」の繰り返しが多い

「旋律」と、その背後の「拍子」

現在の私たちが慣れ親しんでいる音楽、たとえば小学校で習う「赤とんぼ」でも、あるいは、12月のデパートで流れているクリスマスの音楽でも「主要なメロディ（主旋律）」と「その伴奏」から成り立っている。こういう音楽の原型は、バロック時代に成立した。その特徴は、「主旋律」が自由なリズムで進行するのに対して、「伴奏」は背後にあって、規則的な4拍子、あるいは3拍子を刻むというものだ。さらに、この拍子とは、単に正確な速度で進行するだけでなく、強い拍と弱い拍が規則正しく繰り返される。たとえば、一般には3拍子だと「強弱弱」、4拍子だと「強弱強弱」の繰り返しとなることが多い。そして、この一定単位ごとに、小節線が記される（図10）。

ルネサンスの音楽には、まだこのような拍子はなかった。そこでは「主旋律」の背後に「規則的な拍子」がないのだから、旋律

図11　ルネサンスの音楽の楽譜を現代譜に書き直したもの。当時の楽譜には小節線がないが、現代人向けに点線で書かれている。ヨーハネス・オケヘム《Missa “Mi-mi”, Kyrie》（出典：図8と同）

が鳴り始まった「その瞬間」が、その音楽の開始を意味する（図8・11）。

一方、小節の途中から始まる音楽の場合には、ザックスの言葉を借りれば、「聴き手は実際の曲の開始が欠けていることを体験し【＊6】」てしまう。どういうことかというと、たとえば先の4拍子の例でいえば、「強弱強弱」の最後の「〇〇〇弱」の部分からメロディが始まるとき、その音が鳴り始まる前から（実際には聞こえていなくても）「強弱強〇」という拍子があったことになる。だから聞こえていない「強弱強〇」という拍子があったことを理解して、それに続く4拍目としてメロディが鳴ったと理解しなければならない。つまり、このような音楽の開始とは、実際に聞こえる音楽そのものを越えた拍子を想定することで、初めて可能になった表現なのだ（図12）。

これは、「私たちが日常生活で体験する出来事」と「時計によって刻まれる普《ふ》遍《へん》的な時間」との関係にたとえると、理解しやすくなるだろう。

私たちは誰もが、それぞれ自分だけの時間感覚を持っている。楽しいときはあっという間に過ぎ、退屈な時間は長く感じられるということは、誰でも思い当たるだろう。それでも、時計は、かまわず同じ速度で時を刻む。

図12　テンポ（拍子）は音として聞こえないけれど、規則がある

音楽においても旋律のあるときも音がない休止のときも、拍子は絶え間なく同じ速度を刻んでいる。そこでは、音が鳴っていないときでも、聞こえない「時間」がある。小節の途中から始まる音楽というのは、鳴り響く音の背後にある「沈黙の時間」の存在を前提として生み出されているのだ。

完全から不完全へ

さてここでもう一度、建築に戻ろう。図13はローマにある広場だ。ここで、建物本体だけを見ると中途半端な形をしているが、広場に見えない3つの楕円形の空間があると考えると、なぜこの形が生まれたかわかるのではないだろうか。

つまり、ここにある建物は、この楕円形の空間の輪郭を形づくっている。といっても、その空間は実際には何もないわけだから、私たちが「そこに空間がある」と想像しない限り認識できない。実際にはその場所に行っても、空気しかない。何かそういう形の物体があるわけではないのだ。でも、たとえ何も物質がなくても「空間」はある。

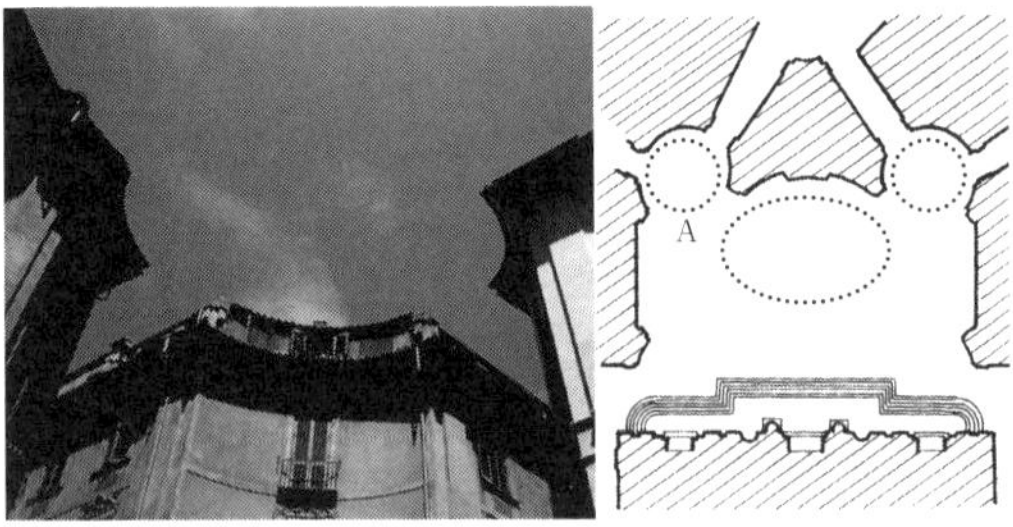

図13　ローマのサンティニャーツィオ広場（1726〜27年）を囲む建物群（左：A地点からの見上げ、右：配置図）（出典〈右図〉：Christian Norberg-Schulz, *Late Baroque and Rococo Architecture*, Electa, 1980. 点線は著者加筆）

そう、さっきは、「音が聞こえないところでも『時間』がある」という話をしたが、ここでは、「目に見えるもの（建築）がないところにも『空間』はある」のだ。小節の途中から始まる音楽が「聞こえない時間」を意識することを前提としているように、凹型曲壁の建物は「見えない空間」を意識するということを前提としてつくられている。

もちろん、バロックの建築や音楽がすべてこのようなものだったというわけではない。しかし、凹型の曲面壁や小節の途中からの開始といった、これらの特徴は、それ以前には見られなかったものだ。つまり、この時代には、空間と時間に対してそれ以前と違う関わり方をする、新たな表現が生まれた。どちらも周囲から切り離してそれだけを見たら、中途半端な断片のようにも見えるかもしれない。しかし、それは、無限に広がる世界の断片だ。周囲から切り離されて独立した姿を保つのではなく、逆に、世界とつながることを志向している。だからこそ、見る人にも聞く人にも、その周囲には透明な空間が広がり、背後には沈黙の時間が流れていることを気づかせる。人に、普遍的で無限の空間と時間の広がりを感じさせる建築と音楽なのだ。

グラフとしての楽譜

それでは、なぜこの時代になって、見えない空間や聞こえない時間が意識されるようになったのだろうか。その背景の1つとして、空間においても時間においても、座標軸のような線を書き入れる図法が生まれ、その線によって、「見えない空間」や「聞こえない時間」が「見えるようになってきた」ということがある。どういうことなのか具体的に説明しよう。

まず、音楽においてその線とは、楽譜の小節線のことだ。音楽の楽譜とは、実は、科学のグラフにとてもよく似ている。クロスビーという学者は楽譜のことを「ヨーロッパで最初に作成されたグラフ【*7】」だと述べているほどだ。そういう目で楽譜を観察してみると、この話はわかりやすいだろう。

まず、楽譜の垂直方向は音の高さを示している。音の高さとは、言い換えれば、音の周波数の差のことで、その目盛りとして水平線（五線）がある（図14）。一方、水平方向は時間軸だ。だから、一定時間ごとの垂直線（小節線）とは、時間軸の目盛りに相当する（図15の垂直線）。音楽そのものは音符によって示されるが、それも科学的なグラフにふさわしい「記号」だ。つまり、四分音符とか八分音符という「記号」の種類によって時間的長さが正確に

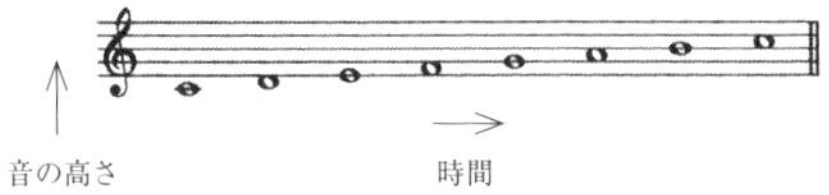

図14　五線譜。垂直方向は音の高さ、水平方向は時間を表す

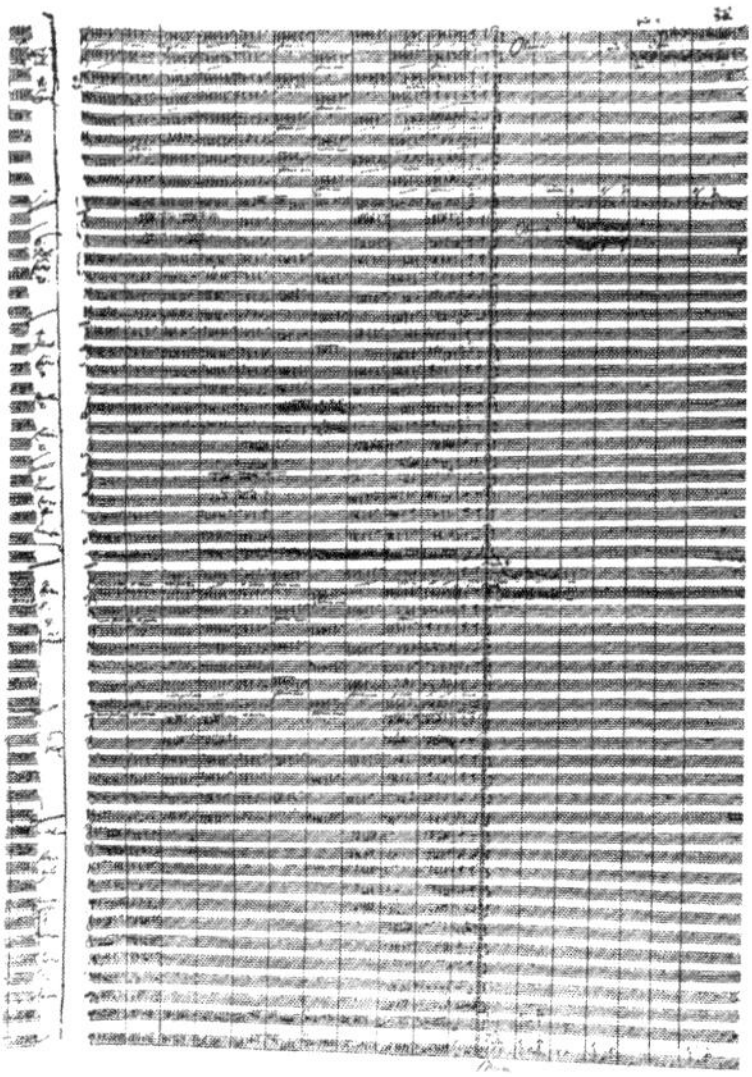

図15　ザルツブルク大聖堂のためのミサ曲《祝典ミサ曲》のスコア 1628年。全声部が1つの楽譜に書かれ、小節線が縦に貫く（出典：皆川達夫『楽譜の歴史』音楽之友社、1985年）

明示されている。そして、その音符は、縦軸と横軸の目盛りに沿って正しい位置に配置される。ところが、この小節線は、ルネサンス時代にはなかった。だから、そこでは水平な4本の線（当時は五線譜ではなく四線譜だった）の上に、音符が並ぶだけだった（図8左：304頁）。

それに対して、小節線が入れられると「聞こえない時間」は、より想像しやすくなる。白い紙に水平な5本の線を書いたときには、何も音のない静寂の時間が生まれるにすぎない。けれど、その上に小節線を引いて時間の目盛りをつくると、「聞こえない時間」が、よりはっきりと見えてくる（図15）。耳に聞こえる音楽とは、その時間の中で鳴り響いている。

建築と図面

建築の図面にも、一定長さごとに補助線が引かれていることがある。これはモノから独立した抽象的な空間座標である（この成り立ちについては「算数」の章で、19世紀の建築家デュランの図面を参照して述べた）。音楽の楽譜が時間の軸線を持つグラフであるのに対して、建築における図面は空間の軸線を持つグラフといってもいいかもしれない。あるいは、楽譜は「音空間の設計図【*8】」ということもできる。

先ほど、楽譜という時間座標において、小節線を引くことによって、「聞こえない時間」が想像しやすくなるといったが、この線の効果はそれだけではない。楽譜や図面の補助線を目盛りとみなすことによって、そこに広がる空間（あるいは時間）が「計測しうるものだ」ということも、同時に理解できる。

また、19世紀のデュランが、『美しさ、偉大さ、特異さにおいて顕著な古代と近代、すべての種類の建物の図集と比較』（図16）で、様々な建築を同じ縮尺で並べ、図面の下にはメートルのスケールを記したように、近代の音楽の楽譜にも♪＝88といった記号が添えられている（図17）。これは、「1分間は♪の88倍の長さに相当する」ということを意味する。

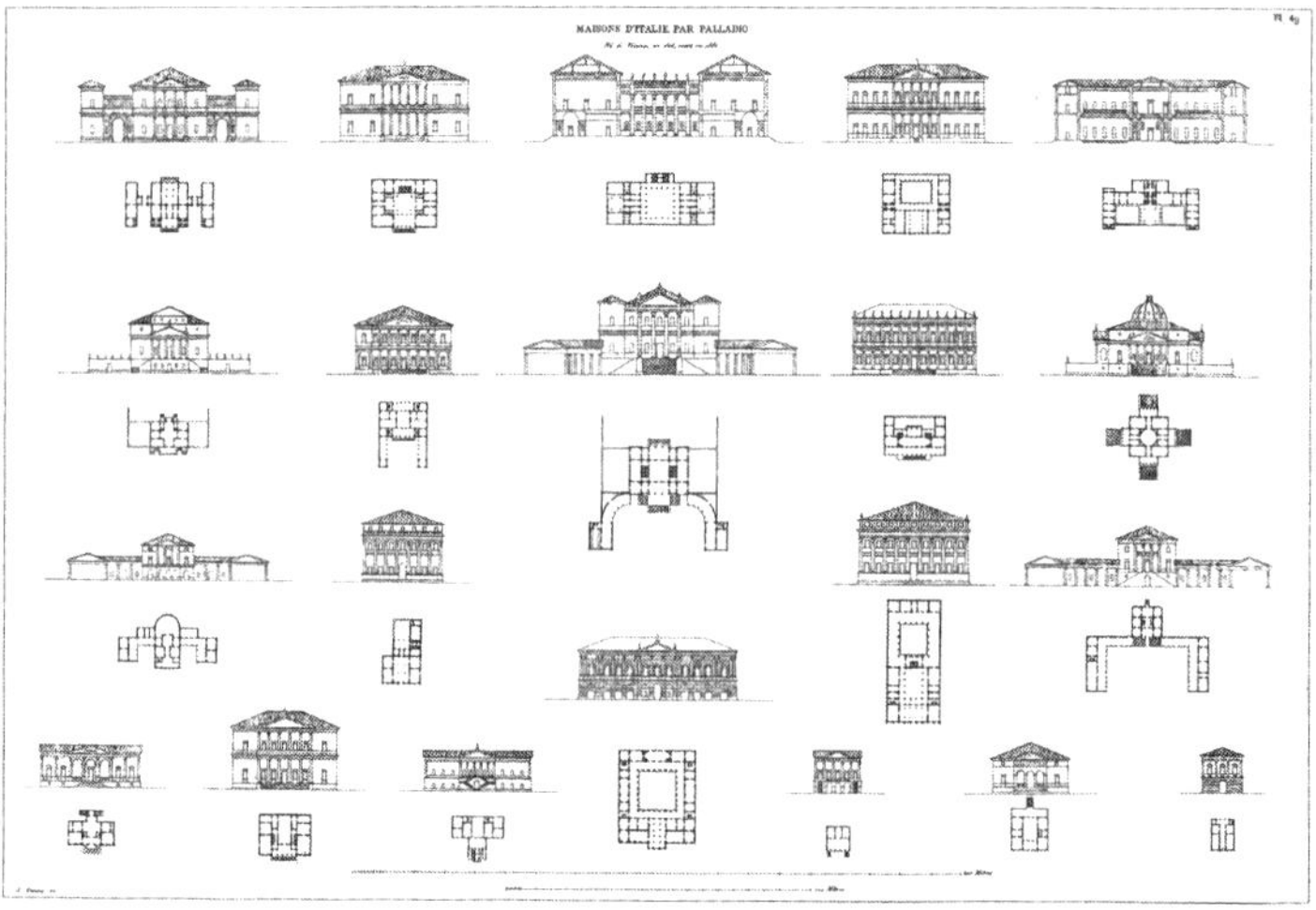

図16　ジャン・ニコラ・ルイ・デュラン『美しさ、偉大さ、特異さにおいて顕著な古代と近代、すべての種類の建物の図集と比較』1800年（出典：Jean Nicolas Luis Durand, *Recueil et Parallèle des Édifices en Tout Genre*, Réimpression des Éditions Augmentees, Bruxelles S. A. et Liege, 1842, repr., Verlag Dr. Alfons Uhl, 1986）

図17　近代の楽譜の速度表示（出典：『ベートーヴェン　交響曲第一番』音楽之友社、1949年）

これらは、紙の上に描かれた建築や音楽を、現実の世界の長さに結びつけるための架け橋だ。その長さの基準は、どちらもこの地球からとられている。そう、1メートルが地球の大きさを基準につくられたように、1分も地球の自転に要する長さに基づいているのだから。こうして、紙の上に書き表された建築と音楽のどちらもが、地球から導き出された長さを介して世界に接続されるようになった。

はじめにも話したが、建築と音楽には、どちらも「自然界のものを描写しているのではない」という共通点がある。だからこそ、建築は空間と深く関わり、そして音楽は時間と深く関わっているのだし、そのために、記譜法や単位といった共通項もある。実際、これらの共通項は、絵画や彫刻や文学のような他の芸術と比較しても、特に建築と音楽にはっきり現れている。

建築と音楽とが、空間と時間の間におかれた対称軸を隔てて、あたかも鏡像をなしているように見えないだろうか。建築と音楽を似ていると考えた人は、建築や音楽のこんな面に気づいた人かもしれない。みなさんにはどう見えるだろうか。

芸術の変化と社会の変化

ところで、音楽家たちが音楽において、休符の長さをきちんと計測するようになったのは、1200年頃だった。休符の長さを計測するということは、つまり、音楽の中の「聞こえない時間」を計測することにほかならない。それなら、この音楽家たちは、当然、日常生活において機械時計で時間を計測するということを知っていたのだろうと思うかもしれない。

しかし、実際には、西ヨーロッパで最初の機械時計がつくられるのは、その50年ないし100年後のことだったという。つまり、音楽において、空虚な時間を計測するということが先にあり、そのあとに機械がつくられたということになる。

もちろん、だからといって、歴史の中で、常に芸術の変化こそが先にあり、その他の変化があとに続くというわけでもない。ただ、いえることは、人間の営みとは非常に複合的なものであり、文化、思想、技術、宗教、政治といった様々な分野の活動が絡み合っているということだ。同じ時代では相互に影響し合っていたり、そのために、見えない関係でつながっていることもある。さらに、その関係には、その時代のまっただ中に生きている人は気づかないこともある。

私たちのものの考え方や感覚も、いま生きているこの世界での常識に慣れてしまって気づかないけれど、この時代に大きく左右されていると考えるべきだろう。生活習慣や価値観はもちろんのこと、それだけではなく、一見、直感的で本能的にすら思える、時間や空間の認識にさえ、その時代や社会の特徴が見られることは、歴史を見ていくとわかる。

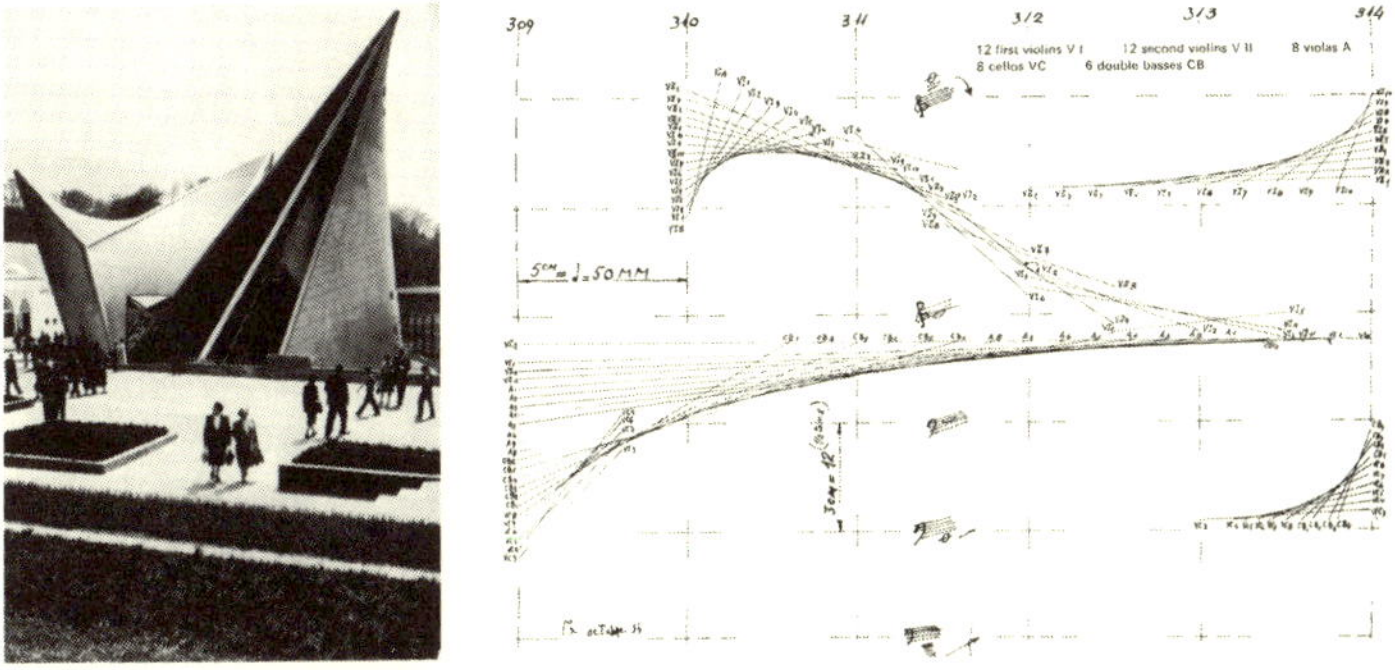

図18　ヤニス・クセナキスによる「ブリュッセル万博フィリップス館」1958年（左）と《メタスタシス》の楽譜（右）。模型にも楽譜にも少しずつ角度をずらした直線が見られる（出典〈左〉：Le Corbusier, *Œuvre Complète Volume 1*, Les Editions d' Architecture, Zurich, 1964.〈右〉：Marc Treib, *Space Calculated in Seconds*, Princeton University Press, 1996）

新しい時代の建築と音楽

今回は、建築と音楽を考えるに当たって、500年もむかしのヨーロッパの例が中心になってしまったが、それはわかりやすく説明できる例が多かったからで、本当はもっといろいろな例についても書きたかった。

たとえば、20世紀になってからは、技術や材料が革新的に進歩した。コンピュータで音楽をつくることができるようになり、建築の図面もコンピュータで描くなどということも始まった。しかし、時代によって変わるのは、技術だけではない。建築や音楽をどのようにとらえるか、どのような姿を美しいと考えるか。こういったことも、時代によって異なる。人間の考え方そのものが、時代によって変わっていくのだ。

その20世紀には、クセナキスという、建築家であると同時に音楽家でもあるという、たぐいまれな才能を持つ人物がいたが、彼のつくった建築と音楽も、新しい技術だけでなく新しい美しさをも同時に見せている非常におもしろい例だ（図18）。そして、そこにも建築と音楽の新しい関係が生まれている。

こうして、建築も音楽も時代によって変わっていくのだから、その結果として、建築と音楽の関係も時代によって変わる。これからも社会は姿を変え、生活様式も変化し、その中で新しい文化や建築が生まれ、新しい音楽が生まれていくだろう。そうすれば、建築と音楽の、新しい関係もまた生まれるはずだ。そして、ひょっとしたら、いつかみなさん自身がその歴史に関わることになるかもしれない。

【註】

【＊1】これはドイツロマン派のシュレーゲルの発言（gefrorene musik）として知られる

【＊2】レオン・バッティスタ・アルベルティ『建築論』相川浩訳、中央公論美術出版、1982年、286頁

【＊3】旧約聖書「ソロモンの知恵」11章20節

【＊4】レオン・バッティスタ・アルベルティ『建築論』相川浩訳、中央公論美術出版、1982年、193頁

【＊5】クルト・ザックス『リズムとテンポ』岸辺成雄監訳、音楽之友社、1979年、275頁

【＊6】同、275頁

【＊7】アルフレッド・W・クロスビー『数量化革命』小沢千重子訳、紀伊國屋書店、2003年、191頁

【＊8】岡田暁生『音楽の聴き方』中公新書、2009年、138頁

【参考文献】

五十嵐太郎、菅野裕子『建築と音楽』NTT出版、2008年

修学旅行

旅に出ることは、建築と出会うこと

五十嵐太郎

旅から学ぶこと

建築という職業、あるいは学問に携わることで得をするのは、旅が楽しくなることだ。私たちが観光地を訪れると、実際はかなりの時間を建物の見学に費やしている。奈良であれば法隆寺や東大寺、パリならばエッフェル塔やノートルダム大聖堂のように、必然的に旅は建築の巡礼になるだろう。ただ、普通の観光ガイドは、これが何年につくられて、高さ何メートルという型通りの説明ばかりで、建築の理解につながるものが少ない。しかし、建築がわかれば、巨大な東大寺を実現するために、重源《ちょうげん》という僧が資金繰《ぐ》りに奔走《ほんそう》し、中国から最先端の構法を導入して、それまでの日本の建築とは異なる木の組み方を試みたことによって、ダイナミックな空間が生まれたことを鑑賞することになるだろう。ノートルダム大聖堂も、新しい石造の構造を用いることで、内部にステンドグラスからの光が充満する神聖な空間を出現させるべく、なるべく外部に骨組みをむきだしにしたのである。

観光の醍醐味《だいごみ》は、建築を見学することだ。旅をすることで、もっと多くの建築を知ることができる。都市にはさまざまな建築が存在して

「東大寺」8世紀

「ノートルダム大聖堂」13世紀

いるから、世界中が学びの場所に変わる。なるほど、大自然の観光だと、建築は少ないかもしれない。ただ、上級者になれば、そうした場所でも、いかにすれば建築が可能かを考えるきっかけになるだろう。

もちろん、デザインや構造の特徴を「知識」として書物やインターネットから学ぶことは可能である。だが、その建築がどんな環境の場所にたち、どのような空間を体験できるのかは、実際に現地へ足を運び、自らの身体をそこに置かないと、本当にはわからない。ある程度、写真や映像でも想像することは可能だが、建築は3次元に広がる空間である。しかも、どのようなアプローチで近づき、室内をどのようなルートで歩いて、部屋をまわるのかといった時間の軸も絡む。さらに言えば、真昼の強い日差しなのか、西日の低い角度からの光を受けた状態なのか、あるいは四季や天候といった要素も加わり、建築の体験は複雑化する。机上や図書館、または研究室で完結する学問もあるかもしれない。また美術ならば、現地に行かなくともいずれ巡回展などで、絵や彫刻が運ばれて、自分の暮らしている街で鑑賞できるかもしれない。しかし、建築は絶対に動かない。土地に縛られて、向こうからはやってこない。だからこそ、自分から会いに行くことになる。

日本の学校では、修学旅行という制度がある。ただの観光ではなく、学びの要素を加えた旅のことだ。これはすでに明治時代に始まったものだが、知らない街の建築を見に行くチャンスだろう。旅には、日常と切り離されるという大きな意味がある。なぜなら、私たちは毎日見ている風景に慣れてしまい、当たり前に感じてしまう。おそらく、どんなに変わった場所でも、人はそれを受け入れる。例えば、中国にはヤオトンという土を掘って暮らす居住の形式が存在し、モンゴルではゲルと呼ばれる移動式住居を遊牧民が使っている。もし生まれてからずっとそこに暮らしていれば、それが彼らの日常となるだろう。

だが、私たちが実際に見学すれば、不思議に思うはずだ。こんな暮らし方がありうるのか、と。もちろん、独自の気候や生活のスタイルが、こうした住まいを生みだす。ただ、そこからひるがえって、今度は自分をとりまく街並みだけが常識ではないと知り、異なる可能性を考えるようになるはずだ。つまり、旅は日常の環境を問いなおすきっかけにもなる。ヤオトンやゲルは極端な事例であり、これほどユニークな場所でなくとも、大なり小なり、旅は私たちに住まいへの相対的な視点を与えるだろう。修学旅行の場合、つい友人とのおしゃべりに夢中になったり、お土産を探すのに気をとられがちだが、車窓から見える風景を含めて、あらゆる建物との遭遇《そうぐう》にも感度をあげておくことが大事である。

感性だけに頼らないこと

訪れる予定の建築を事前に調べることは重要だ。建築は芸術的な側面をもつから、自由に鑑賞すればよいという態度は、正しいようでいて、確実に損をする。すでに相当数の建築を見てきた人ならば、予備知識なしでも、自ずと勘所《かんどころ》がわかるだろう。あるいは、生まれつき天才的な感性をもつ人ならば（本当にいるかどうか疑わしいが）、予備の学習は不要かもしれない。が、少なくとも普通の初心者が同じことをやっても、よくわからずに終わるはずだ。人は記憶していないが、生まれて初めて音楽や美術などを鑑賞するとき、受け止め方がわからない。映画や漫画の鑑賞も、コマ割の流れや場面が切り替わるカット割に関する文法や意味を知っていることが前提だ。これはある程度、数をこなすことで、無意識のうちに学習しているのだが、これから建築を見ようという人、あるいは時間をかけて多くの建築を見てまわる余裕がない人は、まず先に知識を仕入れることが大事だろう。

純粋に心だけで鑑賞できるわけではない。とくに建築は、それが生みだされる社会背景、技術、環境など、さまざまな要素が絡みあう。本書の各章で紹介したように、歴史、地理、物理、化学を含む、いろいろな教科につながった総合学習なのだ。おそらく、感性だけでの鑑賞には限界がある。むしろ、事前の学習を行い、その背景や建築家が考えていたことを知ると、さらに感性を引きだし、空間の体験はより豊かになるだろう。

すでに地域ごとにさまざまな建築ガイドが出版され、いまはインターネットでもかなりの知識が得られるので、積極的にそうした情報を活用するとよいだろう。むろん、せっかく現地を訪れたのに、あらかじめ仕入れた知識の再確認で終わってはいけない。建築の場合、そこでしかわからないことがいっぱいあるからだ。

建築を学ぶ人は、しばしばスケッチを行う。自分の目と手を使い、対象を詳細に観察するためだ。ただ、これは集団行動を前提とし、時間の制約がある修学旅行には向かないだろうから、まずは意識しながら建築の写真を撮るのがよい。いつもの記念写真ではなく、建築だけを被写体にすること。それも全体の外観を記録として1枚撮って終わりにするのではなく、いわばメモ代わりに、気になった点があれば、室内やどこかの部分をクローズアップした写真を撮影しよう。これをしつこく繰り返すと、まだ言語化できなくとも、だんだん自分なりのこだわりがはっきりしてくるはずだ。

ここまで偉そうなことを書いたが、実は僕自身、大学に入って建築を学んでから、旅が俄《が》然《ぜん》おもしろくなったので、逆に言えば、それまでの旅を無駄に過ごしている。中高生のときに近畿地方や東北地方を修学旅行でまわったが、現地で「北斗の拳《けん》」の新連載が始まった『週刊ジャンプ』を購入したことなど、しょうもない記憶ばかりだ。さらに言えば、1980年頃にイタリアやフランスを家族で2週間近く旅行したが、持ち込んだ携帯ゲームや現地のゲームセンターで遊ぶのに夢中で、せっかく古建築や美術品をいっぱい見学したのに、あまり記憶がない。まだ海外旅行がいまほど簡単ではなかった時代なので、もったいなかったと思う。だからこそ、自覚的に建築を意識しながら見る人と、見ない人の差が、とても大きいことを痛いほど、わかっているつもりだ。ならば、せっかく建築に興味をもって旅をするなら、スタートは早ければ、早いほどいい。修学旅行の後、個人や家族の旅行を積極的に企画するようになるかもしれない。したがって、この文章は当時の自分に伝えるような気持ちで書いている。

古建築から歴史を学ぶ

かつての修学旅行と言えば、歴史を学ぶ近畿地方が多かったが、最近は必ずしもそうではない。公益財団法人全国修学旅行研究協会の調査によれば、平成24年度の全国の公立高等学校の国内における旅行方面別実施校数は、以下の通りだ【*1】。沖縄が25・9％、近畿が19・4％、関東が14・6％、北海道が11・8％である。また公立中学校の場合は、近畿が46・4％、関東が23・4％、九州が9・8％、沖縄が7・2％だ。こうした傾向を建築の視点から解釈すると、中学校では京都や奈良における日本の伝統的な建築、高校では本州と異なる気候や環境の条件下で培《つちか》われた沖縄の建築を見学する可能性が高い。またいずれも上位に入る関東は、東京、あるいは千葉県のディズニーランドなどが主要な訪問先だろう。そこで人気のエリアに関連して、幾《いく》つかの事例をあげて、建築を見る指針を示していく。

京都や奈良では、聖徳太子と法隆寺のように、日本史の舞台でもあるさまざまな場所を幾つか訪れるが、ただその現場を確認するだけでなく、是非、建築もじっくりと見てもらいたい。当時の建築が歴史の証言者として、そのまま残っているからだ。古代、中世、近世の日本人は、同じ空間を体験していたわけである。飛鳥時代や奈良時代の寺院は、もともと中国や韓国の影響を受けたものだが、大陸には当時の歴史建築がもう存在しない。したがって、補修を幾度も繰り返しながら、1000年以上も残る木造建築は世界的にも貴重である。近代以前は、平屋が主流だった日本において、法隆寺の五重塔や薬師寺の三重塔は、周囲からとても目立つ高層建築だったことも想像しよう。また日本は、大陸から建設技術を輸入しな

「法隆寺」7世紀

がら、さらに繊細なデザインを洗練させた。

とはいえ、日本建築史の概説は、寺院建築に関する軒下の斗栱《ときょう》など、木の組み方のディテールに関する内容が多く、読みづらいかもしれない。入門書となる参考文献として、建築史家の太田博太郎による岩波ジュニア新書の『奈良の寺々』をあげておこう【*2】。また本書の「歴史」の章でも、社会と関連した古建築の見方について触れている。

ところで、歴史という専門分野が存在するのも、建築ならではだろう。日本では、多くの場合、建築学科は工学部に所属するが、工学部において歴史学が存在するのは、建築学科だけである。これは一番新しいものがいつも最高という技術の発展とは、異なる価値観をもっているからだ。過去につくられた建築でも、その時代の技術体系のなかでベストを尽くした空間は、時代を超えて、存在意義を失わない。単なる懐古《かいこ》趣味ではなく、過去からもデザインを学ぶことが、旅を通じて知ることができる建築のおもしろさである。

街なかは建築ミュージアム

現代建築を体験できることも、旅の楽しみだ。例えば、修学旅行で京都を訪れる場合、新幹線で到着するだろう。油断できないのは、建築の見学が駅から始まることだ。駅の北側にある、原広司が設計した京都駅ビル（1997年）は、全長が500m近くに及び、屋内には巨大な階段が展開し、地元の若者や旅行者が座ってくつろいでいる。映画の『ガメラ3 邪神《イリス》覚醒』（1999年）で、2頭の怪獣が暴れても、すっぽり入るくらいの大きな内部空間である。未来的なデザインは古都の景観にそぐわないのではないか、また高すぎるのではないかと批判もされたが、いまやすっかり京都の新しい名所になった。確かに京都のコンビニは、ほかの街とは違い、カラフルな外観を避け、地味な色を使うなど、景観への配慮が特別に求められている。だが、過去を振り返れば、京都は建築史をリードするデザインを試みた街でもある。そうした意味で、京都駅は新しい歴史の一頁になった。

駅前の京都タワー（1964年）は、山田守の設計で、新幹線の開通にあわせて完成したものだ。これも当初は京都の景観と調和しないと批判された建築である。ローソク形の京都タワーは、鉄骨造ではなく、蟹の殻のように面が一体的につながって強度をもつモノコック構造である。実は新幹線の車両もモノコック構造の円筒であり、これを垂直に立てたものが、京都タワーというふうにイメージできる。ちなみに、大阪駅の近くにたつ梅田スカイビル（1993年）も、京都駅ビルを設計した原広司だ。2本の高層ビルが空中でつながり、頂部にリング状の空中庭園が出現する。彼はサッカーステージがスライドする特殊な構造の札幌ドーム（2001年）も設計しており、大胆な発想による巨大な空間を各地で実現した。つまり、旅をすると、同じ建築家の作品と各地で出会い、それらの共通点や時代の変遷を考えることができるだろう。こうした感覚は、自分が好きなアーティストが、アルバムごとに、どのような楽曲を収録し、デビュー以来、どのように変化したのかを楽しむのと似ている。

原広司+アトリエ・ファイ建築研究所「梅田スカイビル」1993年

東京は現代建築の宝庫である。いわば、街なかが建築ミュージアムのような状況だ。また都庁舎や美術館などの公共施設だけでなく、ファッション・ブランドなどの商業施設においても、実験的なデザインが登場する。『建築MAP東京』【＊3】というガイドが、わかりやすい地図付きで網羅《もうら》的に紹介しているので、ミニ版を携帯して持ち歩くとよいだろう。修学旅行の自由時間を使い、興味をもったエリアをまわれば、効率よく多くの建築を見学できるはずだ。とくに渋谷、原宿、表参道、新宿、銀座などの繁華街は、海外の建築家によるデザインも含む、現代建築のショーケースになっている。

ディズニーランドも、建築的に工夫された場所である。エリアごとにファンタジーや西部劇、未来の社会などのイメージを演出しているのは、室内に入らないとわからないアトラクションの内容よりも、実は建築群がつくりだす街並みのデザインだ。したがって、ただ楽しむのではなく、ここが夢の都市計画として設計されていることを意識したい。

象設計集団「名護市庁舎」1981年

沖縄では、赤瓦《あかがわら》が印象に残るだろう。現代建築でも、象《ぞう》設計集団の傑作である名護市庁舎（１９８１年）、原広司の那覇市立城西小学校（１９８７年）、高松伸の国立劇場おきなわ（２００３年）などが、地域性を表現すべく、この要素を用いている。とくに観光地は赤瓦が目立つが、これは首里城の復元を契機に、意図的に伝統的な赤瓦が奨励されて急増したものだ。むしろ、注目すべきは、普通の街並みにコンクリート造の住宅が多いことだろう。日本では一般的に木造住宅が好まれるが、沖縄ではシロアリと台風の被害が大きいことから、その対策として、アメリカの占領下にあった戦後から堅固《けんご》なコンクリート造の住宅が一般化した。そのために沖縄では、ハウスメーカーや木造の在来構法に強い工務店に独占されず、コンクリート造ができる建築家が活躍しやすい。また風を通す穴があいたコンクリート・ブロックの使用や、直射日光を避けるための日陰をつくる空間デザインなど、地域の環境がもたらす独自の建築を観察したい。

建築を通じて世界を知る

海外旅行がめずらしくなくなった1990年代から、修学旅行先に国外を選ぶケースが増えている。前述のデータによれば、平成24年度における全国の公私立高校の海外の修学旅行の実態は、以下の通り。訪問国別の実施校数は、北アメリカが23・3％、韓国が14・8％、オセアニアが12・7％、シンガポールが12・1％、マレーシアが11・2％、台湾が9・1％、中国が2・1％である。日本と同様、海外の建築ガイドもいろいろと刊行されており、調べ方は基本的に国内と同じなので、ここでは街並みについて触れよう。

海外であれば、どこを訪れたとしても、異文化を体験できる。同じく都市生活を営んでいれば、ビルや店舗、集合住宅があって、といった基本的な要素と組み合わせはどこも似ているが、詳細は国によってすべて違う。その差異に目を向けると、建築という覗《のぞ》き穴から世界の多様性を観察できる。例えば、窓。窓という建築の部位は雄弁に多くのことを語る。違う文化圏に出かけて、窓辺を観察すると、現地の暮らしぶりが見えるはずだ。窓辺で佇《たたず》み、街路を行き交う人々を眺める慣習、宗教上の理由により外部から見られないようにする窓、風を通す窓、日陰をつくる窓辺など、建築は人のふるまいを反映している。

渡航する際の出入り口となる空港も見逃せない。いわば都市の顔であり、外国人に対しては国の顔になるからだ。残念ながら、日本の成田国際空港には個性がなく、ただの通過点でしかない。ただし、イタリアを代表する建築家レンゾ・ピアノらが設計した関西国際空港（１９９４年）は、印象的な空間をもつ。これは全長１・７kmの細長いターミナルの上に、しなやかにうねる羽根のような覆《おお》いをかぶせている。屋根の曲線は、地下に中心がある半径16・４kmの大きな円を想定し、地表から出た部分を切りとったラインとして定義されたものだ。こうした幾何《きか》学的なデザインのルールを決めることは、建築家の仕事

レンゾ・ピアノ＋岡部憲明「関西国際空港旅客ターミナル」1994年

である。建築界では、関空のように、ダイナミックな構造をはっきりと表現するデザインをハイテクと呼ぶ。ちなみに、もともとピアノは、工場のような外観の美術館、パリのポンピドゥ・センター（1977年）で一躍《いちやく》有名になった建築家である。

西洋では、かつてグランドツアーと呼ばれる慣習が存在した。イギリスの上流階級の若者が、学業の仕上げとして、フランスやイタリアをまわることである。またフランスでは、建築や美術を学ぶ優秀な若者にはローマ賞が贈られ、イタリアで古典芸術を学ぶ機会を与えられる。ル・コルビュジエはギリシャやトルコ、ルイス・カーンはエジプトを訪れ、ロバート・ヴェンチューリはローマに滞在したように、巨匠の建築家も、異国への旅を通じてデザインの方向性を打ちだしている。旅が思考を刺激するからだろう。

日本は安全だから、わざわざ危険を伴う海外に行きたくないという声もきかれる。そういう心配をする人も、修学旅行ならば、まずは集団で異国を体験することができ、恐れを減らし、新しい興味を育むことになるだろう。自由研修の時間を使って、好きな建築を探訪しよう。修学旅行はあくまでもきっかけである。そして学びは受動的にするものではない。旅に慣れたら、今度は自分で出かけよう。お金はないけど、時間に余裕がある若いときならば、気ままに移動できるバックパッカーの旅も悪くない。僕も大学を卒業するとき、友人たちと

1カ月のヨーロッパ旅行に出かけ、大学院のときは1人で、ヨーロッパを2カ月、中国を1カ月、タイ・ネパール・インドを40日間、まわった。こうした贅沢《ぜいたく》な時間の使い方は、社会人になって、仕事をするようになってからはもうできない。でも、このときの貴重な経験はいまでも大事な財産となっている。

海外に出て日本に戻ると、帰り道の風景がいつもと違って感じられるだろう。座学の勉強ではなく、身体の経験を通じて、世界の見え方を変えてくれるのが、旅なのだ。

大学院生時代の筆者。いまはなきニューヨークのワールド・トレード・センター（設計：ミノル・ヤマサキ、1976年）屋上にて

【註】

【＊1】公益財団法人全国修学旅行研究協会「修学旅行ドットコム」ウェブサイト

【＊2】太田博太郎『奈良の寺々』岩波書店、1982年

【＊3】『建築MAP東京（改訂版）』ギャラリー・間編、TOTO出版、2003年／五十嵐太郎、乾久美子、小川次郎、藤本壮介、吉村靖孝監修『建築MAP東京・2』ギャラリー・間編、TOTO出版、2003年

略歴

五十嵐太郎（いがらし たろう）
1967年、フランス・パリ生まれ。1990年、東京大学工学部建築学科卒業。1992年、東京大学大学院修士課程修了。博士（工学）。2008年、ヴェネチアビエンナーレ国際建築展日本館コミッショナー。2013年、あいちトリエンナーレ芸術監督。平成25年度文化庁芸術選奨文部科学大臣新人賞。現在、東北大学大学院工学系研究科都市・建築学専攻教授。

石田壽一（いしだ としかず）
1995年、東京大学工学系研究科博士課程満期退学。博士（工学）。現在、東北大学大学院工学系研究科都市・建築学専攻教授、キャンパスデザイン復興推進室室長、せんだいスクール・オブ・デザイン教員。

今井公太郎（いまい こうたろう）
1967年、兵庫県生まれ。1990年、京都大学工学部建築学科卒業。1992年、東京大学大学院修士課程修了。博士（工学）。現在、東京大学生産技術研究所教授。作品＝IISアニヴァーサリーホールほか。著書＝『建築のデザイン・コンセプト』（共著、彰国社）ほか。

木下庸子（きのした ようこ）
1977年、スタンフォード大学卒業。1980年、ハーヴァード大学大学院修了。内井昭蔵建築設計事務所を経て、現在、設計組織ADH主宰、工学院大学建築学部教授。受賞＝日本建築学会賞（真壁伝承館）ほか。著書＝『いえ 団地 まち』（共著、住まいの図書館出版局）ほか。

後藤 治（ごとう おさむ）
1960年、東京都生まれ。1984年、東京大学工学部建築学科卒業。1988年、東京大学大学院博士課程中退。博士（工学）。文化庁文化財保護部建造物課を経て、現在、工学院大学常務理事。著書＝『それでも、「木密」に住み続けたい！』（共著、彰国社）ほか。

斉藤 理（さいとう ただし）
1972年生まれ。2005年、東京大学大学院博士課程修了。博士（工学）。現在、山口県立大学准教授、中央大学社会科学研究所客員研究員。著書＝ブルーノ・タウト『新しい住居 つくり手としての女性』（翻訳、中央公論美術出版）ほか。

坂牛 卓（さかうし たく）
1959年生まれ。1985年、UCLA大学院、1986年、東京工業大学大学院修士課程修了。現在、東京理科大学建築学科教授。著書＝エイドリアン・フォーティー『言葉と建築』（監訳、鹿島出版会）、『建築の規則』（ナカニシヤ出版）ほか。

佐藤 淳（さとう じゅん）
1970年、愛知県生まれ。1993年、東京大学工学部建築学科卒業。1995年、東京大学大学院工学系研究科建築学専攻修士課程修了。木村俊彦構造設計事務所を経て、現在、佐藤淳構造設計事務所顧問、東京大学准教授。

菅野裕子（すげの ゆうこ）
神奈川県横浜市生まれ。1993年、横浜国立大学大学院修了。現在、横浜国立大学都市イノベーション研究院特別研究教員。博士（工学）。著書＝『建築と音楽』（共著、NTT出版）、『READINGS：1　建築の書物／都市の書物』（共著、NTT出版）ほか。

中川 理（なかがわ おさむ）
1955年、神奈川県横浜市生まれ。京都大学大学院博士後期課程修了。工学博士。現在、京都工芸繊維大学大学院教授。著書＝『風景学』（共立出版）、『偽装するニッポン』（彰国社）、『重税都市』（住まいの図書館出版局、日本都市計画学会奨励賞）ほか。

永山祐子（ながやま ゆうこ）
1975年、東京都生まれ。1998年、昭和女子大学生活科学部生活環境学科卒業。青木淳建築計画事務所を経て、2002年、永山祐子建築設計設立。作品＝ルイ・ヴィトン京都大丸、丘のある家、木屋旅館、豊島横尾館ほか。

平田晃久（ひらた あきひさ）
1971年、大阪府生まれ。1994年、京都大学工学部建築学科卒業。1997年、京都大学大学院修士課程修了。伊東豊雄建築設計事務所を経て、2005年、平田晃久建築設計事務所設立。現在、京都大学准教授。著書＝『建築とは〈からまりしろ〉をつくることである』（INAX出版）ほか。

藤本壮介（ふじもと そうすけ）
1971年、北海道生まれ。東京大学工学部建築学科卒業。2000年、藤本壮介建築設計事務所設立。2014年、ウォール・ストリート・ジャーナル建築部門イノベーター賞受賞（アメリカ）。作品＝サーペンタイン・ギャラリー・パビリオン（イギリス）ほか。

南 泰裕（みなみ やすひろ）
1967年、兵庫県生まれ。1991年、京都大学工学部建築学科卒業。1993年、東京大学大学院修士課程修了。1997年、同博士課程単位取得退学。同年、アトリエ・アンプレックス設立。現在、国士舘大学理工学部教授。著書＝『住居はいかに可能か』（東京大学出版会）ほか。

武藤 隆（むとう たかし）
1967年、愛知県生まれ。1990年、東京藝術大学美術学部建築科卒業。1992年、東京藝術大学大学院修士課程修了。安藤忠雄建築研究所を経て、2002年、武藤隆建築研究所設立。現在、大同大学工学部建築学科教授。あいちトリエンナーレ2010・2013アーキテクト。

本江正茂（もとえ まさしげ）
1966年、富山県生まれ。1989年、東京大学工学部建築学科卒業。1991年、同大学院修士課程修了。1993年、同博士課程中退。博士（環境学）。現在、東北大学大学院工学系研究科都市・建築学専攻准教授、せんだいスクール・オブ・デザイン校長。

山形浩生（やまがた ひろお）
東京大学都市工学科修士課程およびMIT不動産センター修士課程修了。小説、経済、建築など広範な分野での翻訳および雑文書きに手を染める。著書＝『新教養としてのコンピュータ』（アスキー）、トマ・ピケティ『21世紀の資本』（翻訳、みすず書房）ほか。

図版・写真クレジット

Iwan Baan　014、017 左
Sou Fujimoto　017 右
hhstyle.com 青山本店　045
Masanori Ikeda　049
Georges Jansoone　099
Philippe Ruault　173
Tomohiro Sakashita　033 上
SFA+NLA+OXO+RSI　019
Sou Fujimoto Archtiects　018、020
Margherita Spiluttini　178
Nick Xu　263 右
Keith Yahl　169
阿野太一　196
五十嵐太郎　319
市川紘司　180
今井公太郎　165、170、171
大橋富夫　016、048
共同通信社　251
黒野弘靖　241 右
斎藤公男　174 右
斉藤理　153
佐藤淳　254～262、263 左、264～269
彰国社写真部　327～330
彰国社編集部　286、291
菅野裕子　228、301 上左、302 左、303 右・左、308 左
中川理　284
ナカサアンドパートナーズ　199
永山祐子　194
畑拓（彰国社）　030、160 右、197、198、318、325
平田晃久　028、032
平田晃久建築設計事務所　033 中・下
三戸美代子　013
武藤隆　046
村沢文雄　241 左、243

14歳からのケンチク学

2015年 4月10日　第1版 発　行
2015年 12月10日　第1版 第2刷

著作権者との協定により検印省略

編　者　五十嵐太郎
発行者　下出雅徳
発行所　株式会社 彰国社

自然科学書協会会員
工学書協会会員

Printed in Japan
162-0067 東京都新宿区富久町8-21
電話 03-3359-3231(大代表)
振替口座 00160-2-173401

印刷：真興社　製本：ブロケード

ISBN 978-4-395-32037-0 C3052　http://www.shokokusha.co.jp